"十二五"职业教育国家规划教材
经全国职业教育教材审定委员会审定

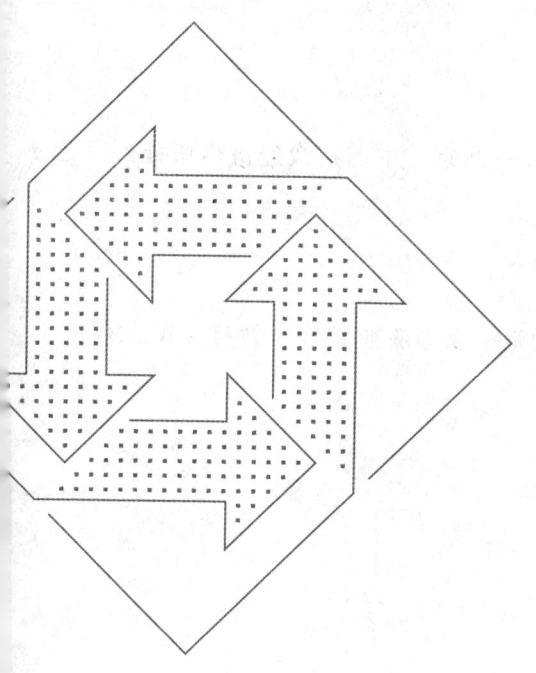

金融基础知识

JINRONG JICHU ZHISHI

(第2版)

主　编　王云云　李　剑　洪　燕
副主编　王海峰　曹晓舟　戚聿莹

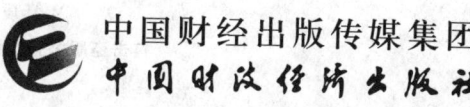

中国财经出版传媒集团
中国财政经济出版社

图书在版编目（CIP）数据

金融基础知识／王云云，李剑，洪燕主编 .— 2 版 .—北京：中国财政经济出版社，2019.2

"十二五"职业教育国家规划教材

ISBN 978 - 7 - 5095 - 8760 - 7

Ⅰ. ①金… Ⅱ. ①王… ②李… ③洪… Ⅲ. ①金融学 - 高等职业教育 - 教材 Ⅳ. ①F830

中国版本图书馆 CIP 数据核字（2019）第 014443 号

责任编辑：李　媛　　　　　责任校对：李　丽
封面设计：华乐功

中国财政经济出版社出版

URL：http：// www.cfeph.cn

E - mail：cfeph @ cfeph.cn

（版权所有　翻印必究）

社址：北京市海淀区阜成路甲 28 号　邮政编码：100142

营销中心电话：010 - 88191537

北京富生印刷厂印刷　各地新华书店经销

787×1092 毫米　16 开　16 印张　304 000 字

2019 年 2 月第 2 版　2019 年 2 月北京第 1 次印刷

定价：39.00 元

ISBN 978 - 7 - 5095 - 8760 - 7

（图书出现印装问题，本社负责调换）

本社质量投诉电话：010 - 88190744

打击盗版举报热线：010 - 88191661，QQ：2242791300

前言

《金融基础知识》于 2015 年被评为"十二五"职业教育国家规划教材,自出版以来深受众高职院校以及广大社会读者认可。近年来,国际、国内的政治经济形势和金融形势又发生了许多重大的变化,整个世界的格局正进行着深刻的、翻天覆地的调整,自第二次世界大战结束以来已经稳定运行了 70 多年的世界秩序正面临着空前的危机。具体到金融领域,"互联网+"从来没有像现在这样对传统的金融规则进行全面而颠覆式的影响。支付宝、微信的出现对传统的支付手段展开全面挑战,去中心化的"区块链""比特币"方兴未艾,P2P 勃然而兴又遭遇寒冬;在国际金融领域,各国货币面对美元霸权,纷纷进行货币起义,中国也重拳出击,既加强金融监管又加强金融开放。

本次修订对旧的甚至错误的一些金融知识进行了修改,对这几年新出现的金融现象进行了较为全面的补充,同时对金融基础知识的章节体系进行了调整,使之更贴近于高等职业院校的学生特点和教学特点,更有利于学生对当前金融体系的了解和掌握。针对教材的时滞性,建议在专业教学上,对教材的功能定位进行重新定义,即教材由以前的单纯的知识传授为主,转变为对金融整体运行体系的介绍以及对持续性学习能力的养成上,使学习者的知识储备库能够定期及时更新。本次修订在这方面做了一些尝试,学生可以扫描书中的二维码获取相关拓展知识。学习者可在掌握金融基本框架的基础上,能够运用现代化的信息手段对自己的金融知识和金融技能进行自我更新,在一定程度上抵消教材时滞的弊端。

本次修订,对编者也进行了部分调整,吸收了一些年轻的、更富有朝气和活力的老师加入。各位编者的具体分工如下:王云云(第二、三章),李剑(第五、七章),洪燕(第四章),王海峰(第一章),曹晓舟(第六章),戚聿莹(第八章)。此次修订由王云云进行整体设计和统稿,王海峰全程参与了修订方案的研讨和制定,并协助王云云对全部章节进行整体校对和调整。

因编者水平有限,在教材的修订上难免存在不足之处,不揣鄙陋,以求教于方家。

编者

2018 年 9 月

目 录

第一章	**货币与货币制度**	1
	第一节 货币	2
	第二节 货币制度	9
第二章	**信用与利息**	23
	第一节 概述	24
	第二节 现代信用的形式	26
	第三节 利息和利息率	36
	第四节 信用工具	44
第三章	**金融机构体系**	62
	第一节 概述	63
	第二节 中央银行	66
	第三节 商业银行	74
	第四节 政策性银行	82
	第五节 非银行金融机构	84
第四章	**商业银行的业务与管理**	96
	第一节 商业银行的主要业务	97
	第二节 电子银行	109
	第三节 商业银行经营管理理论	112
第五章	**金融市场**	122
	第一节 概述	123
	第二节 货币市场	133

	第三节 资本市场	138
	第四节 金融衍生工具市场	148

第六章 国际金融 159
第一节 外汇与汇率 160
第二节 国际收支 168
第三节 国际储备 179
第四节 国际金融机构 185

第七章 货币均衡与货币政策 195
第一节 货币供求 196
第二节 货币均衡与通货膨胀 205
第三节 货币政策 213

第八章 金融创新与金融风险 225
第一节 金融创新 226
第二节 金融风险与金融安全 238

第一章 货币与货币制度

 学习目标

知识目标

1. 掌握货币产生的过程及货币形态的演进阶段。
2. 掌握货币的主要职能及其特点。
3. 掌握货币制度的构成要素及货币制度的主要类型。

技能目标

能熟练识别假钞。

战俘营里的货币与部落里的象牙

第二次世界大战期间,在纳粹的战俘集中营中流通着一种特殊的商品货币:香烟。当时的红十字会设法向战俘营提供了各种人道主义物品,如食物、衣服、香烟等。由于数量有限,这些物品只能根据某种平均主义的原则在战俘之间进行分配,而无法顾及每个战俘的特定偏好。但是每个人的偏好显然是会有所不同的,有人喜欢巧克力,有人喜欢奶酪,还有人则可能更想得到一包香烟。这种分配显然是缺乏效率的,战俘们有进行交换的需要。但是即便在战俘营这样一个狭小的范围内,物物交换也显得非常不方便,因为它要求交易双方恰巧都想要对方的东西,也就是所谓的需求的双重巧合。为了使交换能够更加顺利地进行,需要有一种充当交易媒介的商品,即货币。那么,在战俘营中,究竟哪一种物品适合做交易媒介呢?许多战俘营都不约而同地选择香烟来扮演这一角色。战俘们用香烟来进行计价和交易,如一根香肠值10根香烟,一件衬衣值80根香烟,替别人洗一件衣服则可以换得两根香烟。有了这样一种记账单位和交易媒介之后,战俘之间的交换就方便多了。

一位美国人到非洲原始部落丛林旅游，想租用部落的独木舟游湖。当他拿出美元要租船时，船主拒绝了，提出要用象牙交换。于是，这位美国人来到另一个有象牙的部落，用美元购买纱布，同样也遭到拒绝，主人提出要用针来交换。他猛然想起帽子上别了几根针，于是她用针换回了纱布，又用纱布换回了象牙。当他拿着象牙来找船主时，船主已经回家了。

请思考： 为什么香烟能成为战俘营中的货币呢？为什么在非洲原始部落美不能元发挥流通媒介呢？充当一国的货币又需要具备哪些条件呢？

第一节 货 币

一、货币起源

（一）中外关于货币起源的观点

货币是如何产生的？究竟是天才、圣贤或伟大的君主发明了货币，还是人民群众创造了货币？这个问题一直存有争议。古今中外，有许多人对这个问题进行了探讨。

1. 司马迁的观点

司马迁认为货币起源于交换，他在《史记·平准书》中写道："农工商交易之路通而龟贝金钱刀布之币兴焉。所从来久远，自高辛氏之前尚矣，靡得而记云"。意思就是说，有了交换，货币就慢慢兴起了。对于是否有一个天才发明了货币，他的观点是谨慎的，"靡得而记云"。

2. 管仲的观点

管仲的观点也具有一定的代表性，即先王发明说。他在《管子·国蓄》中说："三币握之……先王以守财物，以御民事，而平天下也"。先王是个很有趣的人物，大家看史书就会看到，"他"发明了好多东西。其实在这里，先王可能只是一个发明群体的代指符号，也可能是一个集大成者，只是后人不理解，慢慢把"他"当成了他，变成一个具体的人了。

3. 西方经济学家的观点

在马克思之前，西方关于货币起源的学说有三种。第一种是创造发明说，认为货币是由国家或先哲发明出来的。如早期的古罗马法学家J·鲍鲁斯认为，由于你所有的物品正是我所愿意要的，我所有的物品正是你所要的这种情况不能经常出现，导致物物交换存在困难，于是一种由国家赋予永久价值的事物被选择出来，作为统一的尺度来解决这一问题，这种事物经铸造为某种公共形式后，可以代表有用性和有效性，而不必考虑其内在价值对其数量的关系。法国经济学家 N·奥雷司姆也认为由于物物交换经常发生纠纷，聪明人便发明了货币，因此货币就是被发明出来用于使交换更方便的工具。

第二种是便于交换说，认为货币是为解决直接物物交换困难而产生的，如英国经济学家亚当·斯密认为货币是随着商品交换发展逐渐从诸货物中分离出来的，是为解决相对价值太多而不易记忆，直接物物交换不便而产生的。

第三种观点是保存财富说，这种学说从货币与财富的关系中说明货币产生的必要性，认为货币是为保存财富而产生的。如法国经济学家 J·西斯蒙第认为货币本身不是财富，但随着财富的增加，人们要保存财富，交换财富，计算财富的量，便产生了对货币的需要，货币因此而成为保存财富的一种工具。

4. 马克思主义的观点

马克思是从历史唯物主义和辩证唯物主义的角度分析货币起源问题。他关于货币起源问题的分析是从商品分析开始的。"只要理解了货币的根源在于商品本身，货币分析上的主要困难就克服了。"基于此，马克思认为货币是作为一般等价物的特殊商品。

(二) 货币产生的基础——交换

不管货币是由谁发明创造的，货币产生的基础是交换，这是确定无疑的。人为什么要交换？这里面有两个前提：一是私有制，生产力发展了，一个部落的物品开始丰富，这为私有制提供了物质基础，人类天性具有贪婪和自私的要素，这为私有制提供了意识基础，两个基础都具备了，私有制就产生了。私有制使物品的占有权归到了个人名下，其他人不能再随意使用了。

第二个前提是社会分工，分工使得不同的人生产不同的物品，大家为了生活的便利，或者为了增加幸福指数（比如经常吃馒头的人，偶尔想换个口味吃面包），彼此相互需要对方的产品。又因为产品是私有的，你想获得对方的产品，就需要用自己的产品去交换。

(三) 交换媒体的发展——货币的产生

在马克思的货币学说中，这种交换媒体的演进，有四个阶段，即：简单的或偶然的价值形式，总和的或扩大的价值形式，一般等价形式，货币形式。这里面，从第二种形式到第三种形式的演进，是质的变化，是革命性的，因为这里面一般等价物出现了。为了说明这个变化有多重要，我们来看下面两种情况。

1. 直接的物物交换

不管是简单的，还是扩大的交换形式，双方要想交易成功，会产生的交易点如下列公式：

$$交易点 = \frac{n(n-1)}{2}$$

会产生的价格比率其数量也如上公式所示。

2. 间接的交换

间接的交换是以某种物品为中介的交换，如果是这种交换方式的话，交易点就变成了 $n-1$ 个，价格比率也是 $n-1$ 个，交易的便利性是不言而喻的。

从 $\frac{n(n-1)}{2}$ 发展到 $n-1$，就是这个一般等价物的功劳，货币不过是一般等价物在形式上的延伸和改进而已。

二、货币形态演变

货币天然是金银，但金银天然不是货币。这句话是说，金银被人类发现的历史很久远，但被人类用作货币的历史却不长。实际上，在金银被当作货币之前，人类社会在不同地区、不同时期，出现了形形色色的物品来充当自己的一般等价物，演绎了一段缤纷多彩的货币发展史。

（一）实物货币

不同国家在不同时期，用作货币的物品种类可谓五花八门。中国公认的最早的实物货币是贝（汉字中与钱有关的字，许多都是贝字旁，可为例证）。商代即以贝为主要货币，许多商代贵族的墓葬中都有贝作陪葬品。

我国商代以后，金属货币出现，但是其他类型的实物货币，也与金属货币一直并存，且并存的时间非常长。比如丝绸，一直到宋代，都在充当货币的角色（例证，唐诗《卖炭翁》，宋朝的《澶渊之盟》）。

在古代欧洲的雅利安民族，在古波斯、印度、意大利等地，都有用牛、羊作为货币的记载。拉丁文的 pecunia（意为"金钱"）来源于 pecus（意为"牲畜"）；印度现代的货币名称 rupee 则来源于"牲畜"的古文 rupye。

（二）金属货币

中国的金属货币发展史与国外不同，是以铜钱为主线，黄金和白银交替在其中。

1. 铜钱

我国从商代就有铜铸币，这是最早的金属货币。历经商代和周朝春秋时期发展，到战国时，已形成四大币种，即：布币，刀币，蚁鼻钱，环钱。秦始皇统一六国，用秦国的圆形方孔钱统一了货币，从此这种货币形式一直延续了 2000 多年。

想一想：
贝为什么退出历史舞台，让位于其他货币形式

想一想：
以牲畜作为货币，有什么弊端

2. 贵金属货币

我国的贵金属发展史，以汉代为界，确切地说，以西汉末期为界，分为两个时期。西汉之前，贵金属主要是黄金，西汉之后，贵金属主要是白银。西汉末年，黄金突然大量消失，成为我国货币发展史上的一个谜团。

中国的白银产量很小，而能以白银为主要货币，主要得力于国际贸易，通过国际贸易的巨额顺差，大量海外白银流入我国，支撑起各朝代的货币体系（中英鸦片战争的起因之一，就是中国对英国巨大的贸易顺差）。

和国外的币制不同的是，我国一直没有贵金属铸币，即没有金币和银币（清末民国曾短暂发行过银圆），比较标准的制式是银两和银锭，也没有统一的国家标准。官方国库中的存银，有统一的规格，是为了计量和储存，并不是法定格式。

（三）代用货币

代用货币是贵金属金银的替代品，是纯粹的货币符号，其一般形态是标明一定面额的纸制凭证。我国的代用货币主要是纸币。

代用货币无论采用什么形式，其基本运行规律是一样的，即都要以一定的黄金或白银作为准备金，这样才能保持币值的稳定，否则就会引发通货膨胀。

1. 纸币

我国是世界上最早发明和使用纸币的国家。唐代的"飞钱"是早期纸币的雏形，比较正规和成熟的纸币是宋朝时期的"交子"和"会子"。元代承继宋朝，发行"大元宝钞"，而且一直执行着严格的金准备制度，直到元末才出现了滥发的现象。

明朝发行"大明宝钞"，缺乏金融管理人才的明朝，漠视金融规律，在没有贵金属准备的情况下，滥发纸币，导致纸币严重贬值，明中叶后，民间已经弃用宝钞，而改用白银和铜钱作为交易货币。

清代的纸币主要是"大清宝钞"和"户部银票"（今日俗称的"钞票"即源于此）。康熙朝后，山西和南方出现了票号和钱庄，民间银票开始出现，这是银行券性质的纸币。

2. 银行券

银行主要起源于欧洲，早期的私人银行发行银行券，是以各自银行的金银储备作为基础，后来各国政府把银行券的发行权收归国有，则以国家金银储备为准备发行银行券。20世纪70年代，可兑换的银行券彻底退出了历史舞台。

（四）信用货币

信用货币在形式上也是纸币，但它与纸币存在本质上的不同。它是以信用为保证，通过一定信用程序发行的、独立行使货币各种职能的现代货币形态。

信用货币不以任何贵金属为基础，不能与贵金属相互兑换，其后盾是国家权力，依存的是信用关系。

现代信用货币产生于1976年的牙买加协议。

（五）电子货币

电子货币是可以在互联网上或通过其他电子通信方式进行支付的手段。电子货币并不是独立的货币形式，只是信用货币的电子化和数字化。现代社会的电子货币形式主要有银行卡、网络银行、手机银行、网络货币等。电子货币具有安全保密、运用广泛、使用方便快捷等特点，适应了现代经济规模迅速扩展所带来的资金流空前增长的需要，加速了现金流通速度。它的使用增强了银行服务功能，提高了金融业的服务效率和经济效益，节约了顾客的时间和精力，改变了传统的管理方式和经营理念，使金融体系和金融产业的格局发生了一场深刻的革命。

知识链接：
比特币

◆ 课堂讨论

随着人们闲置资金的逐步增多和P2P业务的逐步推广，这两年的比特币、爱科币等数字虚拟货币引起了广泛热议，相关媒体甚至报道，截止到2017年8月，中国占到了世界80%比特币的交易量！某些企业甚至允许持有该币进行投资，并可以使用比特币购买现实中的商品。

讨论：比特币是我们所说的货币吗？为什么？这些数字货币又和现实货币有什么区别？

三、货币职能

价值尺度和流通手段是货币的两个最基本的职能。

（一）价值尺度

1. 含义

当货币用来表现商品价值并衡量商品价值量大小时发挥的一种职能，即执行价值尺度的职能。

2. 货币执行价值尺度的特点

（1）货币是商品的内在价值尺度，即劳动时间的外在表现。

（2）可以是观念上的货币，但必须具有十足的价值。例如，在商场的衣服，价值200元，不用在旁边放200块钱，只需要写个标签就行了。

（3）具有完全的排他性、独占性。货币在执行价值尺度职能时，本身应该有刻度。用术语来表示就是说应该有价格标准。它是货币发挥价值尺度职能的前提。

（4）货币的价值尺度职能要通过价格标准这个中间环节来完成。对于金属货币，价格标准是指货币单位所包含的货币金属重量；对于没有内在价值的纸币，价格标准是指货币单位所代表的价值量，也就是指包含一定重量的贵金属的货币单位。例如，在银本位制时期，不能规定一件衣服等于一块白银，而是规定一件衣服等于一两本银，这个"两"就是价格标准。我们现在的价格标准是 1 元，1 元 = 10 角，1 角 = 10 分，所以说价值尺度不能说就靠货币来表示就完事了，必须借住一个价格标准来表现。

货币执行价值尺度的结果表现为价格。价格是商品价值的货币表现。商品价值是内在属性，价格是外在属性。

（二）流通手段（交易媒介）

1. 含义

在商品交换中，当货币作为交易媒介，实现商品的价值时执行流通手段的职能。以货币作为媒介的商品交换叫"商品流通"。

例如，每一次交换都通过商品—货币—商品（即 W—G—W）形式，这就是商品的流通。

2. 货币执行流通手段的特点

（1）必须是现实的货币。即交易双方必须一手交钱一手交货、等价交换，买卖行为才能完成。例如，我们在商店买酸奶时价格 2 元钱，我们不能将写有 2 元的纸片给商店，而是要拿出两块钱人民币给商店。注意，这里的现实货币可以是有形的货币，也可以是无形的货币。

（2）不需要有足值的货币本体，可以用货币符号来代替。例如，我们现在购买商品时，不用给黄金，而是用人民币，人民币就是货币符号。

（3）包含有危机的可能性。由于改变了物物直接交换的运动方式，使买卖分离开来，隐藏着发生经济危机的可能性。因为，货币作为商品交换的媒介，把买和卖分离开来，使买和卖成为两种独立的行为。有的生产者出卖了自己的商品后并不马上购买，因为一些生产者不买，另一些生产者就不能卖，形成买卖脱节的现象，这种现象不解决，就有可能引起经济危机。所以西方有些学者认为：货币作为一种交换媒介的存在是一般非均衡和非自愿失业的根源。

（三）贮藏手段

1. 含义

货币作为财富的绝对化身停止流通保存起来，发挥贮藏手段职能。

2. 货币执行贮藏手段职能的特点

（1）必须是现实的货币，而且是足值的货币。

（2）作为贮藏手段的货币，它退出流通领域，处理静止状态。

（3）具有自发地调节货币流通的作用。当流通中的商品减少，需要的货币量减少时，多余的金属货币就会退出流通领域被人们贮藏起来（如果货币不退出，普通商品价格会上升，导致货币金属价值降低，购买商品相对不划算）；当商品流通量增加，需要的货币增加时，贮藏的货币又会自动投入流通领域成为流通手段（如果没有货币进入流通，普通商品价格会下跌，意味着货币金属价值上涨，购买商品相对划算，自然诱导货币"苏醒"从而进入流通）。

在现代货币制度（纸币制度）的条件下，贮藏货币的方式、特点和作用已经发生了变化，贮藏方式主要有货币沉淀、银行存款和利用金融资产贮藏价值几种。

（四）支付手段

1. 含义

当货币作为独立的价值形式进行单方面转移时，货币执行支付手段的职能。这一职能是流通手段的延伸。例如：债权、债务的清偿，用于战争的赔款，商品的赊购、赊销，支付手段是单方面的支付。

2. 货币执行支付手段职能的特点

（1）作为流通手段的货币，是商品交换的媒介物；而作为支付手段的货币，则不是流通过程的媒介，成为补足交换的一个环节。

（2）流通手段只服务于商品流通，而支付手段除了服务于商品流通外，还服务于其他经济行为。

（3）流通手段是即期购买，而支付手段是跨期购买。例如，赊购、赊销、预付货款等。

（4）流通手段是在不存在债权债务关系的条件下发挥作用，而支付手段是在存在债权债务关系下发挥作用。

（5）支付手段职能的出现与扩展为经济危机的可能性变为现实性创造了客观条件。

（五）世界货币

1. 含义

货币在世界市场上作为一般等价物发挥作用时，把它称为世界货币。它在国际范围内执行价值尺度、流通手段、贮藏手段和支付手段的职能。

2. 作用

（1）国家间的支付手段，用以平衡国际收支逆差。

（2）国家间的购买手段，用以从国外购买商品。

（3）是国家间转移财富的手段，用以实现财富的转移。比如战争赔款、对外援助、输出资本、慈善事业等。

最早的作为世界货币是以足值贵金属黄金、白银为条件的。但是从牙买加货币体系规定当中，黄金非货币化，各国货币不在与黄金挂钩。可是，人们或者国家仍储备黄金，因为黄金可以在国际黄金市场上随时出售，兑换成任何一种可以自由兑换的货币，用于购买商品、劳务。

> **课堂讨论**
>
> 小明考上了大学，入冬后准备买一件羽绒服。恰逢"十一"长假，小明到商场购买了一件羽绒服，价格是200元。到了晚上，当小明给家里打电话时，发现手机停机了，于是习惯性的用支付宝话费充值功能充了100元，并与家人通话。在电话里，妈妈和小明说她最近想去香港旅游，明天准备到银行兑换一些美元和港币。而此时学金融专业的小明，得到的消息是美元近期一直在升值。
>
> 讨论：请分析上段材料体现了货币的什么职能？小明作为一名金融专业的学生，应对妈妈兑换外币这一行为有什么建议？

第二节 货币制度

一、货币制度的含义

货币制度简称"币制"，是指一个国家以法律形式规定的本国货币的流通结构和组织形式。

二、货币制度的构成要素

（一）货币材料

货币材料简称币材，是指充当货币的材料或物品。它是整个货币制度的基础，它是货币制度最基本的要素。确定不同的货币材料就构成不同的货币本位，用金、银或金银共同作为货币材料就形成金本位制、银本位制或金银复本位制。一个国家一定时期内选择哪种币材是由国家规定的，但这种选择受客观经济条件的制约，国家对货币材料的规定实质上是对流通中已经形成的客观现实进行法律上的肯定。国家不能随心所欲地指定某种物品作为币材，这在现实经济活动中也是行不通的。目前，世界各国都已实行不兑现的信用货币制度，因此，各国货币制度也不再对币材做出具体规定。

（二）货币单位

货币单位是国家法律规定的货币计量单位，也就是价格标准，包括两个内容：

1. 规定货币单位的名称

目前，世界上货币单位的名称有一百多种，其中用元、镑、法郎的较多。据统计，用"元"作货币单位名称的有52个国家，用"镑"作货币单位名称的有 12 个国家，用"法郎"作货币单位名称的国家有 32 个。

2. 规定货币单位价值

这是指货币单位所含的货币金属重量。在 1973 年以前通过规定货币含金量来表示货币的价值，1973 年以后，各国都相继取消了货币的含金量。如美国的货币单位为美元，根据 1934 年 1 月的法令规定，1 美元含纯金 0.888671 克；中国长期流通白银，1914 年北洋政府颁布的《国币条例》规定货币单位名称为"圆"，含纯银 23.977 克，合 0.648 两。1973 年后布雷顿森林体系解体，货币单位就慢慢与金属重量脱钩了。

（三）通货的铸造、发行和流通程序

通货就是流通中的现金，包括主币和辅币。

1. 主币

主币也叫本位币，是一个国家的基本通货，是按照国家规定的货币单位和货币金属铸造的货币。主币的基本特征是：在金本位和银本位制度下，主币的名义价值和实际价值一致，是足值货币。名义价值高于实际价值，人们要把金块拿到铸币局去铸币。流通当中的货币量比实际的需要量多，货币就贬值。实际价值高于名义价值，人们要把流通中的金币铸造成金块。在现代货币制度下，已经无此特点。

本位币具有以下特点：

（1）主币可以自由铸造，自由熔化。这种自由铸造是指公民有权把货币金属送到国家铸币厂铸成本位币，不受数量多少的限制。铸币厂代铸货币，不收或只收取少量的铸造费。在现代货币制度下，已经无此特点。

（2）主币具有无限法偿能力。国家法律赋予主币在一切交易、支付活动中，不论数额大小，出售者和债权人均不得拒收。在现代货币制度下，仍然保留了这一特点。

（3）规定本位币有磨损公差。在流通中磨损超过重量公差的主币不准投入使用，但是可向政府指定的单位兑换新币。这一特点的意义在于：可以保证本位币金属无限制地成为价值尺度，无限制地执行支付手段和流通手段的职能；可以保证本位币的名义价值和实际价值一致；可以保证本位币自发地适应客观流通的需要量。现代货币制度下，仍然保留了这一特点。

2. 辅币

辅币即辅助通货，是主币以下的小额通货，供日常零星交易与找零使用。其特征主要有：

（1）名义价高于实际价值，是不足值货币。

（2）不能自由铸造，自由熔化，由国家统一铸造，铸币收入归国家所有，是财政收入的主要来源。

（3）辅币是有限法偿货币。

（4）规定辅币可以与本位币自由兑换。例如：1 元兑换为 100 分。

值得注意的是：辅币按名义价值流通，且在现代货币制度下辅币仍有

以上特点。但是在纸币本位制下，纸币的发行权由国家货币管理当局垄断，主币和辅币的名义价值都高于其实际价值，所以，无限法偿与有限法偿的区分已无意义。

（四）准备金制度

准备制度也叫黄金储备制度，通常指一个国家所拥有的金块和金币的总和，是一国货币稳定的基础。这一制度规定把贵金属集中到国库和中央银行。准备金的主要用途有：

（1）将其作为世界货币的准备金，即用来作为国际支付手段的准备金，用于国际的债权债务清偿。

（2）作为时而扩大时而收缩的国内金属货币流通的准备金。

（3）作为支付存款和兑换银行券的准备金。

金属货币流通条件下，在金本位制的条件下，有多少黄金就可以发行多少金币或银行券。金准备最初为十足的金准备，之后由于黄金数量不足，也以一定数量的证券作为准备金。在现代货币制度下，金准备的后两项用途已消失。由于黄金的地位下降，所以它与外汇储备一起作为国际支付准备金。

三、货币制度的演进

16世纪以后世界各国实行的货币制度多种多样，总的可以分为金属本位制度和纸币本位制度两大类。前者与一定量的金属保持比价关系，分为银本位制、金银复本位制、金本位制三种类型，后者与金属没有比价关系，不能兑换金银，又称不可兑现的信用货币制度。所以，货币制度又分为银本位制、金银复本位制、金本位制、不可兑现的信用货币制度四大类型。

（一）银本位制

银本位制是最早的金属货币制度，它是指以白银为本位币的一种货币制度。在银本位制下，以白银作为本位币币材，银币可以自由铸造，是无限法偿货币，具有强制流通的能力，其名义价值与实际含有的白银价值是一致的。辅币和其他货币为有限法偿，但它们可以自由兑换成银币，白银和银币可以自由输出输入国境。

银本位制历史悠久，但盛行于16世纪以后。银本位制作为一种独立的货币制度存在于一些国家的时间并不长，实行的范围也不广。主要原因有两个：一是19世纪以后，白银产量激增，国际市场上银价不稳定，并且由于供大于求而不断下跌，金银比价大幅波动。如伦敦市场金银比价由1860年的1:15，一直降到1932年的1:73.5；二是白银与黄金相比体积大而价值小，资本主义大工业与批发商业的兴起导致大规模交易日益增多，白银显然已经不再适应经济发展的客观需要，许多国家纷纷放弃银本位制。

中国用白银作为货币的时间比较长，唐、宋时期白银已经普遍流通，元、明时期确立了银两制度，清宣统二年（1910年）宣布实行银本位制，但实质上是银圆与银两混用。直到1933年4月，中华民国国民政府"废两改圆"，颁布《银本位铸造条例》，才实行了银圆流通。同年11月实行法币改革，废止了银本位制。

（二）金银复本位制

金银复本位制是指以金和银同时作为币材的货币制度。在这种制度下，金银两种铸币都是本位币，均可自由铸造，两种货币可以自由兑换，并且都是无限法偿货币。金银复本位制盛行于16世纪~18世纪资本主义国家发展初期。这一时期，资本主义的商品生产和流通进一步扩大，交易额也不断增加，一方面，小额交易需要更多的白银；另一方面，越来越多的大额交易使黄金的需求量扩大，同时，黄金的供给量也由于人工开采的增加而增加，使金银复本位制代替银本位制成为可能。

金银复本位制按金银两种货币的不同关系又可分为平行本位制、双本位制和跛行本位制。

1. 平行本位制

这是金银两种货币各按其所含金属的实际价值任意流通的货币制度。国家对金银两种货币之间的兑换比例不加固定，而由市场上自发形成的金银比价来确定金币与银币的比价。由于市场机制形成的金银比价因各种原因而变动频繁，所以经常造成交易的混乱，使得平行本位制极不稳定。

例如，当金银比价是1:15时，一匹布价值1个金币，即15个银币。如果金银比价变动频繁，如1:16、1:17、1:14等，一匹布的银币价格就会随之不断变化，使用银币购买十分不便。

2. 双本位制

这是金银两种货币按法定比例流通的货币制度，国家按照市场上的金银比价为金币和银币确定固定的兑换比率。双本位制以法定形式固定金币与银币的比价，其本意是为了克服平行本位制下金币与银币比价的频繁波动的缺陷。但这样反倒形成了国家官方金银比价与市场自发金银比价平行存在的局面，而国家官方比价较市场自发比价缺乏弹性，不能快速依照金银实际价值比进行调整。因此，当金币与银币的实际价值与名义价值相背离时，实际价值高于名义价值的货币（即良币）被收藏、熔化而退出流通，而实际价值低于名义价值的货币（即劣币）则充斥市场，即所谓的"劣币驱逐良币"，这一规律又称"格雷欣法则"。因此，某一时期内，市场上实际只有一种货币在流通，很难有两种货币同时并行流通，这也成了许多国家向金本位制转变的动因。

3. 跛行本位制

这是指国家规定金币可自由铸造而银币不允许自由铸造，并且金币与银币可以固定的比例兑换。实际上，银币已经降到了金币附属的地位，因为银币的价值通过固定的比例与金币挂钩；而金币是可以自由铸造的，其

> **想一想：**
> 劣币驱逐良币隐藏在背后的原因是什么？在信用货币的今天，劣币驱逐良币的现象是否还存在

价值与本身的金属价值是一致的。因此，严格意义上看，跛行本位制只是由金银复本位制向金本位制过渡的一种中间形式而已。

（三）金本位制

金本位制又叫金单本位制，是指以黄金作为本位币的一种货币制度。主要形式包括：金币本位制、金块本位制、金汇总本位制。

1. 金币本位制

金币本位制是典型的金本位制，在这种制度下，国家法律规定以黄金作为货币金属，即以一定重量和成色的金铸币充当本位币。在金币本位制条件下，金铸币具有无限法偿能力。它具有三个基本特征：①金币可以自由铸造和自由熔化，而其他铸币包括银铸币和铜镍币则限制铸造，从而保证了黄金在货币制度中处于主导地位；②价值符号包括辅币和银行券可以自由兑换为金币，使各种价值符号能够代表一定数量的黄金进行流通，以便避免出现通货膨胀现象；③黄金可以自由地输出输入国境，在各国之间自由转移，从而保证了世界市场的统一和外汇汇率的相对稳定。

最早实行金币本位制的国家是英国。18世纪末至19世纪初，英国经济迅速发展后首先过渡到金币本位制。英国政府于1816年颁布法令，正式采用金币本位制。之后，欧洲各国纷纷效仿。德国于1871年～1873年实行金币本位制，丹麦、瑞典和挪威均于1873年开始实施。美国在经过巨大的努力仍无法克服金银复本位制的不稳定性后，于1900年也实施了金币本位制。

从历史上看，金币本位制对于各国商品经济的发展，以及世界市场的统一都起到了重大的推动作用，其稳定的货币自动调节机制无疑是高效率的。但随着资本主义社会固有矛盾的加深和世界市场的进一步形成，金币本位制的基础受到了严重的威胁，并最终导致了金币本位制的终结。取而代之的是金块本位制和金汇兑本位制度。

2. 金块本位制

金块本位制又称"生金本位制"，是国内不准铸造、不准流通金币，只发行代表一定黄金量的银行券或纸币来流通的制度。金块本位制虽然没有金币流通，但在名义上仍然为金本位制，并对货币规定有含金量。如法国1928年的《货币法》规定，法郎的含金量为0.065g纯金，并规定有官方价格。在金块本位制的条件下，虽然不允许自由铸造金币，但允许黄金自由输入输出，或外汇自由交易。银行券是流通界的主要通货，但不能直接兑换金币，只能有限度地兑换金块。英国在1925年规定，银行券每次至少兑换400盎司黄金（约1700英镑）；法国于1928年规定至少需21.5万法郎才能兑换黄金。这么高的兑换起点，实质上等于剥夺了绝大多数人的兑换权利，从而限制了黄金的兑换范围。实行金块本位制可节省黄金的使用，减少了对黄金的履行准备量的要求，暂时缓解了黄金短缺与商品经济发展之间的矛盾，但是并未从根本上解决问题。金块本位币实行的条件是保持国际收支平衡和拥有大量的平衡国际收支的黄金储备。一旦国际收支失衡，大量黄金外流或黄金储备不够支付时，这种虚弱的黄金本位制就难以维持。1930年以后，英国、法国、比利时、荷兰、瑞士等国在世界性经济危机袭击下，先后放弃了这一制度。

3. 金汇兑本位制

金汇兑本位制又称"虚金本位制"。在这种货币制度下，市场上没有金币流通，货币单位规定了含金量，国内流通纸币或银行券，但它们在国内不能直接兑换黄金，只能换取外汇，由外汇兑换黄金。实行金汇兑本位制的国家实际是使本国货币依附在一些经济实力雄厚的外国货币上，处于附庸地位，从而货币政策和经济都受这些实力强的国家的左右。同时，附庸国向实力强的国家大量提取外汇准备或兑取黄金也影响币制的稳定。

金汇兑本位制和金块本位制都属于残缺不全的金本位制，实行的时间不长，1929年至1933年由于世界性经济危机的冲击相继崩溃。从此，资本主义世界除个别国家外，大多实行不兑现的信用货币制度。

布雷顿森林体系的形成及瓦解

1944年7月，在美国新罕布什尔州的布雷顿森林召开有44个国家参加的联合国与联盟国家国际货币金融会议，通过了以"怀特计划"为基础的"联合国家货币金融会议的最后决议书"以及"国际货币基金组织协定"和"国际复兴开发银行协定"两个附件，总称为"布雷顿森林协定"。

布雷顿森林体系主要体现在两个方面：一是，美元与黄金直接挂钩；二是，其他会员国货币与美元挂钩，即同美元保持固定汇率关系。布雷顿森林体系实际上是一种国际金汇兑本位制，又称美元——黄金本位制。它使美元在战后国际货币体系中处于中心地位，美元成了黄金的"等价物"，各国货币只有通过美元才能同黄金发生关系。从此，美元就成了国际清算的支付手段和各国的主要储备货币。

以美元为中心的布雷顿森林体系的建立，使国际货币金融关系又有了统一的标准和基础，结束了第二次世界大战前货币金融领域里的混乱局面，并在相对稳定的情况下扩大了世界贸易。美国通过赠予、信贷、购买外国商品和劳务等形式，向世界散发了大量美元，客观上起到扩大世界购买力的作用。同时，固定汇率制在很大程度上消除了由于汇率波动而引起的动荡，在一定程度上稳定了主要国家的货币汇率,这有利于国际贸易的发展。据统计,世界出口贸易总额年平均增长率,1948年~1960年为6.8%,1960年~1965年为7.9%,1965年~1970年为11%;世界出口贸易年平均增长率,1948年~1976年为7.7%,而第二次世界大战前的1913年~1938年,平均每年只增长0.7%。基金组织要求成员国取消外汇管制,也有利于国际贸易和国际金融的发展,因为它可以使国际贸易和国际金融在实务中减少许多干扰或障碍。

布雷顿森林体系是以美元和黄金为基础的金汇兑本位制,它必须具备两个基本前提:一是,美国国际收支能保持平衡;二是,美国拥有绝对的黄金储备优势。但是进入20世纪60年代后,随着资本主义体系危机的加深和政治经济发展不平衡的加剧,各国经济实力对比发生了变化,美国经济实力相对减弱。1950年以后,除个别年度略有顺差外,其余各年度都是逆差,并且有逐年增加的趋势。截至1971年,仅上半年,逆差就高达83亿美元。随着国际收支逆差的逐步增加,美国的黄金储备也日益减少。1949年,美国的黄金储备为246亿美元,占当时整个资本主义世界黄金储备总额的73.4%,这是第二次世界大战后的最高数字。此后,逐年减少,至1971年8月,尼克松宣布"新经济政策"时,美国的黄金储备只剩下102亿美元,而短期外债为520亿美元,黄金储备只相当于积欠外债的1/5。美元大量流出美国,导致"美元过剩",1973年年底,游荡在各国金融市场上的"欧洲美元"就达1 000多亿。由于布雷顿森林体系前提的消失,也就暴露了其致命弱点,即"特里芬难题"①。体系本身发生了动摇,美元的国际信用严重下降,各国争先向美国挤兑黄金,而美国的黄金储备已难于应付,这就导致了从1960年起,美元危机迭起,货币金融领域陷入日益混乱的局面。为此,美国于1971年宣布实行"新经济政策",停止各国政府用美元向美国兑换黄金,这就使西方货币市场更加混乱。1973年美元危机中,美国再次宣布美元贬值,导致各国相继实行浮动汇率制代替固定汇率制。美元停止兑换黄金和固定汇率制的垮台,标志着第二次世界大战后以美元为中心的货币体系瓦解。

(四)不兑现的信用货币制度(纸币本位制度)

不兑现的信用货币制度又被称为"管理货币本位"或"不兑换纸币本位制",不兑现的信用货币制度指以不兑现的纸币或银行券作为本位币的

---

① 1960年,美国经济学家罗伯特·特里芬在其《黄金与美元危机——自由兑换的未来》一书中提出"由于美元与黄金挂钩,而其他国家的货币与美元挂钩,美元虽然取得了国际核心货币的地位,但是各国为了发展国际贸易,必须用美元作为结算与储备货币,这样就会导致流出美国的货币在海外不断沉淀,对美国来说就会发生长期贸易逆差;而美元作为国际货币核心的前提是必须保持美元币值稳定与坚挺,这又要求美国必须是一个长期贸易顺差国。这两个要求互相矛盾,因此是一个悖论。"这一内在矛盾称为"特里芬难题(Triffin Dilemma)"

货币制度。这也是当前各国普遍实行的货币制度。不兑现的信用货币制度具有以下特征：

（1）突破币材的限制，适应商品生产与交换，节约流通费用，法律赋予无限法偿能力。

（2）货币的创造没有黄金等贵金属保证，易超额发行，引起通货膨胀。

（3）货币制度是一种管理货币制度。一国的中央银行或货币管理当局通过公开市场政策、存款准备金率、贴现政策等手段，调节货币供应量，以保持货币稳定；通过公开买卖黄金、外汇，设置外汇平准基金，管理外汇市场等手段，保持汇率的稳定。

信用货币制度的特征告诉我们，它的流通量无法像金币那样通过被熔化或输出而退出流通领域。如果银行放松银根，信用货币的投入量过度，就会引起物价上涨，纸币贬值，出现通货膨胀现象；如果紧缩银根，则会出现通货紧缩，物价下跌。所以，在这种货币制度下，国家对银行信用的调节和管理尤为重要。

当代社会通行的信用货币本位制的历史很短，就其本身而言，仍有许多不完善之处，但是这种货币制度却创造了货币对经济调节的"弹性"作用，适应商品生产与交换的发展，显示了较为优越的特性，从而具有强大的生命力。

知识链接：
世界主要国家货币集锦

四、我国的货币制度

货币制度是伴随着铸币的产生而产生的。从这个意义上讲，我国是世界上最早探索货币制度的国家之一。但将货币制度作为政治、经济和文化的缩影来看，直至新中国成立后人民币制度的建立，我国的货币制度才真正是一个独立、健全的货币制度。

（一）人民币制度的建立

我国现行的货币制度是人民币制度。1948年12月1日，中国人民银行成立并于当日发行人民币，标志着新中国货币制度的建立。

人民币是由中国人民银行发行的，具有一定的债权债务关系的，可以流通的，不可兑现的信用货币，采取的是不兑现的银行券形式。1955年3月1日，我国又发行了新版人民币，同时建立了辅币制度，并一直保存到现在。我国现在流通使用的是第五套人民币。

（二）人民币制度的基本内容

人民币制度从产生以来，伴随着我国经济和金融的不断发展而逐步趋于完善，概括其内容，主要包括以下几个方面：

（1）人民币主币的单位为"元"，辅币的单位为"角"和"分"；1元等于10角，1角等于10分。

（2）人民币没有含金量的规定，属于不兑现的信用货币。人民币的发行保证是国家拥有的商品物资，黄金外汇储备主要是作为国际收支的准备金。

（3）人民币是我国唯一合法的货币。我国严禁伪造、变造和破坏国家货币。

（4）人民币的发行实行高度集中统一。中国人民银行是人民币唯一合法的发行机构并集中管理货币发行基金。

（5）人民币对外国货币的汇率由国家外汇管理局统一制定，每日公布，一切外汇买卖和国际结算都据此执行。人民币汇率采用直接标价法。

知识链接：

人民币的发展史

（三）人民币的发行与管理

人民币管理的依据是 2000 年 2 月 3 日颁布的《中华人民共和国人民币管理条例》，自 2000 年 5 月 1 日起施行。

1. 人民币的设计和印刷

（1）新版人民币由中国人民银行组织设计，报国务院批准；

（2）人民币由中国人民银行指定的专门企业印刷；

（3）印制人民币的原版、原模使用完毕后，由中国人民银行封存。

2. 人民币的发行

人民币由中国人民银行统一发行。

（1）发行原则为集中统一发行原则、经济发行原则、计划发行原则。未经中国人民银行批准，任何单位和个人不得对外提供印制人民币的特殊材料、技术、工艺、专用设备等事项。人民币样币上应加印"样币"字样。

（2）发行程序。人民币的发行主要通过发行库和发行基金来实现。发行库是中国人民银行为国家保管人民币发行基金的金库，设置比照人民银行的机构设置。发行基金是国家银行储备的用于发行而尚未发行的准备基金，是处于准备状态的货币，包括原封新券和回笼券两部分。发行基金实行集中统一、分级负责的管理原则。

业务库是各商业银行对外营业的基层机构为办理日常业务保留营业用现金而设立的金库。业务库的库存现金是银行办理日常现金收付的周转金，属于流通中的货币。业务库的管理原则是保证业务收付、节约现金使用。人民币发行程序如图 1-1 所示。

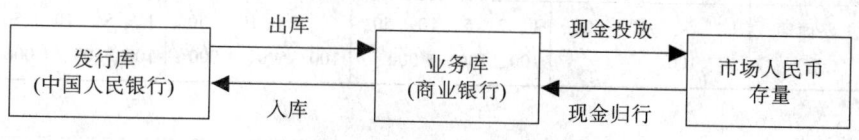

图 1-1 人民币发行程序示意图

3. 人民币的回收

（1）特定版别的人民币停止流通应报国务院批准，并由中国人民银行

公告;

(2) 办理人民币存取款的金融机构应当按照中国人民银行的规定,无偿为公众兑换残缺、污损的人民币;

(3) 残缺、污损的人民币由中国人民银行负责回收、销毁。

4. 人民币的流通和保护

(1) 各金融机构依据合理需要的原则,办理人民币的券别调剂业务。

(2) 禁止非法买卖流通人民币。

(3) 禁止损害人民币的行为。

(4) 人民币样币禁止流通。

(5) 任何单位和个人不得印刷、发售代币票券,代替人民币在市场上流通。

(6) 中国公民出入境、外国人入出境携带人民币实行限额管理。

(7) 禁止伪造、变造人民币,禁止出售、购买伪造、变造的人民币,禁止走私、运输、持有、使用伪造、变造的人民币。

(8) 中国人民银行对于伪造、变造人民币所做的鉴定是最终鉴定。假币由金融机构予以没收,由中国人民银行统一销毁。

(四) 人民币与港币、澳门币和新台币

人民币在我国香港地区和澳门地区不是法定货币,香港和澳门地区按照基本法自行决定发行港币和澳门币。但是现在有香港、澳门地区的部分商店接受使用人民币交易。中国台湾地区使用新台币来进行交易,但银行和商家也允许人民币和新台币互换。其区别主要如表1-1所示。

表1-1 人民币、港币、澳门币与新台币比较表

币种 比较	人民币	港币	澳门币	新台币
简称	CNY	HKD	MOP	TWD
发行主体	中国人民银行	汇丰银行、中国银行、渣打银行	大西洋银行、中国银行	中国台湾地区的"中央银行"
发行准备	商品物资(无法定发行准备金的要求)	100% 美元准备金(硬币除外)	100% 外币准备金	100% 外币准备金
兑换性	向自由兑换过度	自由兑换	向自由兑换过度	向自由兑换过度
主要面额(元)	1、5、10、20、50、100	1、2、5、10、50、100、500、1 000	1、5、10、50、100、500、1 000	1、5、10、50、100、500、1 000

知识链接:

机遇与挑战并存——人民币国际化须加强国际协调

本章小结

1. 货币是商品生产和商品交换长期发展的产物。在商品交换中,历经价值形式的演进,从商品中分离出一种充当一般等价物的特殊商品,这就

是货币。

2. 货币的职能是货币本质的具体表现，货币具有价值尺度、流通手段、贮藏手段、支付手段和世界货币等职能。其中价值尺度和流通手段是两个基本职能，其他职能是在这两个职能的基础上产生的。

3. 货币制度是指一个国家以法律形式规定的本国货币的流通结构和组织形式。货币制度的构成要素包括：货币材料、货币单位、通货的铸造、发行和流通程序和准备金制度。

4. 货币制度经历了以下演变过程：银本位制、金银复本位制、金本位制、不可兑现的信用货币制度。

任务检测

一、单项选择题

1. 历史上最早出现的货币形态是（　　）。
   A. 实物货币　　　　　　　　B. 信用货币
   C. 代用货币　　　　　　　　D. 电子货币
2. 货币发挥（　　）职能时不必是现实的货币。
   A. 价值尺度　　　　　　　　B. 流通手段
   C. 支付手段　　　　　　　　D. 贮藏手段
3. 货币执行支付手段职能的特点是（　　）。
   A. 货币是商品交换的媒介
   B. 货币运动伴随商品运动
   C. 货币是一般等价物
   D. 货币作为价值的独立形式进行单方面转移
4. 货币在（　　）时执行流通手段的职能。
   A. 商品买卖　　　　　　　　B. 缴纳税款
   C. 支付工资　　　　　　　　D. 表现商品价值
5. 在一国货币制度中，（　　）不具有无限法偿能力的货币。
   A. 主币　　　　　　　　　　B. 本位币
   C. 辅币　　　　　　　　　　D. 都不是
6. 在金属货币制度下，本位币的名义价值与实际价值是（　　）。
   A. 呈正比　　　　　　　　　B. 呈反比
   C. 相一致　　　　　　　　　D. 无关
7. 金银铸币按照法定比价流通是（　　）。
   A. 金汇兑本位制　　　　　　B. 金块本位制
   C. 双本位制　　　　　　　　D. 平行本位制
8. 格雷欣法则是（　　）法则。
   A. 劣币驱逐良币　　　　　　B. 良币驱逐劣币

C. 劣币良币并存　　　　　　D. 纸币铸币同时流通

9. 如果金银的法定比价为 1:13，而市场比价为 1:15，这时充斥市场的将是（　　）。

A. 银币　　　　　　　　　　B. 金币
C. 金币银币同时　　　　　　D. 都不是

10. （　　）是一种相对稳定的货币制度，对资本主义的发展曾起着积极的作用。

A. 金币本位制　　　　　　　B. 金汇兑本位制
C. 金银复本位制　　　　　　D. 金块本位制

二、多项选择题

1. 货币的基本职能是（　　）。

A. 价值尺度　　　　　　　　B. 流通手段
C. 支付手段　　　　　　　　D. 贮藏手段
E. 世界货币

2. 货币发挥支付手段的职能表现在（　　）。

A. 税款交纳　　　　　　　　B. 贷款发放
C. 工资发放　　　　　　　　D. 商品赊销
E. 赔款支付

3. 发挥贮藏手段职能的货币（　　）。

A. 流通中货币的一部分　　　B. 观念上的货币
C. 纸币　　　　　　　　　　D. 退出流通且处于静止状态
E. 现实且足值的货币

4. 下列关于货币流通手段职能的正确表述为（　　）。

A. 货币在商品交换中起媒介作用时发挥流通手段职能
B. 充当流通手段职能的货币必须是足值的货币
C. 充当流通手段职能的货币不能是货币符号
D. 充当流通手段职能的货币不能是观念上的货币
E. 充当流通手段职能的货币可以是不足值货币

5. 下列关于人民币表述正确的有（　　）。

A. 是我国的法定货币　　　　B. 是信用货币
C. 规定有法定含金量　　　　D. 是通过信用程序发行出去的
E. 财政发行是人民币发行的主渠道

三、判断题

1. 现金是货币，银行存款也是货币。　　　　　　　　　　　　（　　）
2. 根据"劣币驱逐良币"的规律，银币必然要取代金币。　　　（　　）
3. 与金属货币相比，现代信用货币不是良好的贮藏价值的手段。
　　　　　　　　　　　　　　　　　　　　　　　　　　　　（　　）

4. 信用货币自身没有价值,所以不是财富的组成部分。 (   )
5. 我国货币的发行量决定于央行拥有的黄金外汇储备量。 (   )

四、简述题

1. 简述货币形态的类型。
2. 货币的职能有哪些?最基本的职能又有哪些?
3. 什么是货币制度?其主要构成要素有哪些?
4. 什么是"劣币驱逐良币"规律?试举例说明之。
5. 不兑现的信用货币制度有什么特点?

五、案例分析

央行数字货币大事记

2014年,央行成立发行法定数字货币的专门研究小组,论证其发行法定数字货币的可行性。2015年该小组对数字货币发行和业务运行框架、数字货币的关键技术等进一步深入研究,形成了人民银行发行数字货币的系列研究报告。央行发行法定数字货币的原型方案已完成两轮修订。2016年1月20日,央行召开的数字货币研讨会上,又进一步明确了央行发行数字货币的战略目标,指出央行数字货币研究团队将积极攻关数字货币的关键技术,研究数字货币的多场景应用,争取早日推出央行发行的数字货币。2016年11月,央行成立数字货币研究院。看不见、摸不着的数字货币,似乎离我们越来越近了。

思考:
1. 搜集资料了解什么是数字货币?目前存在的数字货币都有哪些?
2. 传统的纸币会随着数字货币的推广而消亡吗?为什么?

实训项目

假钞识别技能训练

识别人民币纸币真伪,通常采用"一看、二摸、三听、四测"的方法:
一看:
1. 看水印

第五套人民币各券别纸币的固定水印位于各券别纸币票面正面左侧的空白处,迎光透视,可以看到立体感很强的水印。100元、50元纸币的固定水印为毛泽东头像图案。20元、10元、5元纸币的固定水印为花卉图案。

2. 看安全线

第五套人民币纸币在各券别票面正面中间偏左,均有一条安全线。100

元、50元纸币的安全线，迎光透视，分别可以看到缩微文字"RMB100""RMB50"的微小文字，仪器检测均有磁性；20元纸币，迎光透视，是一条明暗相间的安全线，10元、5元纸币安全线为全息磁性开窗式安全线，即安全线局部埋入纸张中，局部裸露在纸面上，开窗部分分别可以看到由微缩字符"￥10""￥5"组成的全息图案，仪器检测有磁性。

3. 看光变油墨

第五套人民币100元券和50元券正面左下方的面额数字采用光变墨印刷。将垂直观察的票面倾斜到一定角度时，100元券的面额数字会由绿变为蓝色；50元券的面额数字则会由金色变为绿色。

4. 看票面图案是否清晰，色彩是否鲜艳，对接图案是否可以对接上

第五套人民币纸币的阴阳互补对印图案应用于100元、50元和10元券中。这三种券别的正面左下方和背面右下方都印有一个圆形局部图案。迎光透视，两幅图案准确对接，组合成一个完整的古钱币图案。

5. 用5倍以上放大镜观察票面，看图案线条、缩微文字是否清晰干净

第五套人民币纸币各券别正面胶印图案中，多处均印有微缩文字，20元纸币背面也有该防伪措施。100元微缩文字为"RMB"和"RMB100"；50元为"50"和"RMB50"；20元为"RMB20"；10元为"RMB10"；5元为"RMB5"和"5"字样。

二摸：

1. 摸人像、盲文点、中国人民银行行名等处是否有凹凸感

第五套人民币纸币各券别正面主景均为毛泽东头像，采用手工雕刻凹版印刷工艺，形象逼真、传神，凹凸感强，易于识别。

2. 摸纸币是否薄厚适中，挺括度好

三听：

即通过抖动钞票使其发出声响，根据声音来分辨人民币真伪。人民币的纸张，具有挺括、耐折、不易撕裂的特点。手持钞票用力抖动、手指轻弹或两手一张一弛轻轻对称拉动，能听到清脆响亮的声音。

四测：

即借助一些简单的工具和专用的仪器来分辨人民币真伪。如借助放大镜可以观察票面线条清晰度、胶、凹印缩微文字等；用紫外灯光照射票面，可以观察钞票纸张和油墨的荧光反映；用磁性检测仪可以检测黑色横号码的磁性。

【要求】

能在一摞钞票中，快速识别并找出假钞，并指出该假钞的主要造假特征。

第二章 信用与利息

 学习目标

知识目标
1. 掌握信用、利息、利率的概念，明确各种信用形式的内涵。
2. 了解信用、利率在经济运行中的作用。
3. 了解几种常见的信用工具，掌握信用工具的基本特征。

技能目标
熟练应用利息的计算方法。

2015年，中国人民大学信用管理研究中心调查了全国252所高校，近5万名大学生，并撰写了《全国大学生信用认知调研报告》。

调查显示，在弥补资金短缺时，有8.77%的大学生会使用贷款获取资金，其中网络贷款几乎占了一半。只要你是在校学生，网上提交材料、通过审核、支付一定手续费，就能轻松申请信用贷款。大学生金融服务成了近年来P2P金融发展最迅猛的产品类别之一。

校园贷严格来说可以分为五类：

（1）电商背景的电商平台。如淘宝、京东等传统电商平台提供的信贷服务，如蚂蚁花呗借呗、京东校园白条等。

（2）消费金融公司。如趣分期、任分期等，部分还提供较低额度的现金提现。

（3）P2P贷款平台（网贷平台），用于大学生助学和创业，如名校贷等。因国家监管要求，包括名校贷在内的大多数正规网贷平台均已暂停校园贷业务。

（4）线下私贷，民间放贷机构和放贷人这类主体，俗称高利贷。高利贷通常会进行虚假宣传、线下签约、做非法中介、收取超高费率，同时存在暴力催收等问题，受害者通常会遭受巨大财产损失甚至威胁自身安全。

（5）银行机构。银行面向大学生提供的校园产品，如招商银行的"大学生闪电贷"、中国建设银行的"金蜜蜂校园快贷"、青岛银行的"学e贷"等。

请思考： 校园贷属于什么信用形式？你身边的同学有过校园贷经历吗？

第一节 概述

信用作为价值运动的特殊形式，是现代经济、金融运行中最基本的方式与运动。现代经济生活中，各类经济行为主体之间存在着相互交织、错综复杂的债权债务关系，信用关系几乎无处不在。因此，现代经济又被称为信用经济。那么，信用究竟是什么？它是如何产生与发展的？信用具有什么职能？本节主要针对上述问题展开分析和讨论。

一、信用的含义与特征

"信用"一词源于拉丁文 credo，意为信任、相信、声誉等。从一般意义上理解，信用包含着信任、诚实守信、恪守诺言等道德含义。在经济学中，信用是一种体现特定经济关系的借贷行为。借贷行为包括商品的赊欠买卖与货币借贷。这种行为可以有两种表现方式：或者是以收回为前提条件的付出即贷出，或者是以保证归还为义务的获得即借入。而且，一般来说，贷者有权取得利息，借者必须支付利息。因此，所谓信用是指以偿还和付息为条件的商品或货币的借贷行为。

对于信用的特征，马克思明确指出："这个运动——以偿还为条件的付出，一般来说就是借和贷的运动，即货币或商品只是有条件地让渡的这种独特形式的运动。"这表明，信用是一种价值运动，是以偿还和付息为条件的价值单方面的运动。因此，信用有两个基本特征：一是以偿还为前提条件，到期必须偿付；二是偿还时带有一个增加额——利息。

▼ **课堂讨论**

小丽去餐厅吃饭没带钱，向同学借了10元钱，准备回宿舍后归还，这是信用吗？

知识链接：

秦国商鞅变法，立木为信

知识链接：

中国对外援助从不搞猫腻

二、信用的产生与发展

信用和货币一样，也是一个非常古老的经济范畴。据记载，公元前 18 世纪古巴比伦的汉谟拉比编制的一部法典中，曾出现"贷谷的利息达本金的 1/3，贷银则达 1/5""债务人若无谷物和银子还债，应以其他动产作抵"等有关借贷的条文。而我国古代典籍中有公元前 300 年孟尝君"出息钱于薛""得息钱十万"等记载，说明信用活动源远流长。

阅读各类文献资料，可以发现剖析信用产生的理论远远不及阐述货币起源那样丰富、深入、系统、透彻。从逻辑上推论，信用产生的基本条件应该是私有制下的社会分工以及大量剩余产品的出现。私有制决定了财产分属于不同的经济主体，而剩余产品必然会存在时间与空间上的不平衡，这就为调剂余缺、实行借贷提供了必要而充分的前提条件。因此，信用的产生与商品货币关系的发展，尤其是与货币支付手段职能的发展密切相关。当货币成为契约上的一般商品时，信用就产生了。

据史料记载，信用一直以实物借贷和货币借贷两种形式存在，如"贷谷"即为实物借贷，而"出息钱于薛"则为货币借贷。实物借贷实质上是以信用方式进行的物物交换，它不可避免地会遇到像物物交换时所遇到的麻烦和困境，使信用关系难以广泛开展，这种形式在自然经济占主导地位的前资本主义社会比较盛行；随着商品货币关系的发展，在商品经济时代，货币借贷越来越成为借贷关系的主导形式。

三、信用的职能

（一）促进社会资源再分配

现代信用主要是货币的借贷，而货币借贷的背后却是资源的借贷，因此信用在经济运行中的最重要的作用就是分配闲置资源。在现代社会，资源余缺的调剂都是通过货币的流动来进行的，因为货币是银行的债务凭证，是银行信誉的代表，它的背后对应的是社会财富和资源，是价值的化身，按照水往低处流、货币往收益高的地方走的规律，经济效益好、利润高的项目，就有资金（资源）向其流动，于是整个社会有限的资源得到了有效的配置。所以，信用最基本的作用就是促进社会资源的再分配，它使得社会资源从一部分人手中转移到另一部分人手中，从资源闲置者手中转移到资源需要者手中，促进了社会资源的合理流动与有效使用。

（二）创造信用流通工具

信用活动的实现需要借助一定的载体，这个载体就是信用工具，即证明债权债务关系或所有权关系的凭证。正如商品交换的实现需要借助于货币的道理一样。在商品流通的现金交易中，是"一手交钱，一手交货"，而在信用交易中，必须是"一手交钱，一手交信用工具"。如商业信用中的商业期票、商业汇票，银行信用中的钞票、支票、银行汇票，国家信用中的国库券、公债券，消费信用中的信用卡、抵押贷款单等都是信用工具。信用工具的出现不仅保护了债权人（或所有者）的权益，而且还能节约流通费用。

（三）节约社会流通费用

第一，在信用基础上产生的信用流通工具可以代替金属货币执行流通手段和支付手段职能，节约了与货币流通有关的各项费用。

第二，通过银行办理转账结算，特别是用高效能的电子计算机办理支付结算，加速了商品的销售过程，既节约了货币流通费用又节约了商品流通费用。

第三，由于节约了流通费用，就相对增加了生产资本的比重；由于加速了商品流通过程从而缩短了资本循环的周期，其结果必然是促进扩大再生产，加快经济的发展。

（四）调节国民经济

信用作为一个经济杠杆，不仅能够准确、及时地反映国民经济的运行状况，还能够对国民经济的运行进行积极地干预，对宏观经济与微观经济进行适时、适度的调节。信用调控经济的功能主要表现在货币当局或中央银行通过制定各种货币金融政策及法规，利用各种信用杠杆，调节信用的规模及方向，从而调节实体经济。例如，在宏观上，通过信用活动调节货币流通，在银根吃紧时放松信用，在通货膨胀时则收缩信用；通过信用活动调整产业结构，对国民经济发展中的瓶颈部门、短线行业和紧俏产品多供给资金，对长线部门、衰退行业和滞销产品则少供应资金甚至收回原已供应的资金，迫使其压缩生产或转产；通过信用活动还可以调整国民经济的重大比例关系。在微观上，通过信用的供与不供、供多供少、供长供短、供早供晚、供急供缓等来促进或限制某些企业或某些产品的生产与销售，扶植或阻碍某些企业的发展。

第二节 现代信用的形式

随着商品货币关系的发展，信用形式日趋多样化和复杂化，相应的信用工具也不断地发展和创新出来，信用体系日趋完善。现代信用按受授主体不同，主要可分为商业信用、银行信用、国家信用、消费信用等。这些信用是当今社会最主要的信用形式，其中商业信用和银行信用是现代市场经济中与企业的经营活动直接联系的最主要的两种形式。

一、商业信用

（一）商业信用的含义

商业信用是指企业之间在买卖商品时，以延期付款形式或预付货款形式提供的信用。实际上，典型的商业信用包括两个同时发生的经济行为：买卖行为和借贷行为。即，一方面是信用双方的商品交易；另一方面是信用双方债权债务关系的形成。就买卖行为而言，在发生商业信用之际就已完成。而在此之后，他们之间只存在一定货币金额的债权债务关系，这种关系不会因为债权人或债务人的经营状况而发生改变。

（二）商业信用产生的原因

商业信用是企业在进行商品销售时，以延期付款即赊销形式所提供的信用，它是现代信用制度的基础。首先，当商品交换发生延期支付、货币执行支付手段职能时，就产生了信用，由于这种延期支付的形式所提供的信用是在商业买卖过程中发生的，所以称其为商业信用。其次，由于商业资本和产业资本相分离，如果要求所有商业企业用自己的资本金购买全部商品，则会发生商业资本奇缺的困难，因为商家是不可能拥有那么多资本的。因此，厂家向商家提供商业信用，既有利于商家减少资本持有量，也有利于加快其商品价值的实现，提高商品流通速度，从而能促进社会经济的发展。所以，在现代市场经济中，商业信用获得了充分发展，并成为现代信用制度的基础。

（三）商业信用的特点

商业信用与其他的信用形式相比有其自身的显著特点：

1. 商业信用的主体是厂商或企业

商业信用是厂商或企业之间互相提供的信用，债权人和债务人都是企业或厂商。

2. 商业信用的客体是商品资本

商业信用提供的不是暂时闲置的货币资本，而是处于再生产过程中的商品资本。它通过买卖，由一厂商或企业转移到另一个厂商或企业，不过它的代价要到后来才按约定的时间由买者支付。所以，商业信用虽然是以商品形态提供的信用，但它的活动同时包含着两种性质不同的经济行为——买卖和借贷。

3. 商业信用具有分散性和自发性

即众多厂商或企业之间都会发生商业信用关系，并且对多数厂商或企业来说，何时发生，与谁发生，事先是没有计划的，是自发地发生的。

4. 商业信用的盛衰和经济景气状态相一致

在经济繁荣时期，生产扩大，商品增加，商业信用的供应和需求也随之增加；反之，则减少。

(四) 商业信用的作用与局限性

在现代经济中，原材料工业与加工业、工业与商业、批发与零售等之间存在着种种稳定的经济联系。在生产和流通过程中，购买一方如果缺乏必要的资金，又不存在商业信用，这种稳定的联系就会遭到破坏与阻滞，不利于生产的发展。因此，引入商业信用，就可以促使买卖双方成交，润滑整个生产流通过程，促进经济的发展。这也正是在商品推销和国际贸易领域广泛应用商业信用的原因。但是，商业信用也有明显的局限性，它表现在：

1. 商业信用的规模受厂商或企业拥有的货物与资金数量的限制

商业信用是在厂商或企业之间提供的，其界限就是不能超过企业的生产能力，所以，商业信用在量上是有限的，这显然满足不了现代化大生产对资金的需求。

2. 商业信用受到商品流转方向的局限

由于商业信用的客体是商品资本，因此，提供商业信用是有条件的，它只能向需要该种商品的厂商或企业提供，而不是倒过来向生产该种商品的厂商或企业提供。即只能是原材料向加工业、工业向商业、批发向零售、上游向下游等提供信用，而不能相反。

3. 商业信用范围上的局限性

由于商业信用的客体是商品，所以它只适用于有商品交易关系的企业，并且一般都是在信用能力较强、经常往来、相互信任的企业间进行。

4. 商业信用期限上的局限性

商业信用所提供的是处于生产过程中最后一个阶段的商品资本，是产业资本的一部分。这就决定了这部分资本只能用于短期性生产或流通，而不能用于长期性投资。

5. 商业信用的信用链条具有不稳定性

商业信用是由工商企业相互提供的，可以说，一个经济社会有多少工商企业就可能有多少个信用关系环节。如果某一环节因债务人经营不善而中断，就有可能导致整个债务链条的中断，引起债务危机的发生，往往会冲击银行信用。

鉴于上述局限性，商业信用不可能从根本上改变社会资金和资源的合理布局从而适应社会广泛的需要。当经济发展到一定程度时，便出现了银行信用。

商业信用——危机

2001年年底，随着美国能源巨人安然公司的倒闭，信用问题开始困扰华尔街，进而开始困扰整个美国，并波及世界。美国企业曾被认为是世界的典范，美国的相关法律也曾被认为是最为完善的,因此这是对于世界信任的打击。最为严重的是美国人开始怀疑自己国家企业的真正实力,从而导致股市低迷、消费不足,严重影响了美国经济的恢复,美国经济对于世界经济的火车头的作用,更使这种危害扩大到全世界。这样,对于企业与经济的不信任竟成了最近这个时期的主要氛围。

由于安然公司是由安达信公司来审计的,审计的不真实使人们对全美企业的经营状况产生怀疑。这种怀疑引发的行动在2002年将许多大公司的老总们送上审判台,因为这些公司的报表不真实、虚报数字、"假大空"成风。世通公司因假账而破产更使人们对大公司、对审计公司产生怀疑,正是这种怀疑将商业信用推到了浪尖上,可是这个浪尖是冲向礁石的。

其实,在经济生活中,信用就像货币一样,尽管在用它,但它随时处于贬值状态。为什么会贬值?因为经济在发展,因为经济中的泡沫。可以这样说,经济危机大部分是由信用危机引发的,因为信用危机会产生信任危机,并因此形成一个怪圈,直至经济循环遭到破坏。

我国古代因为信用危机而破家亡身的比比皆是,最显著的例子便是一笑倾国的周幽王,当他燃起狼烟向诸侯示警时,他博得美人一笑,但他失去了诸侯的信任,也就是没了信用,于是当犬戎真正攻城时,第三次狼烟只能成为他的国家灭亡的先兆,因为诸侯不再信任他。就像喊着"狼来了"的那个孩子,当他被狼吃掉时,他应当想到他已先失去了信任与信用。

当美国人正努力用各种方式挽救民众的信心时,她是在挽救商业的信用与民众的信任,没有了这些,因此,我们这个时代不是缺乏信用的时代而是缺乏信用建设的时代。对于中国,面对人们之间不信任状态,商业信用几时建得起来?经济学家茅于轼说,我国作为穷国钱多得花不完,就是我们国人的钱大部分用在储蓄上。在一定程度上,储蓄的增多便是社会信用不完善的量度。而在这里,商业信用的危机触手可及。为什么人们不敢花钱?因为他们怕。他们怕什么?他们怕商业的运作吞掉他们的积蓄。怕就是不信任。因此,中国的商业信用值得人们重视,它关系到国民经济的升级与发展问题。维持现有的信用质量,只能有两条出路:一是经济的蜗牛行步;二是信用体系本身的崩溃,从而造成经济震荡。

二、银行信用

(一)银行信用的含义

银行信用是银行和其他金融机构以货币形式向企业或个人提供的信用。

银行信用是在商业信用基础上发展起来的一种更高层次的信用，它和商业信用一起构成经济社会信用体系的主体，并且已经成为资金融通的主要形式。

（二）银行信用的特点

与商业信用相比，银行信用具有五个特点：

1. 银行信用的主体与商业信用不同

银行信用不是厂商或企业之间互相提供的信用，银行信用的债务人是厂商、政府、家庭和其他机构，而债权人则是银行和其他金融机构。

2. 银行信用的客体是单一形态的货币资本

银行信用所提供的借贷资金是从产业循环中独立出来的货币，它可以不受个别企业资金数量的限制。它可以聚集小额的可贷资金满足大额资金借贷的需求，同时可把短期的借贷资金转换为长期的借贷资本满足对较长时期的货币需求，不再受资金流转方向的约束。这使银行信用在规模、范围、期限和资金使用的方向上都大大优越于商业信用。

3. 银行信用是一种中介信用

银行通过吸收存款、储蓄或借贷来取得资金，又通过贷款、投资运用出去，银行只是货币资金所有者和使用者之间的信用中介，它起联系、沟通或桥梁作用。

4. 银行信用的变化与经济景气状态往往不一致

在经济繁荣时，生产和商品流通扩大，对银行信用需求增加，利率就会相应上升，从而使资金供应反倒紧张。

5. 银行和其他金融机构可以通过信息的规模投资，降低信息成本和交易费用，从而有效地改善了信用过程的信息条件，减少了借贷双方的信息不对称，以及由此产生的逆向选择和道德风险问题，其结果降低了信用风险，增加了信用过程的稳定性。

正是由于银行信用的特点，使它大大克服了商业信用的局限性。银行信用既可以自上而下（即上游企业向下游企业提供信用），也可以自下而上；既可以聚小为大，也可以拆大为小；既可以续短为长，又可以截长补短，具有非常灵活的调节资金的作用。国家在宏观调控时，也把控制银行信用作为主要手段，通过控制贷款的收与放，来影响国民经济的发展水平与结构。

（三）银行信用与商业信用的关系

在信用领域中，银行信用的规模、范围、期限都大大超过商业信用，在信用领域中居于主导地位（见图2-1）。国家信用、商业信用等日益依赖于银行信用，商业票据、国债券的贴现和发行等往往要通过银行进行。如果没有银行信用，一个企业是否提供商业信用，必然要考虑在没有银行贷款（银行信用）的情况下他是否有其他的融资渠道，否则，他就不会向他人赊销。有了银行信用，赊销或预付的商业信用才有可能在企业之间发生。事实上，商业票据贴现和抵押贷款就是银行业务中最先扩展起来的。所以银行信用和商业信用具有密切的联系。银行信用是在商业信用的基础上产生和发展的，而银行信用的出现又使商业信用进一步得到完善。

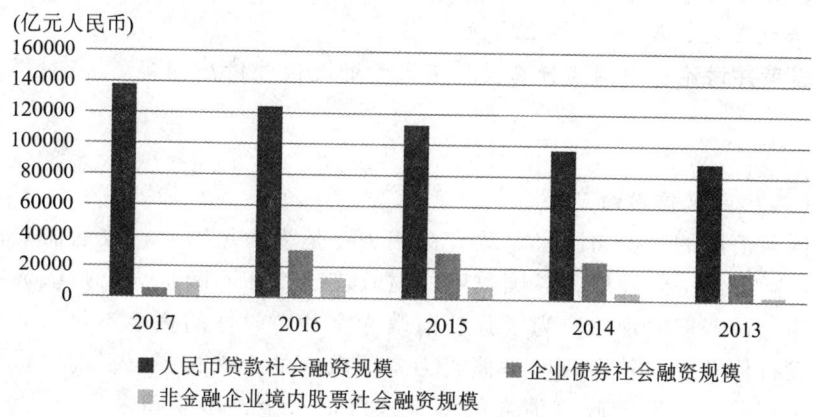

图 2-1　2013 年~2017 年不同融资方式融资额对比

资料来源：国家统计局网站。

但银行信用并不能取代商业信用，因为：一方面银行业务起源于商业票据的贴现和抵押；另一方面，商业信用是直接与商品的生产与流通相关联的，直接为生产和交换服务的。企业之间在商品交易过程中，如果彼此信任，完全可能通过商业信用直接融通所需资金，而不会求助于银行的中介信用。只有在买卖双方彼此不信任时，银行信用才有用武之地。因此，银行信用和商业信用是现代经济的两种最基本的信用形式。

三、国家信用

（一）国家信用的含义

国家信用是以国家财政为主体所发生的借贷活动，即国家作为债权人和债务人的信用。在现代社会中，国家信用主要表现为国家作为债务人，从社会上筹措资金来解决财政需要的信用形式。国家信用有多种方式，但其典型方式是发行公债。国家信用的债务人是政府，而政府不仅有稳定的税收收入作为还款的保证，更有国家信誉作为担保，因此，公债券可以看成是没有信用风险，常常被人们誉为"金边债券"。国家信用的债权人则涵盖了国内外的各类经济主体。

国家信用包括国内信用和国外信用两种。国内信用是国家以债务人身份向国内居民、企业团体取得的信用，它形成一国的内债；国外信用是国家以债务人身份向国外居民、企业团体和政府取得的信用，它形成一国的外债。无论是内债还是外债，都对国民经济具有重要影响和作用。

课堂讨论

美国财政部发布的国际资本流动报告（TIC）显示，2017年3月份中国持有的美国政府债券、票据和国库券增加了279亿美元，达到1.09万亿美元，仍为美债第二大海外持有者。最大的持有者日本同期持仓增加至1.12万亿美元，增加了34亿美元。

思考并讨论：中国为什么要持有大量的美国外债？

（二）国家信用的产生

国家信用的产生与国家财政直接相关，是为满足国家财政的需要而产生的。随着经济的发展，各国政府的财政支出都在不断扩大，财政赤字已经成为一种普遍的现象。为了弥补财政赤字和暂时性的资金不足，向社会公众发行债券或向外国政府举债成为各国政府的必然选择。目前，世界各国几乎都采用了发行政府债券的形式来筹措资金，形成国家信用的内债。国家信用的外债一般是通过国与国之间的政府借贷来实现的，是国际化的政府间的债权债务关系。随着全球经济金融的一体化，各国政府间的债权债务关系也日趋普遍。

（三）国家信用的特点

国家信用与其他信用相比有其自身的特点：

第一，国家信用中发行公债这一方式的还款期限较长。公债未到期前只能贴现，不能兑付，因而聚集资金的稳定性较强，可用于长期投资。银行的储蓄存款则期限较短，即使有长期的定期存款，如果客户急需也可以提前支付，所以稳定性较弱，银行的存款一般来说适用于短期周转性贷款。

第二，国家信用的范围更广泛。国家信用可以动员银行难以动员的那一部分资金。这一方面是因为国家政府的信誉，另一方面是因为国家信用有时带有强制性。例如，政府债券的发行一般采用推销和分配的方式。

第三，国家信用的利息支出属于国家的财政支出项目，由国家承担。而银行贷款的利息由借款人承担，银行可以从贷款和存款的利息差额中获得利益。

（四）国家信用的作用

国家信用与商业信用、银行信用不同，它与生产流通过程无密切联系，国家利用这种形式筹措资金，可以发挥以下特殊的作用。

1. 国家信用是弥补财政赤字的重要手段

财政发生季节性和临时性困难以及财政赤字时，必然要设法增加收入以资弥补。一般有三种途径：一是增加税收，但增税有一定限度，过多会影响企业生产经营的积极性；二是向银行借款或透支，如果银行资金来源不足的话，就会造成扩大货币供给以满足财政需要的情况，结果必然导致通货膨胀；三是发行政府债券，发行国债是将企业、居民的购买力转移给了国家，是一种财力的再分配，它有物资保障，一般不会导致通货膨胀，不会影响企业的生产积极性。因此，当今世界各国政府一般都尽量采取发行国债的方法弥补财政赤字。

2. 国家信用是筹措资金用于特定支出的重要手段

一个国家不论其性质如何，其基本职能都是相同的，这就是要维持国家机器的运转，保障社会经济的发展和公众生活的安定。撇开国家信用作为国家干预经济、平衡并促进经济发展的工具不说，在特定条件下，例如战争时期，军费开支必然大量增加，有时甚至国民收入一半以上要用于军费开支。面对如此巨大的支出，单靠正常条件下的租税收入显然是难以维持的。而运用国家信用将一部分国民收入通过公债形式聚集到国家手中，然后用于战争支出，无疑是最快捷、最有效的方法。国家在保证日常支出的基础上，进行一些开发性项目或工程的投资，如建铁路、开发落后地区等，也可通过发行公债来筹措。所以，国家信用作为信用方式来说是一种经济手段或工具，但是，它又能起到作为信用工具或手段所起不到的作用。

3. 国家信用是调节经济、稳定经济发展的重要手段

一般来说，由于国家信用的运用者是政府，政府的信誉要高于其他任何部门或企业的信誉。这样政府发行的债券比金融市场上任何形式的信用工具信誉都好。所以，国债在金融市场上是个社会公众重点选择的投资对象。利用国家信誉筹集资金用于经济建设就成了国家调节经济、干预经济的一个重要手段。在经济发达的国家，国家信用的运用是相当普及和充分的，不仅发行各种长期性质的债券，还发行大量的短期性质的债券，如公债、国库券等，促进了债券市场的繁荣，有效地引导社会资源在国民经济各个部门之间的合理流动，促进了经济的协调发展。我国2010年至2017年国债发行规模如图2-2所示。

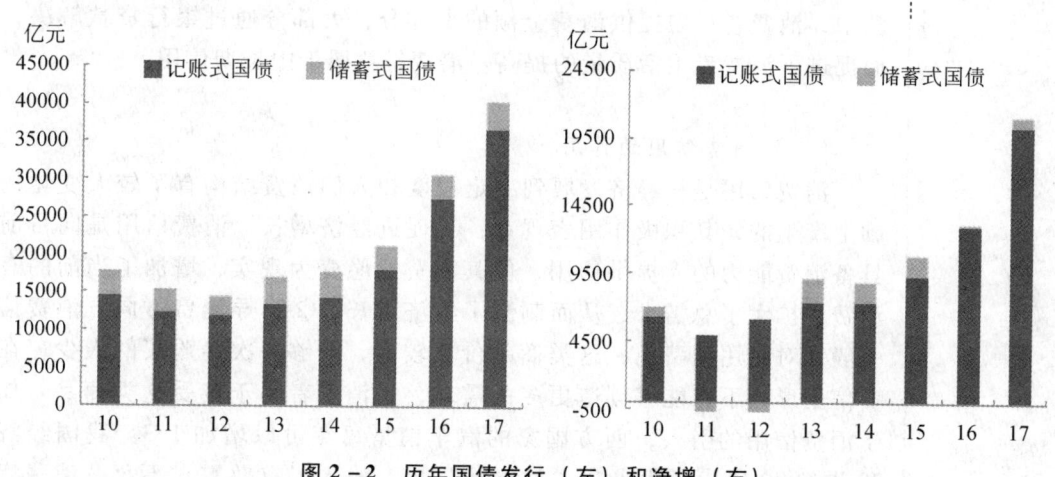

图2-2 历年国债发行（左）和净增（右）

资料来源：万得资讯，中金公司研究部。

四、消费信用

（一）消费信用的含义

消费信用是指由银行及其他金融机构、商家为消费者提供的，用于满足其消费需求的信用形式。现代市场经济的消费信用是与商品和劳务，特别是住房和耐用消费品的销售紧密联系的信用。其实质是通过赊销或消费贷款等方式，为消费者提供超前消费的条件，促进商品的销售和刺激人们的消费。所以，消费信用的特点是"先消费，后付款"，这种信用形式在西方国家已经非常普遍。它与商业信用、银行信用并无本质上的不同，只不过是授信目的和授信对象有所区别。

（二）消费性用的种类

现代市场经济的消费信用方式多种多样，具体可归纳为以下几种主要类型：

1. 赊销

赊销是直接以延期付款的销售方式向消费者提供的信用。与商业信用的赊销类似，是向消费者提供的一种短期消费信用。银行和其他金融机构对个人提供信用卡，消费者以信用卡透支，实际上是一种典型的赊销方式。一般来说，赊销是一种短期消费信用形式。

2. 分期付款

分期付款即消费者与企业签订分期付款合同，消费者先付一部分货款，剩下的部分按合同规定分期加息偿还。在货款付清之前，商品所有权属于企业。这种付款方式在购买汽车、电视、计算机、手机、相机等耐用消费品中广泛使用，是一种中期消费信用形式。

3. 消费贷款

消费贷款即银行或其他金融机构直接贷款给消费者用于购买耐用消费品、住房以及支付旅游费用等，主要包括抵押贷款、信用贷款。在这些贷款中，消费者只需提供消费金额的少部分，大部分通过银行贷款解决，从而促进了消费者生活质量的提高。消费贷款属于中长期信用。

（三）消费信用的作用

消费信用是在经济发展到一定程度和人们消费结构有了较大变化的基础上产生的，其积极作用表现在：①促进经济增长。消费信用是向目前不具备消费能力的人提供信用，使其消费意愿变为现实，增加了当前的有效消费，扩大了总需求，从而刺激了经济增长；②引导消费方向。消费信用一般针对耐用消费品，这类商品价值较高，能够一次性购买的人少，在消费信用形式下，能够创造更多的需求，是消费者易于接受这类商品。如由于消费信用的引入，西方国家的汽车销量每年可以增加1/3。我国经济在20世纪90年代中期成功"软着陆"后，陷入了有效需求不足、消费疲软的境地，适时地启动汽车、住房、教育、旅游等方面的消费信贷，有利于刺激经济回升，抑制通货紧缩的负效应。

消费信用的消极作用体现在容易产生虚假消费而导致生产扩张，加剧经济危机，使债务人陷入沉重的债务负担等方面。例如，2008年美国次贷危机的爆发，就是因为美国政府推进的次级房屋贷款制度，引起房地产市场的过度消费，过度的消费信用导致金融泡沫发生，并最终因泡沫破灭爆发金融危机。

想一想：
2008年美国次贷危机是如何爆发的？产生了什么影响？对我国有何借鉴意义

五、国际信用

（一）国际信用的含义

国际信用是指国与国之间的企业、经济组织、金融机构及国际经济组织相互提供的、与国际贸易密切联系的信用形式。国际贸易与国际经济交往的日益频繁，使国际信用成为进行国际结算、扩大进出口贸易的主要手段之一。

知识链接：
校园贷

（二）国际信用的类型

1. 出口信贷

出口信贷是国际贸易中的一种中长期贷款形式，是一国政府为了促进本国出口，增强国际竞争能力，而对本国出口企业给予利息补贴和提供信用担保的信用形式。根据补贴和贷款的对象不同，又可分为卖方信贷和买方信贷两种。卖方信贷是出口方的银行或金融机构对出口商提供的信贷。买方信贷是由出口方的银行或金融机构直接向进口商或进口方银行或金融机构提供贷款的方式。

2. 国际银行信贷

国际银行信贷是进口企业或进口方银行直接从外国金融机构借入资金的一种信用形式。这种信用形式一般采用货币贷款方式，并事先指定了贷款货币的用途。它不享受出口信贷优惠，所以贷款利率要比出口信贷高。在遇到大宗贷款时，国际金融市场往往采取银团贷款方式以分散风险。

3. 国际市场信贷

国际市场信贷是由国外的一家银行或几家银行组成的银团帮助进口国企业或银行在国际金融市场上通过发行中长期债券或大额定期存单来筹措资金的信用方式。随着国际金融市场的一体化，这种方式越来越普遍。

4. 国际租赁

国际租赁是国家间以实物租赁方式提供信用的新型融资形式。根据租赁的目的和投资回收方式，可将其分为融资租赁和经营租赁两种形式。

5. 补偿贸易

补偿贸易是指外国企业向进口企业提供机器设备、专利技术、员工培训等，待项目投产后进口企业以该项目的产品或按合同规定的收入分配比例清偿债务的信用方式。它实质上是一种国家间的商业信用，在发展中国家得到广泛使用。

6. 国际金融机构贷款

这主要是指包括国际货币基金组织、世界银行在内的国际性金融机构向其成员国提供的贷款。

第三节 利息和利息率

一、利息

利息是与信用密切相连的经济范畴，它是随着借贷行为的产生而产生的。在信用活动中，货币资金的所有者在不改变所有权的前提下，把他所持有的货币资金使用权在一定期限内让渡给需用货币的借者，到期时，借者不仅偿还借入的货币，而且还必须给货币资金的所有者一个增加额，这个增加额就是利息。因此，从外在形式来看，利息是借款人支付给贷款人的超过本金的那部分金额；从利息与借贷过程的内在规定性来看，利息是信用活动本质特征的表现，是借贷活动存在和发展的基本条件。对货币贷出者来说，利息是贷款人让渡货币资金使用权而获得的报酬；对货币借入者来说，利息是借款人取得货币资金使用权而付出的代价。利息成为货币资金使用权转让的必备条件。

利息比资本主义生产方式的出现要早得多，并且存在于极不相同的社会经济形态中。虽然对利息产生的确切时间目前尚无权威的考证结论，但可以肯定，在原始社会末期，货币信用产生的同时，利息也就产生了。利息存在的基础是商品、货币及信用关系。在商品交换发展的初期，借贷活动多为实物形式，利息也是实物形式的一种补偿。随着商品交换的进一步发展，利息才以货币形式来计量。在高度发展的现代商品经济中，利息来自于产业资本的循环和增值过程，成为借贷资本让渡的代价和条件。所以，信用产生于商品交换，利息形成于借贷活动。

二、利率

（一）利率的概念

利率是利息率的简称，指一定时期内利息额与借贷本金额的比率。它是计量借贷资本增值程度和反映利息水平的数量指标，用公式表示为：

$$利率 = \frac{利息额}{借贷本金额}$$

（二）利息的计量方法

利息的计量方法有两种：单利计息和复利计息。

1. 单利

单利是指在计算利息额时，不论期限长短，只按本金计算利息，所生利息不再加入本金重复计算利息。其计算公式为：

$$I = P \cdot R \cdot n$$

其中：I 为利息额；P 为本金；R 为利率；n 为时间。

[例2-1] A 存款 200 元，年利率为 10%，存入两年后获得的利息为：
$I = P \cdot R \cdot n = 200 \times 10\% \times 2 = 40$（元）

单利计算法通常适用于短期借贷。

2. 复利

复利是指计算利息时，要按一定期限（例如一年），将所生利息加入本金再计算利息，逐期滚算，利上加利，其计算公式为：

$$S = P(1+R)^n$$
$$I = S - P$$

其中：S 为本息合计；I、P、R、n 与上式相同。

[例2-2] A 借款 3 000 元，年息率为 6%，每年复利一次，3 年到期后归还，则这笔贷款的利息为：
$S = P(1+R)^n = 3\,000 \times (1+6\%)^3 = 3\,573.05$（元）
$I = S - P = 3\,573.05 - 3\,000 = 573.05$（元）

复利计算通常适用于长期借贷。长期以来，我国银行存贷款利率一般只用单利，其主要原因是用单利计算比较简单，有利于减轻企业的利息负担。其实，短期借贷可用单利计算利息，长期借贷一般应以复利计算利息，因为复利计算比单利计算更注重资金的时间价值，有利于发挥利息杠杆的调节作用和提高借贷资金的使用效率，加速资金的周转。

3. 现值和终值

货币或资金的价值，可以从两个侧面来反映，即通过它的终值和现值得到体现。所谓终值（亦称未来值），是指一笔货币金额在未来某一时点上的数值，这个金额也就是本利和。终值的计算方法也就是本利和的计算方法。所谓现值，则是指在未来某一时点上的一定金额的货币，按一定的利率水平折算出的现在的本金数值。从现值的计算方法来看，正好是终值计算方法的逆运算。终值是以现在的数值，按一定的利率、时间来测算未来预定期的数值；而现值则是以将来某一时点的数值为基础，按一定的利率、时间来测算现在的数值。

单利现值的计算公式为：

$$P = \frac{A}{1+rn}$$

复利现值的计算公式为：

$$P = A \cdot \frac{1}{(1+r)^n}$$

式中，P 为单利现值（本金）或复利现值（本金）；A 为终值（未来值）；r 为利率；n 为期数。

想一想：
单利和复利哪个更能体现利息的本质？如果只存在单利，如何提高自己的利息收益

[**例 2-3**] A 三年后需要一笔 10 000 元的资金,现在的年利率为 6%,则 A 现在需要到银行存入多少钱才能在三年后能取得 10 000 元?

根据现值计算公式,得:

$$P = A \cdot \frac{1}{(1+r)^n} = \frac{10\,000}{(1+6\%)^3} = 8\,396.19 \text{（元）}。$$

70 规则的魔力——复利的巨大能量

让我们来先来看一个有关阿瑞和阿杰的小故事吧。阿瑞和阿杰同年大学毕业,阿瑞在内地家乡找了份工作,而阿杰则到深圳求发展。两人找到的工作工资一样高,都是年收入 3 万元。

阿瑞的家乡每年经济发展速度是 1%,而阿杰所在的深圳则是 3%,让我们来看看 40 年后,都发生了些什么? 40 年后,阿瑞、阿杰都已 62 岁了,这时,阿瑞的年收入变成了 4.5 万元,而阿杰的收入变成了每年 9.8 万元,整整比阿瑞多了两倍多。

原因究竟在哪儿呢? 为什么 40 年的光阴会发生这么大的变化? 其实根本原因就在那 2% 的增长率差异和 40 年的时光荏苒上。

在讲 70 规则之前,得先介绍一下复利。复利是个和单利相对应的经济概念,单利的计算不用把利息计入本金计算;而复利恰恰相反,它的利息要并入本金中重复计息。

比如,你现在存入银行 100 元钱,年利率为 10%,那么一年后无论是以单利还是复利计算利息,本息合计是一样的,都是 110 元;但到了第二年差别就出来了,如果用单利计算利息,第二年的计息基础仍是 100 元,利息也就仍是 10 元,本息合计就是 120 元。

可复利就不一样了,第二年的计息基础是 110 元,那么,一年下来利息就变成了 11 元,本息合计就成了 121 元,已比单利计算的多了 1 元钱,如果本金再多些,年限再长一些,差距之大可想而知。复利的计算公式是本金 × $(1 + 年利率)^n$,其中 n 等于计息期数。

现在再介绍一个被称为 70 规则的古老规律,或许它能帮你更清楚的了解增长率和复利的巨大威力。按照 70 规则,如果某个经济变量每年按 X% 增长,在将近 70/X 年以后这个变量就会翻一番。也就是说,阿瑞身处经济发展速度为 1% 的内地,要翻一番需要 70 年的时间,而在阿杰所处的深圳,收入按 3% 增长,因此,收入翻一番只需要 70/3 年左右,约为 23 年。

资料来源:中国基础教育网。

(三) 利率的种类

利率种类繁多,根据不同的目的,可以从不同角度进行分类。如按照计算利息的期限单位可分为年利率、月利率和日利率;按借贷资金的增值程度可分为名义利率和实际利率;按借贷期内是否调整,可分为固定利率和浮动利率;按利率的决定方式可分为官定利率和市场利率;按期限长短可分为短期利率和长期利率;按金融资产的不同可分为存贷款利率和证券利率等。现将主要利率种类介绍如下:

1. 年利率、月利率和日利率

年利率是以年为单位计算利息,一般按本金的百分之几(%)表示;月利率是以月为单位计算利息,一般按本金的千分之几(‰)表示;日利率习惯叫"拆息",是以日为单位计算,一般按本金的万分之几(‱)表示。西方国家通常用年利率,而我国则习惯于用月利率。年利率、月利率和日利率可以互相换算。在我国,不论是年利率、月利率还是日利率,都用"厘"作单位,如年息5厘、月息4厘、日息3厘等,分别表示年息5%、月息4‰、日息3‱。此外,还可用"分"和"毫"作为利率单位,分是厘的10倍,厘是毫的10倍。如年息1分2厘5毫,就是年利率12.5%。

2. 名义利率与实际利率

名义利率是直接以货币表示的,市场通行使用的利率。如西方国家的市场借贷利率和我国的银行利率等都是名义利率。实际利率是名义利率剔除通货膨胀因素以后的真实利率,即在物价不变,从而货币购买力不变条件下的利息率。由于一般以物价上涨率来代替通货膨胀率,且不考虑利息的贬值因素,则有:

$$实际利率 = 名义利率 - 物价上涨率$$

判断利率水平的高低,不能只看名义利率,还得考虑物价因素。当物价上涨率高于名义利率时,实际利率就是负数,称为负利率。负利率对经济产生逆调节作用。

在纸币流通条件下,由于货币流通量往往超出实际需要量,通货膨胀很容易发生,所以纸币作为价值符号本身就存在名义价值与实际价值的区别,这样就形成了名义利率与实际利率的区别。总之,在纸币流通条件下,区分名义利率与实际利率具有重要意义。因为借贷双方真正关心的是实际利率,而不是名义利率。只有实际利率才能真实反映借贷资本的利息收益或借贷成本。

3. 固定利率与浮动利率

固定利率是指名义利率在整个借贷期间不随借贷资金供求关系和物价水平的变动而变动的利率。它一般由借贷双方商定,适用于短期借贷活动或者在市场利率变化不大的情况下使用。固定利率的最大特点是一次商定、固定不变、简便易行、计算方便。其缺点是灵活性差,往往不能适用中长期借贷,特别是在通货膨胀日趋普遍化的情况下,实行固定利率会给债权

想一想:
2018年1月1日,A到银行存款1 000元,存款利率为3.5%,假设当年通货膨胀率为6%,A当年的实际收益率是多少

人带来损失。因此，越来越多的借贷活动中采用浮动利率。不过，长期以来，我国一般都是采用固定利率。

浮动利率又称可变利率，是指名义利率在借贷期限内随市场资金供求关系和物价水平的变化而定期调整的利率。调整期限和调整时作为基础市场利率的选择，由借贷双方在借贷时议定。例如，欧洲货币市场上的浮动利率，调整期一般为三个月或半年，调整时作为基础的市场利率大多采用伦敦市场银行间三个月或半年的拆借利率。浮动利率一般在借贷期限较长、市场利率多变的情况下使用。由于实行浮动利率可以经常调整，所以借贷双方承担的利率变化风险较小，利息负担也较公平；但是，计息较麻烦，特别是借款人在计算利息成本时比较困难。不过，在当前物价不稳、市场利率多变的情况下，浮动利率还是科学可行的。西方国家的中长期贷款多采用浮动利率。

我国银行根据不同借款种类和借款对象实行的在一定范围内上浮或下浮的利息率，虽然也称"浮动利率"，但不是严格意义上的浮动利率，而是浮动利率的变形，实际上是差别利率的一种形式。

4. 市场利率、官定利率与公定利率

市场利率是在借贷资金市场上由货币资金供求关系决定的利息率。它既包括借贷双方在借贷市场上直接融通资金时形成的利率，也包括在证券市场上买卖各种有价证券时的利息率。市场利率最接近货币价值变动的界限，能比较客观、真实地反映货币资金供求状况。一般说来，当资金供大于求时，利率呈下降趋势；当资金供小于求时，利率则呈上升趋势。不过，影响资金供求状况的因素是十分复杂的，因而市场利率变动十分灵敏。我国银行间同业拆借利率是我国较为典型的市场利率。

官定利率是指一国政府金融管理部门或中央银行确定的，要求强制执行的各种名义利率。在现代经济中，利率作为国家调节经济的重要杠杆，国家利率水平进行必要的干预，于是就出现了官定利率。官定利率是中央银行按照货币政策的要求直接确定的，是中央银行进行宏观调控的重要工具。例如，中央银行的再贴现利率就是典型的官定利率，中央银行有时还直接规定商业银行的利率最高限，以及对商业银行的存贷利率规定各种限制措施等。目前，我国中央银行确定并公布的利率都是官定利率。

官定利率与市场利率有密切关系。官定利率的变化表达了政府的货币政策意向，对资金供求状况和市场利率有重要影响；市场利率随官定利率的变化而变化，但它又要受一系列复杂因素的影响，并不一定与官定利率的变化相一致；市场利率的变化非常灵敏地反映货币资金的供求状况，是国家确定官定利率的重要依据。国家根据货币政策的需要和市场利率的变化趋势调整官定利率以实现调节经济的目标。

公定利率指由非政府部门的民间金融组织，如银行公会等所确定的利率是行业公定利率。这种利率对其会员银行也有约束性。

表 2-1　　　　　　　　　人民币存款利率表　　　　日期：2015 年 10 月 24 日

项　　目	年利率（%）
一、城乡居民及单位存款	
（一）活期存款	0.30
（二）定期存款	
1. 整存整取	
三个月	1.35
六个月	1.55
一年	1.75
二年	2.25
三年	2.75
五年	2.75
2. 零存整取、整存零取、存本取息	
一年	1.35
三年	1.55
五年	1.55
3. 定活两便	按一年以内定期整存整取同档次利率打 6 折
二、协定存款	1.00
三、通知存款	
一天	0.55
七天	1.10

表 2-2　　　　　　　　　人民币贷款利率表　　　　日期：2015 年 10 月 24 日

项　　目	年利率（%）
一、短期贷款	
一年以内（含一年）	4.35
二、中长期贷款	
一至五年（含五年）	4.75
五年以上	4.90

资料来源：中国银行网站。

5. 基准利率、普通利率与优惠利率

基准利率是指在整个金融市场上和整个利率体系中处于关键地位、起决定性作用的利率。当它变动时，其他利率也相应发生变动。对于金融市场上的投资者和参与者来说，只要注意观察基准利率的变化，就可预测整个金融市场利率的变化趋势。在初期，基准利率是由市场活动的结果自发形成的，后来，随着经济的发展，基准利率则由政府或金融管理当局决定。在西方国家，一般以中央银行的再贴现利率为基准利率。在我国，1984 年以前国家银行确定的利率起基准利率的作用。1984 年中央银行体制确立后,中国人民银行对各专业银行和其他金融机构的存贷款利率定为基准利率。

普通利率是指商业银行等金融机构在经营存贷款业务过程中,对一般客户所采用的利息率,其水平的高低由决定利率水平的一般因素决定,不附加特殊条件。因此,普通利率是使用最为广泛的利率。

优惠利率通常是指银行等金融机构发放贷款时对某些客户所采用的比一般贷款利率低的利率。西方国家商业银行对资信最高并且处于有利竞争地位的大客户发放短期贷款时,采用低于其他企业贷款利率的优惠利率;对其他客户的放款利率,则采用普通利率,即比优惠利率高的利率。我国为了鼓励某些银行的发展,同时考虑某些地区、行业和企业的承受能力,曾先后对粮油、能源、原材料、通信等行业的贷款实行比一般贷款利率低10%~30%的优惠利率。

6. 短期利率与长期利率

短期利率一般指融资期限在一年以内的利率,包括期限在一年以内的存贷款利率和各种短期有价证券利率。短期利率变动风险小,利率水平相对较低。

长期利率一般指融资期限在一年以上的利率,包括期限在一年以上的存贷款利率和各种长期有价证券利率。长期利率变动风险较大,利率水平较高。

长期利率水平一般高于短期利率水平,这是就总体情况来说的。但在不同种类的信用行为之间,由于有种种不同的信用条件,也不能简单对比。长期利率与短期利率在反映资金市场供求的灵敏度及对资金供求影响方面是有所不同的,因此,中央银行往往以长期利率作为货币政策中介目标,而以短期利率作为货币政策的操作目标或工具。

(四) 决定和影响利率变动的因素

1. 平均利润率

利息来自于利润,是利润的一部分,因此,平均利润率就成了决定利息率的基本因素。在现代经济社会里,借款人借入货币的最终目的是追求高额利润。利润被分割为两个部分:一部分是作为企业经营报酬的企业收入;另一部分是作为企业支付给货币所有者报酬的利息收入。如果借款人支付的利息额越多,利息率越高,当利息率高于平均利润率时,借款人会因为无利可图而不愿借用货币资金,所以利息率只能低于平均利润率。平均利润率反映的是整个社会的平均利润水平。另外,货币所有者也不会无偿让渡货币资金的使用权,他们贷出货币的目的是为了充分利用这些暂时闲置的货币资金,获取一定的投资利润,因此,利息率也不可能等于零。所以,利息率只能在平均利润率和零之间波动。

2. 借贷资金供求状况

在商品经济条件下,借贷资本是一种特殊商品,利息是转让这种特殊商品的报酬，或者说是借贷资本的价格。借贷资本作为一种特殊商品，它同普通商品一样要受价值规律的支配，其价格也一样要受供求状况的影响。当借贷资本供不应求时，利率会提高，贷者可以得到较多的收益；反之，当借贷资本供大于求时，利率则会下跌，借者可支付较少的利息，获得更多的利润。所以，资本供求状况是影响利率变动的一个重要因素，它决定着某一具体时刻利息率的高低。

3. 物价水平与预期通货膨胀

虽然利息率与物价水平没有直接的必然联系，但是货币资金体现着与物价水平有直接联系的货币购买力。就借者来说，由于物价上涨，货币贬值，如果名义利率不变，等于实际利率下降了，归还时相当于减少了实际归还的货币量，从中得到了好处；而对于贷者，则遭受相应的损失。因此，物价水平在一定程度上影响实际利率的水平，这也是制定利率时要考虑的一个因素。

4. 经济政策

由于利率变动对经济的影响很大，因此，各国政府已把利率作为对经济活动进行宏观调控的重要工具。各国政府根据本国经济发展的状况和货币政策的目标，通过中央银行制定的利息率影响市场利率，调节资金供求，调整经济结构和经济发展速度。

5. 其他影响因素

除上述因素以外，国际市场的利率水平、银行的经营成本、传统习惯、法律规定和国际协定等，都是影响利率变动的因素，它们交错在一起影响利率的变化。

课堂讨论

影响我国利率变动的因素有哪些？

（五）我国利率管理体制的改革

长期以来，我国实行的是高度集中统一的利率管理体制，不重视利率对经济的调节作用。实行改革开放后，对利率管理体制进行了一系列的重大改革，具体如下：

1978 年～1989 年，主要是调整利率水平，允许银行存贷款利率在一定范围内自由浮动。

1990 年～1993 年，主要是调整利率结构，包括制定存贷款利率的上下限；理顺存贷款利率和有价证券利率的关系；各类利率尽可能在期限、成本、风险上体现出差别等。

1994 年以后，主要是进行利率机制的改革，使利率成为资源配置和宏观调控的工具。目前，部分利率已经或基本接近市场化。

利率市场化，是指原先实行利率管制较严的国家，为适应宏观经济环

知识链接：
中国利率市场化改革

境的变化，更好地发挥利率作为资金的价格引导和调节资金配置的作用，通过建立市场化的利率体系等措施，逐步或完全放弃对利率的直接管制，转向由市场决定利率水平的改革过程。利率市场化，是我国利率管理体制进一步改革的大方向，当然，它要有一个逐步演进的过程，不可能一步到位。

第四节 信用工具

信用工具，又称金融工具，是以书面形式发行和流通的，借以表明债权债务关系或所有权关系的合法凭证。

一、概述

（一）信用工具的产生

信用工具是信用关系发展的产物，最初的信用采用口头约定（Oral Credits）的方式，但口说无凭，只能依靠当事人双方的记忆和诚信，容易引起纠纷，随着信用交易的范围扩大和数量增加，当事人双方开始采用账簿信用（Book Credits）的方式，互相在对方账簿上开立户头，记载彼此之间的信用交易，但由于缺乏正式凭证，极易引起争议。因此，人们最终选择了书面信用（Written Credits）的形式，用以规范交易双方的债权债务关系，由此产生了信用工具。

（二）信用工具的特征

信用工具种类繁多，但各种信用工具一般都具有以下四个特征：

1. 偿还性

这是指信用工具的债务人按期还本付息的特征。除股票和永久性债券只付息不还本外，其他大多数信用工具都要求还本，也要求付息。偿还期是债务人偿还全部债务所经历的时间。信用工具一般都载明期限、债务人到期必须偿还信用凭证上记载的债务。

2. 流动性

这是指信用工具在短期内转变为现金而在价值上又不受损失的能力，又称变现能力。现金和活期存款是最具有流动性的，政府发行的国库券也具有较强的流动性，而其他信用工具或者不能随时变现，或者在变现时要蒙受损失。一般来讲，流动性与偿还期成反比，与债务人的信用能力成正比。

3. 收益性

这是指信用工具（特别是有价证券）定期或不定期给持有人带来收

益。如股票可获得股息收益，债券能获得债券利息。另外还可利用金融市场的行情变化，买卖金融工具，带来差价收入。

 **小知识**

理财产品中的收益率

1. 预期收益率、最高收益率与实际收益率

在销售理财产品时，商业银行不得无条件向客户承诺高于同期储蓄存款利率的保证收益率，因此无论是固定收益理财产品还是浮动收益理财产品，客户在购买时看到的"收益率"实际上都是"预期收益率"，甚至是"最高预期收益率"的概念。预期收益率是银行认为在正常的市场走势下获得的收益，而最高收益是在极为有利的市场走势下获得的封顶收益。只有当产品到期，银行根据整个理财期间产品投资的实际表现，按照事先在产品说明书上列明的收益率计算方法计算出来的收益率才是实际收益率。

2. 年化收益率、累计收益率

在比较理财产品收益率的时候，还应该注意其对应的时间概念。年化收益率是按年平均可获得的收益率，累计收益率是整个理财期间的总收益率。商业银行在宣传资料中针对不同期限产品通常会使用看上去最诱人的那种收益率。但在购买前，我们应该注意换算一下。例如，某理财产品的理财期限是两年，累计收益率为7%，那么其年收益率应该是3.5%。

4. 风险性

风险性是指投入的本金和预期收益遭受损失的可能性。任何信用工具都有风险，只是程度不同而已。其风险主要有违约风险、市场风险、购买力风险、政治风险及流动性风险。一般来说，信用工具的风险性，与偿还期呈正比，与债务人的资信及经济实力成反比，与流动性成反比，与收益率成正比。

 金融界将证券交易员因操作失误而导致大盘失控的事故称为"肥手指综合征"，即交易员或经纪人在输入指令时敲错键盘。

2005年12月8日报道，瑞穗证券公司一名经纪人接到一位客户的委托，要求以61万日元（约合4.19万元人民币）的价格卖出1股J-Com公司的股票。然而，这名交易员却犯了个致命的错误，他把指令输成了以每股1日元

的价格卖出61万股。这时操作屏上市场价格栏中出现了输入有误的警告，但由于这一警告经常出现，操盘手忽视警告继续操作。随后，东京证交所发现错误，电话通知瑞穗证券公司操盘手立即取消交易，但取消交易操作未能成功。这条错误指令在9：30发出后，J-Com公司的股票价格便快速下跌。等到瑞穗证券公司意识到这一错误，55万股股票的交易手续已经完成。为了挽回错误，瑞穗发出了大规模买入的指令，这又带动J-Com股票出现快速上升，到8日收盘时已经涨到了77.2万日元（约合人民币5.3万元）。回购股票的行动使瑞穗蒙受了至少270亿日元（约合18.5亿元人民币）的损失。

　　2005年6月27日，台湾股市经历了一场大动荡。一名证券公司经纪人在接受客户交易委托时，将英文数字8 000万（Eighty Million）误听为80亿（eight billion）并输入了电脑。结果从该日11时33分至40分，台湾股市大盘指数从6 284.82暴涨到6 342.45点，百余只股票涨停。该证券公司因此承担了6亿元新台币（约合1.5亿元人民币）的损失。

　　2002年10月，欧洲期货与期权交易所的一名经纪人在一笔期货交易中输入了错误的价格，结果导致这个世界最大的衍生证券市场暂时停盘3小时，指数暴跌500点。

　　2000年12月瑞银集团下属投资银行公司瑞银华宝的交易员在几秒内使瑞银华宝公司损失7 100万英镑。他本来要以每股60万日元的价格卖出日本广告公司的股份，结果键盘上的一个小错误使他在最后以每股6日元的价格卖出了61万份股票。

　　2002年9月欧洲期货交易市场的交易商打算把一份期货交易合同卖给德国法兰克福交易市场。当时法兰克福指数为5 180点。最后交易员卖出了5 180份期货交易合同。欧洲期货交易市场大幅下跌，5个小时后所有交易被迫取消。

　　2002年10月，伦敦股票交易市场的一名交易员在一场期货交易中不小心输错了价格，结果世界上最大的金融衍生市场欧洲期货交易市场被迫停盘3个小时，股票指数下降了500点。

　　资料来源：腾讯财经。

（三）信用工具的种类

1. 按融通资金方式，信用工具可以分为直接融资信用工具和间接融资信用工具

直接融资信用工具指那些不需要金融机构做中介，主要由工商企业、政府及个人所发行或签发的股票、债券、抵押契约、借款合同及其他形式的借款等。间接融资信用工具指由金融机构发行的银行券、可转让存单、人寿保险单、各种单据和银行票据。

2. 按偿还期的长短，信用工具可分为长期、短期和不定期信用工具

长期与短期的划分没有一个绝对的标准，一般以一年为界，一年以上的为长期，一年以下则为短期。短期信用工具主要是指国库券、各种商业票据，包括汇票、本票、支票等。西方国家一般把短期信用工具称为"准货币"，这是由于其偿还期短，流动性强，随时可以变现，近似于货币。长期信用工具通常是指有价证券，主要有债券、股票和基金。不定期信用工具是指银行券和多数的民间借贷凭证。

二、短期信用工具

（一）汇票

汇票是出票人签发的，委托付款人在见票时，或者在指定日期无条件支付确定的金额给收款人或者持票人的票据。汇票是一种无条件支付的委托。

汇票可以分为以下几种：

1. 按付款人的不同，可分为银行汇票、商业汇票

银行汇票是汇款人将款项存入当地出票银行，由出票银行签发的，由其在见票时，按照实际结算金额无条件支付给持票人或收款人的票据。适用于先收款后发货或钱货两清的商品交易。

商业汇票是出票人签发的，委托付款人在指定日期无条件支付确定的金额给收款人或者持票人的票据。商业汇票分为商业承兑汇票和银行承兑汇票。商业承兑汇票由银行以外的付款人承兑（付款人为承兑人），银行承兑汇票由银行承兑。

2. 按有无附属单据，可分为光票汇票、跟单汇票

光票汇票本身不附带货运单据，银行汇票多为光票。

跟单汇票又称信用汇票、押汇汇票，是需要附带提单、仓单、保险单、装箱单、商业发票等单据，才能进行付款的汇票。商业汇票多为跟单汇票。

3. 按付款时间，可分为即期汇票、远期汇票

即期汇票指持票人向付款人提示后对方立即付款的汇票，又称见票或即付汇票。

远期汇票是在出票一定期限后或特定日期付款的汇票。远期汇票按承兑人不同分为商业承兑汇票、银行承兑汇票。商业承兑汇票是以银行以外的任何商号或个人为承兑人的远期汇票。银行承兑汇票承兑人是银行的远期汇票。

（二）本票

本票是指出票人签发的，承诺自己在见票时或指定日期无条件支付确定金额给收款人或者持票人的票据，是一个无条件的支付承诺。本票根据出票人的不同，可分为商业本票和银行本票。商业本票是由工商企业或个人签发的本票，也成为一般本票。银行本票是银行开出的向持票人无条件支付一定金额的本票，在国际贸易中使用的本票大多是银行本票。我国没

有商业本票，只有银行本票。

（三）支票

支票是银行存款户对银行签发的要求于见票时对收款人或持票人无条件支付一定金额的票据。按支付方式，可分为以下几种类型：一是现金支票，即能够支取现金的支票；二是转账支票，只能用于转账，不能支付现金；保付支票是指为了避免出票人开出空头支票，保证支票提示时付款，支票的收款人或持票人可要求银行对支票"保付"，支票一经保付，付款责任即由银行承担，出票人、背书人都可免于追索；旅行支票是银行或旅行社为旅游者发行的一种固定金额的支付工具，专供旅客在旅途中购买商品和备付旅途费用。

（四）短期国库券

短期国库券是政府部门发行的短期债券，主要用于弥补财政入不敷出和为到期的政府债券提供融资。因为有政府信用做担保，短期国库券几乎没有违约风险；同时因为期限短，有活跃的二级市场可供交易，短期国库券流动性很强。此种证券是由财政部按拍卖方式折价出售，面值和发行价格的差价是投资的报酬。在许多国家，国库券的期限有3个月，6个月，9个月及1年，但以3个月为期限的占绝大部分。国库券具有无信用风险，高度流动性及易于转让等特质。

（五）大额可转让定期存单

大额可转让定期存单亦称大额可转让存款证，是银行印发的一种定期存款凭证，是由美国花旗银行1961年最先创立的。该凭证上印有一定的票面金额、存入和到期日以及利率，到期后可按票面金额和规定利率提取全部本利，逾期存款不计息。大额可转让定期存单可流通转让，自由买卖。

三、长期信用工具

（一）股票

股票是股份有限公司签发的证明出资者对该公司拥有所有权的法律凭证，是资本市场上主要的长期信用工具。

1. 股票的特点

（1）收益性。股票的收益主要可以划分为两个部分：一部分是股息和红利，这一部分收益的多少要看企业的盈利情况和企业的发展战略，在美国一般是按季分红；另一部分是资本利得收益，也就是说在股票市场上卖出股票的价格差收益，对于一个投机者而言，这一部分收益占了大部分，这一部分收益的高低要看投机者的投资水平和投资策略。

（2）不可偿还性。按照《公司法》的相关规定，出资人出资后不得撤资，所以股票是没有偿还期的。股东如果想收回自己的资金，就只能在二级市场上卖出进行变现。

（3）参与性。股东出资后，便成了该公司的所有者。股东可以通过召开股东大会来行使对该公司的经营决策权。股东大会就是该公司的最高权力机构。

（4）流动性。由于股票具有不可偿还性，所以股票的流动性就显得格外重要。股票的流动性就是股票持有人可根据自己的意愿，在证券交易所自由地买卖和转让股票的行为。股票的流动性的大小和股票的行情是联系在一起的，行情越好，股票的变现力就越强。

（5）风险性。股票的价格受到多种因素的影响，既受到国家宏观政治经济层面的影响，也受到企业运作和盈利方面的影响，还受到投资者心理层面的影响，所以股价具有很强的波动性，这就给投资者带来了很大的风险性。如果投资者盲目入市，将会带来沉痛的后果。2008 年，中国石油从上市首日的最高价 48.62 元，一路下跌，最低跌至 9.71 元，跌幅达到 80%。

2. 股票的种类

按股东权益不同，股票可以划分为普通股和优先股。

普通股是股份有限公司发行的最基本的股票，普通股的股东享有平等权利，即没有特权，也没有特别限制。它构成公司资本的基础，是股票的一种基本形式，也是发行量最大，最为重要的股票。目前，上海和深圳证券交易所上市的股票都是普通股。普通股的股东有以下几项权利：

（1）经营决策参与权。普通股股东可以参与公司的经营决策，其参与的主要方式是出席股东大会，行使投票表决权。

（2）盈余分配权。股东以所有者的身份，可以按照法定的分配顺序对公司的经营利润进行分配，这就是所谓的股息和红利（习惯上把两者合称为股利）。

（3）剩余财产分配权。这是指股份有限公司因破产或经营到期进行清算时，对资产拍卖所得按国家法定清偿顺序进行清偿后，其剩余财产由普通股股东按其份额进行分配。

（4）优先认股权。优先认股权是指当股份公司为增加公司资本而决定增加发行新的股票时，原普通股股东享有的按其持股比例、以低于市价的某一特定价格优先认购一定数量新发行股票的权利。

优先股实行对于普通股而言的，在利润和剩余财产分配方面优先于普通股。优先股有以下特点：

（1）股息率固定。优先股的股息率在发行时就已经确定，不随公司利益的增减而变动，当然，这一点也不是绝对的，毕竟优先股是股权凭证而不是债务凭证，如果公司的利润不足以支付优先股的股息，也可以少分或者不分，公司也不会因此而承担法律上的义务。

（2）盈余分配优先。在利润分配的顺序上，优先股的分配顺序要优于普通股先进行分配。

（3）剩余财产分配优先。优先股对剩余财产的分配要先于普通股，但要排在所有债权人之后。

（4）无经营决策参与权，和普通股相比，优先股股东一般不能参与公司经营决策，也没有投票表决权，但在涉及优先股股东重大权益的问题上也拥有一定的投票权。

（5）无优先认股权，优先股一般没有优先认股权。

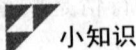 小知识

中国上市公司的股票种类

A 股的正式名称是人民币普通股票，是由我同境内的公司发行，供境内机构、组织或个人（不含台、港、澳投资者）以人民币认购和交易的普通股股票。

B 股的正式名称是人民币特种股票，是以人民币标明面值，以外币认购和买卖，在境内（上海、深圳）证券交易所上市交易的。

H 股，即注册地在内地、上市地在香港的外资股。香港的英文是 Hong Kong，取其字首，在港上市外资股就叫作 H 股。依此类推，在纽约和新加坡上市的股票就分别叫作 N 股和 S 股。

ST 是指境内上市公司连续两年亏损，被进行特别处理的股票。

*ST 是指境内上市公司连续三年亏损的股票。

（二）债券

债券是发行人依照法定程序发行的，承诺其在到期日还本付息的有价证券。债券的要素包括：发行者，期限，利率，面值，利息的偿还方式等。

1. 债券的特点

（1）债券是有期限的，到期必须要偿还。不管期限多长，债务人都要承担到期还本付息的压力，期限越短，其还本付息的压力就越大。如果借债太多，到期不能及时偿还的话，企业就有破产清算的风险。完全没有了股票筹资的"洒脱"。

（2）债券的利息是固定的，即使是浮动利率债券，也仅仅受到基准利率变动的影响，其不确定性也远比股息收入要小得多。

（3）债券的利息在偿还顺序上要优于股票，其偿还是在税前支付的。不管企业是否盈利，都要首先满足债务人的利息需要，并且税前支付，可以给企业带来避税的好处，也增强了企业偿债的积极性。

（4）债券的风险要比股票小得多。债券的风险主要有违约风险和市场风险两种。违约风险是指筹资人到期不能如数还本付息所带来的风险，一般在签订借款合同的时候，债权人都要在合同上约定很多的限制性条款，以便避免类似风险的发生；市场风险就是由于市场利率变动而带来的债券价格贬

值的风险,为了规避此类风险,一般中长期债券可以采用浮动利率来发行。

2. 债券的分类

(1) 按照发行者的不同,债券可以划分为政府债券、金融债券和公司债券。政府债券是指中央政府、政府机构和地方政府发行的债券,它以政府的信誉作保证,因而通常无须抵押品,其风险在各种投资工具中是最小的,政府债券由于其信用高,被称为"金边债券"。

公司债券是公司为筹措营运资本而发行的债券,该合同要求不管公司业绩如何都应优先偿还其固定收益,否则将在相应破产法的裁决下寻求解决,因而其风险小于股票,但比政府债券高。

金融债券是由商业银行或非银行金融机构为筹措资金所发行的债务凭证,其实质上是公司债券的一部分,所以在很多国家都把它并入公司债券。

(2) 按照期限的不同,债券可以划分为短期债券、中期债券和长期债券。短期债券是期限在一年以内的债券,又叫作国库券,属于货币市场研究的范畴。中期债券是期限在一年到十年的债券。长期债券是期限在十年以上的债券。

(3) 按照利率的不同,债券可以划分为固定利率债券和浮动利率债券。固定利率债券是指在债券的发行期间债券的利率是固定不变的。浮动利率债券是指在债券的发行期间债券的利率是可以调整的。

(4) 根据是否标有票面利率,可以划分为零息债券和付息债券。零息债券是指没有标明票面利率的债券,这种债券在发行的时候一般采用折价发行的方式,发行价格低于面值,其差额相当于利息收入。付息债券是指标有票面利率的债券。

 小知识

我国国债的种类及购买方式

我国目前发行的国债可分为记账式国债和储蓄式国债两种。

记账式国债是以电子记账形式记录债权,由财政部面向全社会各类投资者发行,可以记名、挂失、上市和转让的国债品种,由于记账式国债的发行和交易均采用无纸化形式,所以效率高、成本低、交易安全性好。

储蓄式国债是政府面向个人投资者发行、以吸收个人投资者储蓄资金为目的,满足长期储蓄性投资需求,不可流通且记名的国债品种。在持有期内,持券人如遇特殊情况需要提取现金,可以到购买网点提前兑取。按照记录债权形式的不同又分为凭证式国债和电子式储蓄国债。凭证式国债以"凭证式国债收款凭证"记录债权,电子储蓄国债以电子方式记录债权。

普通投资者通过证券公司认购和交易记账式国债，需要事先开立沪深证券交易所的证券账户。投资者通过商业银行认购和兑付储蓄式国债。

资料来源：http://www.sac.net.cn/tzzyd/zqex/cnp/2j/201703/t20170316_130747.html。

（三）证券投资基金（见图2-3）

证券投资基金（简称"基金"）是指通过发售基金份额，将众多投资者的资金集中起来，形成独立财产，由基金托管人托管，基金管理人管理，以投资组合的方法进行证券投资的一种利益共享、风险共担的集合投资方式。

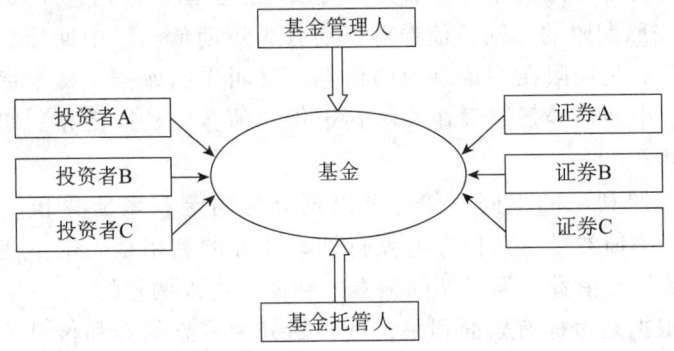

图2-3 证券投资基金

1. 证券投资基金的特点

证券投资基金在不同的国家有不同的称谓，美国称"共同基金"或"互助基金"，英国和中国香港称为"单位信托基金"，日本、韩国和我国台湾称为"证券投资信托基金"。虽然各国的名称不一样，但是特点确是一样的。

（1）规模经营。证券投资基金将小额资金聚集起来，其经营具有规模优势，可以降低交易成本，对于筹资方来说，也可有效降低其发行费用。

（2）分散风险。由于投资基金数额庞大，可以将资金分散投到多种证券或资产上，包括股票，债券，外汇，货币等金融工具，可以实现"不要把所有的鸡蛋都放在同一个篮子里"的多元化投资策略，通过有效组合最大限度地降低投资风险，最大程度地保护了基金投资者的利益。所以，基金投资相对于股票投资来说风险要小，当然其收益也要较股票投资少些。

（3）专家理财。证券市场风险巨大，一般的投资者难以驾驭，而投资基金这种专家理财的特点，就弥补了一般投资者专业知识和"专业时间"上的缺乏，基金公司拥有一个强大的专业团队，他们可以运用自己的专业知识对投资做出合理的规划，并且可以随时进行操作，把所有的时间和精力都用在投资上，再加上专业化的投资服务，投资基金从发行、收益分配、交易、赎回都有专门的机构负责，使整个投资过程轻松、简便，极大地提高了投资的准确度和效率，进一步拉近了投资大众和金融市场的距离。

(4) 收益共享，风险共担。证券投资基金的收益和风险都是有投资者和基金公司共同来承担的，不仅可以对基金经理人起到激励作用，还可以保护投资者的利益。

2. 证券投资基金的种类

(1) 按组织形式进行划分，可以划分为公司型基金和契约型基金。

公司型基金，是依据《公司法》成立的、以盈利为目的的股份有限公司形式的基金，其特点是基金本身是股份制的投资公司，基金公司通过发行股票筹集资金，投资者通过购买基金公司股票而成为股东，享有基金收益的索取权。

契约型基金，是依据一定的信托契约组织起来的基金，其中作为委托人的基金管理公司通过发行受益凭证筹集资金并负责基金的投资营运，作为受托人的基金托管公司负责保管基金的资产，而投资者则是受益人，凭基金受益凭证索取投资收益。我国的基金大多属于这一类。

(2) 根据投资基金受益可否赎回，分为封闭式基金和开放式基金。

封闭式基金，是指基金的期限和份额是固定的，只能在确定的时间内进行基金的申购和赎回，封闭式基金在持有期间，可以在二级市场进行转让。其发行期限不得低于5年，最低募集数额不得少于2亿元。

开放式基金，是指基金发起人在设立基金时，基金单位或股份总规模不固定，可随时追加，也可随时赎回的基金。

 小知识

基金的购买渠道有哪些

封闭式基金可在二级市场买卖，和股票一样操作。

开放式基金主要通过四个渠道买卖基金：证券公司、银行、基金公司直销网点及其他代销机构。

商业银行代销基金目前占据了基金销售总量的80%以上，大部分投资者都是通过银行购买该银行代销的基金。也有部分投资者拥有券商户头，因此通过在证券公司的账号购买基金。

由于缺乏相关投资经验，并且希望得到更详细、更专业的理财指导，不少新基民选择了直接去基金公司直销柜台，先开个基金账户，向直销柜台工作人员详细询问各个基金的运作及业绩之后，根据自己的风险偏好，选择一只或几只适合自己的基金。基金公司直销柜台能够利用对自身产品最为了解的优势，为客户带来比较详尽的产品信息，有助于客户挑选最适合自己的基金产品。但需要说明的是，一般在直销柜台开户都有一定的投资门槛，例如，泰达荷银基金管理有限公司的直销柜台开户起点为10万元。

资料来源：中国农业银行网站。

（3）根据投资目标的不同，可分为成长型基金、收入型基金、平衡型基金。

收入型基金，以获取最大的当期收益为目标的基金。这种基金成长潜力较小，但是收入稳定性较高，适合保守的投资者，又可以划分为固定收入型基金和权益收入型基金两类。前者主要投资于债券或优先股股票，后者主要投资于普通股股票。

成长型基金，以追求资本的长期增值为目标的基金。其特点是风险较大，收益也较大，适合与风险的爱好者。成长型基金又可分为三种：一是积极成长型，这类基金通常投资于有高成长潜力的股票或其他证券；二是新兴成长型基金，这类基金通常投资于新行业中有成长潜力的小公司或有高成长潜力行业（如高科技）中的小公司；三是成长收入基金，这类基金兼顾收入，通常投资于成长潜力大、红利也较丰厚的股票。

平衡型基金，是以净资产的稳定、可观的收入及适度的成长为目标的投资基金，其特点是具有双重投资目标，谋求收入和成长的平衡，风险和收益介于收入型基金和成长性基金之间。

除了以上几种分类方法以外，基金还可以根据地域的不同，划分为国内基金，国际基金和国际基金；还可以根据标的证券的不同，划分为股票型基金，债券型基金，货币市场基金，专门基金等，以上分类方法都比较简单，这里不再赘述。

知识链接：
基金投资技巧

> **小知识**
>
> **私募基金**
>
> 私募基金（Private Fund）是私下或直接向特定群体募集的资金。与之对应的公募基金（Public Fund）是向社会大众公开募集的资金。人们平常所说的基金主要是共同基金，即证券投资基金。
>
> 通常见到的 PE 和 VC，也即私募股权投资基金和风险投资基金，实际上绝大多数都属于私募股权基金，即 Private Equity。私募股权基金（即 PE）是从事私人股权（非上市公司股权）投资的基金。主要包括投资非上市公司股权或上市公司非公开交易股权两种。其追求的不是股权收益，而是通过上市、管理层收购和并购等股权转让路径出售股权而获利。私募股权基金的募集对象范围相对公募基金要窄，但是其募集对象都是资金实力雄厚、资本构成质量较高的机构或个人，这使得其募集的资金在质量和数量上不一定亚于公募基金。可以是个人投资者，也可以是机构投资者。后来 PE 这个词被特化为投资于中后成熟期企业的私募基金，而投资于中早期，高风险项目的风投基金、创投基金通常被称为 VC。
>
> 讨论：如何界定私募基金与非法集资？

四、金融衍生工具

金融衍生工具,又称金融衍生产品,与基础性金融工具相对应,是指在一定的基础性金融工具的基础上派生出来的金融工具,一般表现为一些合约,其价值由作为标的物的基础金融工具的价格决定。

(一) 金融衍生工具的特点

1. 价值受制于基础性金融工具

金融衍生工具由传统的基础性金融工具派生出来。由于它是衍生物,不能独立存在,因此其价值的大小在相当程度上受制于相应的基础性金融工具价格的变动。基础性金融工具主要有三大类:货币(包括本币和外币)、债务工具和股权工具。借助各种技术在基础性金融工具的基础上,可以设计出品种繁多、特性不一的金融衍生工具来。

2. 具有高杠杆性和高风险性

金融衍生工具在运作时多采用财务杠杆方式,即采用缴纳保证金的方式进入市场交易。市场参与者只需动用少量资金即可买卖交易金额巨大的金融合约。期货交易的保证金和期权交易的期权费都属于这种情况。财务杠杆方式无疑可显著提高资金的利用率和投资效益,但是如果预期失误也会给交易者带来巨大的风险和损失。如1995年,有233年历史的英国巴林银行因其交易员在股票指数期货投机中失败而宣布倒闭;2008年,法国兴业银行交易员热罗姆·盖维耶尔在未经授权的情况下大量买进欧洲股指期货,最终给银行造成49亿欧元损失。

3. 构造复杂,设计灵活

期货、期权等金融衍生工具本身已是在基础性金融工具的基础上派生,构造已较为复杂,更何况在基本的期货、期权基础上,运用灵活的组合技术,又创新出众多组合性的金融衍生工具,如期货与期权组合、期货与期货组合、期权与期权组合等。不同的组合产生不同的效果,可以满足交易者日益复杂的需要,但也使新的衍生工具构造更加复杂,难以为一般投资者所理解,难以明确风险所在,更不容易完全正确的运用与把握,蕴含更大的风险。

(二) 金融衍生工具的种类

目前,在国际金融市场上最为普遍运用的衍生工具有远期、期货、期权和互换。

1. 金融远期合约

金融远期合约是指交易双方约定在未来某一确定的时间,按照某一确定的价格买卖一定数量的某种金融资产的合约。金融远期合约主要包括远期利率协议、远期外汇合约和远期股票合约。

金融远期合约是由交易双方通过谈判后签署的非标准化合约。交易双方可以就交割地点、交割时间、交割价格、合约规模、标的物的品质等细节进行谈判,灵活性较大,不在交易所交易,而是在场外市场交易。由于场外交易比较松散,远期合约的履约没有保证,当价格变动对一方有利时,对方有可能无力或无诚意履行合约,因此远期合约违约风险较大。

举例:如果一家美国公司要在90天后支付100万英镑给英国出口商,那么它就面临英镑汇率上浮的风险。如果想规避这种风险,美国公司可在远期外汇市场上购入90天远期100万英镑,假设90天远期外汇价格为1.29,这样,就等于将90天后支付英镑的实际汇率固定在目前的英镑远期汇率1.29上。

2. 金融期货合约

金融期货合约是指交易双方同意在约定的将来某个日期按约定的条件买入或卖出一定标准数量的某种金融工具的标准化合约。所谓标准化,是指期货合约的合约规模、交割日期、交割地点等都是标准化的,无须双方再商定。交易双方所要做的唯一工作是选择适合自己的期货合约,并通过交易所竞价确定成交价格。依据标的物不同,金融期货可分为外汇期货、利率期货、股价指数期货和股票期货。

金融期货合约具有以下特点:

(1) 金融期货合约都是在交易所内进行,交易双方不直接接触,而是各自跟交易所的清算部或专设的清算公司结算。

(2) 期货合约流动性较强。金融期货合约的买卖双方可在交易日之前采取对冲交易以关闭其期货头寸(平仓),而无需进行最后的实物交割。

(3) 金融期货合约采取盯市原则,每天进行结算。

3. 金融期权

金融期权,是指赋予其购买方在规定期限内按买卖双方约定的价格购买或出售一定数量金融资产的权利的合约。期权购买方为了获得这个权利,必须支付一定的费用,称为期权费或期权价格。金融期权的分类根据不同标准,可分为以下几种类型:

(1) 按期权的权利划分,可分为看涨期权和看跌期权。

看涨期权是指期权的买方向期权的卖方支付一定数额的期权费后,即拥有在期权合约的有效期内,按事先约定的价格向期权卖方买入一定数量的期权合约规定的标的物的权利,但不负有必须买进的义务。

看跌期权是指期权的买方向期权的卖方支付一定数额的期权费后,即拥有在期权合约的有效期内,按事先约定的价格向期权卖方卖出一定数量的期权合约规定的标的物的权利,但不负有必须卖出的义务。

(2) 按期权的交割时间划分,可分为美式期权、欧式期权、百慕大期权。

美式期权是指在期权合约规定的有效期内任何时候都可以行使权利。

欧式期权是指在期权合约规定的到期日方可行使权利,期权的买方在合约到期日之前不能行使权利,过了期限,合约则自动作废。

百慕大期权是指可以在到期日前所规定的一系列时间行权的期权。

（3）按期权合约上的标的划分，可分为股票期权、股指期权、利率期权、商品期权以及外汇期权。

4. 金融互换

金融互换是约定两个或两个以上当事人按照商定条件，在约定的时间内，交换一系列现金流的合约。主要包括利率互换和货币互换两类。

本章小结

1. 信用是指以偿还和付息为条件的商品或货币的借贷行为。信用有两个基本特征：一是以偿还为前提条件，到期必须偿付；二是偿还时带有一个增加额——利息。

2. 信用在促进社会资源再分配、创造信用流通工具、节约社会流通费用、调节国民经济方面具有较强功能。

3. 现代信用的基本形式主要有：商业信用、银行信用、国家信用和消费信用。

4. 利息是与信用密切相连的经济范畴，它是随着借贷行为的产生而产生的。利息的计量方法有两种：即单利计息和复利计息。

5. 利息水平的高低通过利率来表示，现实经济生活中的利率种类很多，如年利率、月利率、日利率，固定利率和浮动利率，名义利率和实际利率，市场利率和官定利率，基准利率、普通利率和优惠利率等。

6. 决定和影响利率变动的因素有平均利润率、物价水平与预期通货膨胀、借贷资金供求状况、经济政策等。

7. 信用工具，又称金融工具，是以书面形式发行和流通的，借以表明债权债务关系或所有权关系的合法凭证。信用工具的特征有偿还性、流动性、风险性和收益性。

8. 信用工具按融通资金的方式分为直接融资信用工具和间接融资信用工具，按偿还期的长短可分为长期、短期和不定期信用工具。短期信用工具包括汇票、本票、支票、短期国库券、大额可转让定期存单等，长期信用工具包括股票、债券、证券投资基金、金融衍生工具等。

任务检测

一、单项选择题

1. 商业信用最典型的做法是（　　）。
   A. 商品批发　　　　　　　B. 商品零售
   C. 商品代销　　　　　　　D. 商品赊销

2. 最早产生的信用形式是（　　）。

A. 银行信用　　　　　　　　B. 国家信用
C. 国际信用　　　　　　　　D. 商业信用

3. 下列哪一项不属于银行信用的特点?（　　）
A. 银行信用的客体是单一形态的货币资本
B. 银行信用是一种中介信用
C. 银行信用与产业资本的动态不完全一致
D. 银行信用的规模受到企业资本数量的限制

4. 国家信用的债务人是（　　）。
A. 中央政府　　　　　　　　B. 中央银行
C. 商业银行　　　　　　　　D. 投资银行

5. 利率按是否包括对通货膨胀引起的货币贬值风险的补偿角度划分为（　　）。
A. 单利率和复利率
B. 固定利率和浮动利率
C. 名义利率和实际利率
D. 基准利率、一般利率和优惠利率

6. 利率按在经济中的作用角度可划分为（　　）。
A. 单利率和复利率
B. 固定利率和浮动利率
C. 名义利率和实际利率
D. 基准利率、一般利率和优惠利率

7. 名义利率、实际利率和通货膨胀率三者之间的关系可表述为（　　）。
A. 实际利率＝通货膨胀率－名义利率
B. 实际利率＝名义利率＋通货膨胀率
C. 名义利率＝实际利率－通货膨胀率
D. 名义利率＝实际利率＋通货膨胀率

8. 政府或中央银行确定的利息率是（　　）。
A. 实际利率　　　　　　　　B. 市场利率
C. 官定利率　　　　　　　　D. 固定利率

9. 下列金融工具具有专家理财特点的是（　　）
A. 基金　　　　　　　　　　B. 回购协议
C. 政府债券　　　　　　　　D. 股票

10. 下列属于普通股股东权利范围的是（　　）
A. 固定股息率　　　　　　　B. 经营决策权
C. 优先分配权　　　　　　　D. 选举权

二、多项选择题

1. 商业信用的特点是（　　）。

A. 其债权人和债务人都是企业
B. 借贷的对象是商业资本
C. 信用的规模依存于生产和流通的规模
D. 规模巨大,方向不受限制
E. 期限一般较长

2. 银行信用与商业信用的关系表现为(　　　)。
A. 商业信用是银行信用产生的基础
B. 银行信用推动商业信用的完善
C. 两者相互促进
D. 银行信用可以取代商业信用
E. 在一定条件下,商业信用可以转化为银行信用

3. 消费信用的方式有(　　　)。
A. 分期付款   B. 债券发行
C. 按揭贷款   D. 住房抵押贷款
E. 信用卡透支

4. 国家信用的主要作用是(　　　)。
A. 解决国家通货膨胀的唯一方法
B. 弥补财政赤字的重要手段
C. 筹集巨额资金的重要手段
D. 调节政府收支不平衡的手段
E. 调节经济的重要手段

5. 金融衍生工具的种类主要有(　　　)
A. 期货   B. 期权
C. 远期   D. 互换市场
E. 基金

三、判断题

1. 由于银行信用克服了商业信用的局限性,它将最终取代商业信用。(　　)
2. 如果名义利率为7%,预期通货膨胀率为2%,则实际利率为9%。(　　)
3. 信用是已偿还本金和支付利息为条件的价值单方面让渡。(　　)
4. 股票不用还本付息,债券到期后需还本付息。(　　)
5. 与股票、债券类似,证券投资基金是一种直接投资工具。(　　)

四、简答题

1. 信用的基本特征是什么?信用是怎样产生和发展起来的?
2. 商业信用和银行信用有何区别?
3. 决定利率水平高低的主要因素有哪些?

4. 普通股和优先股各自有什么特点?

5. 什么是证券投资基金?有什么特点?

五、案例分析

1. 【资料】

某人2018年9月1日在银行存入整存整取存款10 000元人民币,存期为3个月,该储户的实际取款日期为2018年12月25日。具体利率见表2-1,假设整个存款期间内利率无调整,计算该储户支取款项时可获得多少利息?

【要求】

在教师指导下,学生独立进行利息的计算;掌握单利、复利的计算方法及不同利率之间的换算关系。

2. 【资料】

国内非金融机构部门融资情况如表2-3所示。

表2-3　　　　国内非金融机构部门融资情况简表

项目	2017年12月		2018年6月	
	存量（亿元）	增速（%）	存量（亿元）	增速（%）
社会融资规模存量	174.71	12.0	183.27	9.8
人民币贷款	119.03	13.2	127.78	12.7
企业债券	18.44	2.9	19.2	8.7
非金融企业境内股票	6.65	15.2	6.9	11.2

注：①社会融资规模存量是指一定时期末实体经济（非金融企业和住户）从金融体系获得的资金余额。②当期数据为初步统计数。③存量数据基于账面值或面值计算。④同比增速为可比口径数据，为年增速。⑤数据来源于中国人民银行、中国证券监督管理委员会、中国保险监督管理委员会、中央国债登记结算有限责任公司和中国银行间市场交易商协会等。

资料来源：中国人民银行。

【要求】

通过比较国内非金融机构部门融资数据，分析我国占主导地位的信用形式，以及该种信用形式的优缺点。

实训项目

实训项目一

关于国家助学贷款发展问题的思考

国家助学贷款是以帮助学校中经济确实困难的学生支付在校期间的学费和日常生活费为目的,运用金融手段支持教育,资助经济困难学生完成学业的重要形式。工行、农行、建行、中行及其下属各基层分行,具体办理审核、发放、回收等项工作。高等院校中经济困难的全日制本、专科学生和研究生，可向上述银行申请国家助学贷款，不用提供担保。2014年7月25日，财政部、教育部、中国人民银行和银监会联合发通知，将贷款增至8 000元。全日制研究生每人每年申请贷款额度上限将达到12 000元。全日制普通本专科学生同一学年不得重复申请校园地国家助学贷款和生源地信用助学贷款。

自1999年国家助学贷款政策实施以来，历年申请人数与贷款金额总体上呈上升趋势。截至2014年，全国累计1 276.71万人获得国家助学贷款，贷款金额达到1 199.07亿元。

近年来，大学生助学贷款违约一直是媒体和公众关心的话题，助学贷款的违约率较高也常常被提及。2014，新华网在报道中提到，西南某省助学贷款违约率达24%，违约率在40%以上的高校有24所。

【要求】阅读资料，思考下列问题：

1. 结合你所在学校的情况及所在地区的情况，作一个调查，你认为你所在的学校及你所在地区的商业银行是否愿意发放国家助学贷款？

2. 作为大学生，你如何看待助学贷款的违约问题？应如何解决这一问题（联系国家颁布的助学贷款规定）？

3. 根据你所学的知识，预测今后我国助学贷款的前景。

实训项目二

到本市一家购物中心随访100名消费者，调查在消费者进行购物消费活动时，愿意使用哪种信用支付工具？

1. 列出调查表，进行统计，表格格式如表2-4所示。

表 2-4

姓名及编号	现金	信用卡	银联卡	微信或支付宝等
总计				

2. 分析各种支付工具的优缺点。

第三章 金融机构体系

 学习目标

知识目标
1. 了解金融机构体系的一般构成。
2. 明确各类金融机构的性质、职能。

技能目标

熟悉各种金融机构的主要业务,初步具有同商业银行等金融机构打交道的能力。

最赚钱的消费金融 25 家汽车金融公司净利超百亿元

汽车信贷资产已经成为利润率最高、最赚钱的消费金融资产了。

《中国经营报》记者根据汽车消费金融公司目前已公布的 2016 年业绩统计发现,25 家汽车消费金融公司利润率多数超过 20%,净利润超百亿元,其中上汽通用汽车金融净利润 21.9 亿元,成为"最赚钱"的汽车消费金融公司。

总体来看,汽车消费金融公司的各项业绩数据都表现良好,资产规模和利润普遍持续稳定增长,汽车消费金融公司在汽车厂商的战略规划中,开始承担更重要的角色。近日,宝马汽车金融注册资本由 48 亿元增至 98 亿元,公开信息显示,大众汽车金融未来与中信信托的合作规模也将达到 300 亿元。

值得注意的是,在各家车企厂商加重对汽车金融业务的投入时,具有互联网基因的车贷平台对于汽车信贷资产也"虎视眈眈"。易鑫金融提供的数据显示,易鑫金融 2016 年总交易规模超过 270 亿元,线上用户单月购车需求逾 600 亿元。

请思考:汽车金融公司的主要业务是什么?

第一节 概述

一、资金盈余调剂需要金融机构

在现实经济生活中，经济各部门，如政府、企业单位、个人家庭，不一定能在任何时间都保持各自的收支平衡。因此，在简单的国民收入决定模型中，三个基本部门中会形成两种情况：资金盈余或资金不足。

资金从盈余单位向赤字单位的流动和转化就是资金融通，简称融资。融资活动有利于促进经济增长。但能否顺利促进社会闲置资金从储蓄向生产性投资的有效流动和转化，成为经济能否得以发展的一个重要前提。

在资金流动中有一个重要的条件是参与融资的双方能够充分的掌握对方的有关融资的数量、期限、方向等信息，否则会影响资金融通的效率。在经济中恰恰存在资金数量、期限、方向等信息不对称和信息搜寻所产生的巨大成本，这些因素使融资活动的参与者难以找到匹配的交易对手。因此需要专门的融资中介人牵线搭桥，引导资金的流动。资金盈余者先将资金的使用权出让给金融中介机构，并获得一种代表其权益的金融资产，再由金融中介机构将资金贷给资金需求者，因此以银行为代表的各种金融中介机构随之出现。

金融市场的资金融通如图3-1所示。

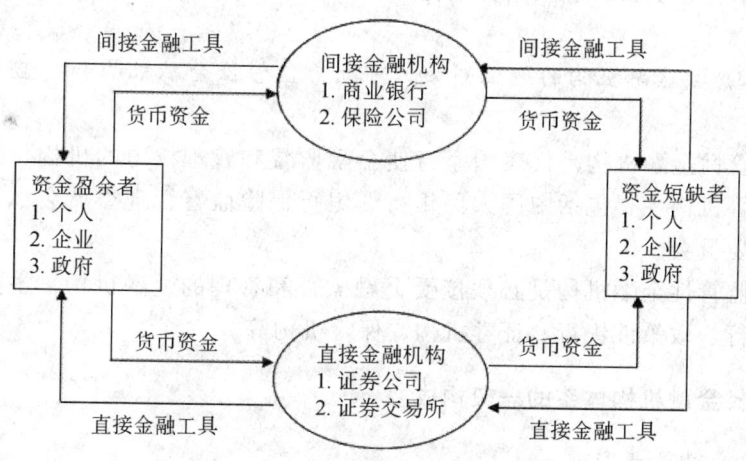

图3-1 金融市场的资金融通

二、金融机构及其分类

金融机构是指专门从事各种金融活动,为资金融通服务的经济实体。在一定的历史时期和社会经济条件下,各种不同的银行和金融机构形成不同的层次和系统及相互关系,从而构成了一定的金融机构体系。在市场经济中,一国的金融机构体系一般是由中央银行、商业银行、政策性银行和非银行金融机构组成的体系。金融机构按不同标准,可划分为不同类型。

(一) 按照职能划分,可分为银行类金融机构和非银行类金融机构

银行类金融机构一般都以存款、放款、结算等为主要业务,主要包括中央银行、商业银行、政策性银行、专业银行等。

非银行类金融机构不以吸收存款为主要业务,而以某种特殊方式吸收资金并运用资金,能够提供特色金融服务的金融机构。此类机构多以自行发行证券的收入或来自某些社会组织及公众的契约性交款为资金来源,资产业务以长期投资为主。主要包括证券公司、保险公司、信托公司、信用合作社、养老或退休基金组织、投资基金公司、财务公司租赁公司等。

(二) 按照能否接受公众存款划分,可分为存款性金融机构和非存款性金融机构

存款性金融机构是主要通过存款形式向公众举债而获得资金来源的金融机构,如商业银行、储蓄贷款协会和信用合作社。

非存款性金融机构则是不得吸收公众的储蓄存款的金融机构,如保险公司、信托投资公司、政策性银行及各类证券公司、财务公司等。

(三) 按金融机构的地位划分,可分为监管性金融机构和非监管性金融机构

监管性金融机构是代表国家行使金融监督和管理权力的机构。我国的金融监管机构主要包括中国人民银行、银行保险监督管理委员会和证券监督管理委员会。

非监管性金融机构是必须接受金融监督和管理的金融机构,主要包括商业银行、政策性银行、证券机构、保险机构等。

三、现代金融机构体系的一般构成

(一) 中央银行

中央银行是一国金融机构的核心,处于金融机构体系的中心环节。中央银行代表国家对金融机构实行监管,管理金融市场,维护金融体系的安全运行,制定一国的货币政策,实施金融宏观调控,并代表政府与国外金融机构打交道。

> **知识链接:**
> 中国银行保险监督管理委员会挂牌
>
>

（二）商业银行

现代商业银行以经营工商业存、贷款为主要业务，并为顾客提供多种金融服务。其中通过办理转账结算实现国民经济中的绝大部分货币周转，同时起着创造存款货币的作用。它始终居于其他金融机构所不可代替的重要地位。

（三）专业银行

专业银行是指专门经营指定范围业务和提供专门性金融服务的银行。其特点有：①专门性。专业银行的出现体现了社会分工在金融业的发展，其业务具有专门性，服务对象局限于某一特定部门或领域。②政策性。专业银行的设置通常体现了政府的政策指向，如开发银行、进出口银行的贷款，具有明显的优惠性，常常提供政府贴息和保险，以及借款期限和还款限期较长等。③行政性。专业银行的建立往往有官方背景，有的就是政府的银行或政府代理银行。专业银行主要包括开发银行、进出口银行、农业银行、储蓄银行、住房信贷银行等。政策性银行就是特殊的专业银行。

（四）非银行金融机构

非银行金融机构是除银行以外的金融机构的总称，主要有保险公司、信托公司、财务公司和典当行等。

四、金融机构的功能

（一）充当信用中介，促进资金融通

金融机构最基本的职能，通过间接融资方式实现借贷者之间的资金融通。银行等金融中介机构通过吸收存款和发行金融债券的形式，聚集了社会闲散资金，为不同的资金需求者提供了不同特征的资金。银行等金融中介机构在其中身兼二任，既是借款人，又是贷款者，发挥信用中介的作用。

（二）充当支付中介，便利支付结算

现代支付手段大多数是由银行等特定的金融机构所提供的。由于金融机构的信誉高且拥有大量的分支机构和代理行关系，有利于加速结算过程和货币资金的周转，促进再生产的顺利进行。

（三）提供金融服务，降低交易成本

银行等金融中介机构具有专业化和规模经济优势，拥有专门的组织、人员、设备、网络、技术、经验等，他们在甄别贷款风险、防范由逆向选择造成的损失方面经验和办法很多。在签订合约之后，银行在监督贷款人从而减少道德风险所造成的损失方面也有专长。因此，中介机构的存在可

以节约交易成本。

(四) 解决信息不对称问题,防止逆向选择和道德风险

信息不对称即为交易双方拥有不同的信息,信息不对称造成后果是逆向选择和道德风险,而金融中介恰恰可以有效防止。

(五) 转移和分散金融风险

转移风险是指通过金融中介机构的操作能使风险在时间、空间上变动;分散风险是指它通过对资产负债的"打包分拆",使风险降低到可接受的程度。

第二节 中央银行

中央银行是现代金融体系的核心,是管理一国金融体系、控制货币供给、执行货币政策、实施金融监管的最高金融机构。

一、中央银行的产生与发展

(一) 中央银行产生的经济背景

中央银行产生于17世纪后半期,形成于19世纪初叶。伴随着资本主义经济的空前发展,资本主义商品经济的迅速发展,经济危机的频繁发生,银行信用的普遍化和集中化,既为中央银行的产生奠定了经济基础,又为中央银行的产生提供了客观要求。中央银行的产生是适应了以下几个方面需求的结果:

(1) 统一货币发行的需要。在银行业发展的初期,没有专门发行银行券的银行,许多商业银行除了办理存、放款和汇兑业务以外,都有权发行银行券。但许多小型银行资金实力薄弱,发行的银行券往往不能兑现,造成了货币流通的混乱;同时,小银行的经营范围有限,其发行的银行券只能在小范围内流通,给生产和流通造成了很多困难。因此,客观上要求在全国范围内有享有较高信誉的大银行来集中发行货币,以克服分散发行造成的混乱局面。

(2) 最后贷款人的需要。在众多的商业银行中,经常有银行因营运资金不足、头寸调度不灵、周转困难而濒临挤兑、倒闭的边缘,这就从客观上要求有一家大型银行,它既能集中众多银行的存款准备,又能不失时宜地为其他商业银行提供必要的周转资金,为银行充当最后的贷款人。中央银行的出现正适应了这样的客观需求。

(3) 建立票据清算中心的需要。随着银行的发展,银行业务不断扩

大，银行每天收受的票据的数量也逐渐增多，各银行之间的债权和债务关系复杂化了，由各个银行自行轧差进行当日结清已经发生困难。这样，不仅异地结算矛盾很大，即便是同城结算也有问题。这就在客观上要求建立一个全国统一而有权威的、公正的清算中心为之服务。

（4）统一金融管理的需要。商业银行是以营利为目的的金融企业，它经营的是特殊的货币资金，与社会上千家万户有着密切的关系，如果商业银行在竞争中破产、倒闭就会引起社会经济的动荡。因此，客观上需要一个代表政府意志的专门机构从事对金融业的监督和管理，以保证金融业的健康发展。

世界各国中央银行的产生主要有两种途径：一是由私人或国有商业银行演变而来。中央银行最初一般由商业银行演变而来，如1694年成立的英格兰银行，最初是商业银行，后来被政府改组为中央银行。二是由政府直接设立，如美国的联邦储备体系和第二次世界大战后许多发展中国家建立的中央银行。

美国南北战争与林肯绿币

1861年，美国林肯政府为了废除南部的奴隶制度，发动了最大规模的内战——南北战争。在战争爆发的初期，南方的军事进攻节节胜利，英、法等欧洲列强又强敌环伺，林肯陷入极大的困境。银行家们算准了此时的林肯政府国库空虚，不进行融资战争将难以为继。尤其是，国库空虚由来已久，不断积累并日趋严重。早在1812年美国与英国的战争结束后，美国的国库收入就连年赤字，到林肯主政之前，美国政府预算的赤字都是以债券形式卖给银行，再由银行转卖到英国的罗斯查尔德银行和巴林银行，美国政府则要支付高额的利息，多年积累下来的债务已使政府举步维艰。

没有钱就无法进行战争，战争给银行家们带来了大发横财的极好机会。银行家们向林肯政府提出了一揽子融资计划并开出了相当苛刻的条件，即美国政府要支付高达24%～36%的利息。这个条件让林肯目瞪口呆，愤怒地将银行家们赶出门外。林肯深知这是一个彻底陷美国政府于破产境地的狠招，一旦向国际银行家们借钱，美国人民将永远无法偿还这笔天文数字的债务，这无异于把绞索套在自己的脖子上。

正当林肯苦思冥想凑钱措施时，他在芝加哥的老朋友迪克·泰勒给他出了一个主意——政府自己发行货币。"让国会通过一个法案，授权财政部印发具有法律效力的

知识链接：
19世纪伦敦金融区的保姆

> 货币，支付士兵工资，然后去赢得你的战争。"林肯问美国人民是否会接受这种新货币，迪克说："所有的人在这个问题上将别无选择，只要你使这种新货币具有完全的法律效力，政府赋予它们完全的支持，它们将会和真正的钱一样通用，因为宪法授予国会发行和设定货币价值的权力。"这个石破天惊的办法打破了政府必须向私人银行借钱并支付高额利息的惯例。这种新货币完全没有金银等金属货币做抵押，并使用绿色的图案以区别于其他的银行货币，史称"绿币"（Greenback）。
>
> 资料来源：宋鸿兵. 货币战争. 北京：中信出版社，2007，43-44。

（二）中央银行制度的发展

中央银行的发展大致可分为两个阶段：一是中央银行制度的普遍推行时期（1914年至1945年）；二是中央银行制度的强化时期（1945年至今）。

1. 中央银行制度的普遍推行时期

中央银行的普遍推行是以布鲁塞尔会议为主要推动力。第一次世界大战开始后，各国金融领域发生了剧烈波动，中央银行停止或限制兑现，提高贴现率，外汇行市下跌，禁止黄金出口，各金融中心交易亦相继停市，货币制度极度混乱。由此，各国政府当局和金融界人士深感必须加强中央银行的地位和货币信用的管制。于是，1920年在比利时首都布鲁塞尔召开国际金融会议。会上提出：凡未设立中央银行的国家应尽快设立中央银行，中央银行应摆脱各国政府政治上的控制，实行稳定的金融政策。布鲁塞尔会议推进了中央银行的普遍建立。

从第一次世界大战后的1921年到第二次世界大战期间的1942年止，世界各国改组或设立的中央银行有43家，其中欧洲16家，美洲15家，亚洲8家，非洲2家，大洋洲2家。主要有：苏联国家银行（1921年）、澳洲联邦银行（1924年）、土耳其中央银行（1931年）、墨西哥中央银行（1932年）、新西兰准备银行（1934年）、加拿大银行（1935年）、印度准备银行（1935年）、阿根廷中央银行（1939年）等。其中20世纪20年代的10年中，改组或设立的中央银行有27家，因而可以说这一时期是中央银行制度积极发展和普遍推行阶段。

2. 中央银行制度的强化时期

进入20世纪中叶，特别是第二次世界大战后，各国政治、经济发生了重大变化。大多数参战国在战争中受到严重破坏，经济困难，通货膨胀。为了医治战争创伤，恢复本国经济，稳定货币，筹集资金，这些国家都将货币信用政策用来作为干预生产和调节国民经济的主要杠杆。中央银行是制定与执行货币政策的重要机构，这就使中央银行制度发生了新的变化，许多国家的中央银行开始了国有化进程。尽管有的资本主义国家维持私有或公司合营，也都在中央银行相对独立的情况下加强了国家的控制。

（三）我国中央银行的产生与发展

我国的中央银行萌芽于 20 世纪初。在清政府和北洋政府时期，户部银行（1905 年开业，1908 年改组为大清银行，1912 年再次改组为中国银行）和交通银行都曾经担任过中央银行的某种职能。1928 年，国民党政府在上海成立了中央银行，名义上是中央银行，实际上发钞权控制在中央银行、中国银行、交通银行和中国农业银行四大银行手中，直到 1942 年才由中央银行统一货币发行、统一代理国库、统一外汇管理，至此中国的中央银行制度才初步形成。

我国的中央银行是中国人民银行，它是在 1948 年 12 月 1 日合并原华北银行、北海银行和西北农业银行的基础上组建的，同时开始发行统一的人民币。1949 年 2 月总行迁至北京。

中国人民银行从成立到 1983 年 9 月，一身兼二任，实行"大一统"的中央银行体制，既是行使货币发行和金融监管的国家机关，又是从事信贷、结算、现金出纳和外汇业务的金融企业。这种集中调配资金的格局，既适应了当时高度集中的经济管理体制的要求，也有利于抑制建国初期的通货膨胀。随着改革开放的深入，新的金融机构、金融业务、金融工具不断涌现，金融管理日趋复杂，这种政企不分的体制就逐渐暴露出弊端，客观上要求人民银行摆脱繁杂的商业银行业务，专事中央银行职能。

1983 年 9 月 17 日，国务院决定中国人民银行不再对企业和个人直接办理存贷款业务，专门行使中央银行的职能，以加强信贷资金的集中管理和综合平衡。这标志着我国现代中央银行制度的确立。

2003 年 4 月，中国人民银行行对银行、金融资产管理公司、信托投资公司及其他存款类金融机构的监管职能被分离出来，成立了中国银行业监督管理委员会。同年 12 月 27 日《中华人民共和国中国人民银行法（修正案）》正式通过。至此，经过 50 多年的曲折经历，一个以中央银行为领导，银监会、证监会和保监会协助分业监管，以商业银行为主体，城乡信用社、证券公司、保险公司等多种金融机构并存，适度竞争、分工协作的具有中国特色的金融体系终于形成，这标志着我国金融体制改革完成了历史性转变和质的飞跃。

二、中央银行的性质与职能

（一）中央银行的性质

中央银行是国家赋予其制定和执行货币政策，对国民经济进行宏观调控和管理的特殊的金融机构。

1. 中央银行是特殊的金融机构

中央银行虽然也称为银行，也办理银行固有的"存、贷、汇"业务，但与普通的商业银行和金融机构相比，在业务经营目标、经营对象和经营内容上都有本质的区别。

（1）从经营目标来看，商业银行以及其他的金融机构作为经营货币业务的机构，一般以追求利润最大化为其经营目标；而中央银行不以营利为目的，原则上也不从事普通商业银行的业务，而是以金融调控为己任，以稳定货币、促进经济发展为宗旨。虽然中央银行在业务活动中也会取得利润，但盈利不是目的。

（2）从服务对象来看，普通商业银行和其他金融机构一般以企业、社会团体和个人为其主要的服务对象；而中央银行在一般情况下不与这些对象发生直接的业务关系。中央银行只与政府和商业银行等金融机构发生资金往来关系，并通过与这些机构的业务往来，贯彻和执行政府的经济政策，履行其管理金融的职责。

（3）从经营内容来看，中央银行独占货币发行权，通过制定和实施货币政策，控制货币供应量，使社会总供给和总需求趋于平衡，而商业银行和其他金融机构则没有这种特权。中央银行接受银行等金融机构的准备金存款和政府财政性存款，但其吸收存款的目的不同于商业银行等金融机构，即不是为了扩大信贷业务规模，而是为了调节货币供应量。因此，其接受的存款具有保管、调节性质，一般不支付利息。中央银行具有调节信用的职能，其资产具有较大的流动性和可清偿性，一般不含有长期投资的成分，可随时兑付清偿，以保证其调节功能的正常发挥。

2. 中央银行是特殊的国家机关

虽然各国中央银行在制度上存在着差异，但其本质都是一样的，都是国家机构的一个组成部分。大多数国家的法律明文规定：中央银行对行政、司法、立法部门负责，是国家管理金融的机关。中央银行大多属于国家和政府权力机关。例如，美国联邦储备系统直接对国会负责，是国会的一个部门；我国的中国人民银行直接隶属国务院，是政府的一个部委单位。无论中央银行隶属于国家权力机关，还是政府的一个部门，它都是国家在金融领域的代理人。

中央银行具有国家机关的性质，但与一般的行政机关又有很大的不同：中央银行履行其职责主要是通过特定金融业务进行的，对金融和经济的管理调控基本上是采用经济手段如调整利率和准备金率、在公开市场上买卖有价证券等方式实现的；中央银行对宏观经济的调控是分层次实现的，即通过货币政策工具操作调节金融机构的行为和金融市场运作，然后再通过金融机构和金融市场影响各经济部门，其作用比较平缓，市场的回旋空间较大；中央银行在政策制定上有一定的独立性，包括确定目标的独立性和运用工具的独立性。

（二）中央银行的职能

中央银行是通过其职能来影响货币供应量、利率等指标，从而实现宏观调控的目标。这些基本职能，一般归结为三类：

1. 发行的银行

发行的银行，是指中央银行垄断货币发行权，成为全国唯一货币发行机构，这是中央银行不同于商业银行及其他金融机构的独特之处。

中央银行独占发行权，是中央银行发挥其职能作用的基础。中央银行通过货币发行，以及基础货币，可以直接地影响整个社会的信贷规模和货币供应量，进而对实体经济产生影响。中央银行史，就是一部从独占货币发行到控制货币供应量的发展史。货币供应量就像经济中的血液，中央银行掌握货币发行权，控制着货币供应量，也就掌握着货币的吞吐，从而成为经济的心脏。

2. 银行的银行

中央银行作为银行，也办理存、放、汇业务，只不过其业务对象不是一般企业和个人，而是商业银行和其他金融机构，所以称为银行的银行。其具体职能有：

（1）存：集中包括各商业银行和其他金融机构的存款准备金。一般来说，各国银行法都规定商业银行吸收的存款要按一定的比例作为法定的准备金，并保留在中央银行账户上。中央银行集中保管存款准备金最初的目的是保障存款人和金融机构的安全，后来逐渐演变为中央银行调控信贷规模和货币供应量的重要手段。因此商业银行在中央银行的存款一般是没有利息的。

（2）放：作为最后贷款人，中央银行要在金融机构资金周转困难而其他途径无法筹措资金时，对其提供贷款援助。中央银行对商业银行的贷款，资金来源主要来源于国库存款和商业银行交存的准备金，如果不够，则可创造基础货币来满足。因此，这是一道防止商业银行破产倒闭的"防火墙"。

中央银行对商业银行的贷款主要通过对商业银行办理的贴现票据进行再贴现的方式进行，或是以有价证券抵押申请贷款，或者是完全的信用贷款，这种贷款又被笼统地称为再贴现贷款，其利率则被称为再贴现率。这样，中央银行通过变动再贴现率，可对整个社会的资金供求状况和利率发生影响。

（3）汇：组织全国范围内的资金清算。由于各金融机构都在中央银行设有准备金账户，并拥有存款，它们之间收付的票据即可在中央银行账户上进行划拨、转账即可。一方面可以节约资金的使用，减少清算费用，解决单个银行资金清算所面临的困难；另一方面，也有利于中央银行通过清算系统，对商业银行等机构的经营状况进行监督控制。

3. 政府的银行

政府的银行，是指中央银行既作为政府管理金融的工具，又为政府提供金融服务，代表国家贯彻执行金融政策，而不是指中央银行的资本归政府所有（有许多国家的中央银行的确是国家所有的）。其职能表现在以下几个方面。

（1）代理国库，包括经办政府的财政预算收支，充当政府的出纳。

（2）充当政府的金融代理人，代办各种金融事务，如代理国债券的发行、推销、还本付息事宜；代表政府保管黄金外汇储备或办理黄金外汇买卖业务等。

（3）对政府提供金融支持。一般来说，中央银行作为政府的银行，只负有对政府融通临时短期资金的义务，而对政府财政的长期性的实质性赤字，则不负融资义务，政府应通过其他途径来弥补。这样中央银行对财政的信贷支持不会对货币流通产生很大影响。为了稳定货币流通，许多国家对中央银行向财政贷款的数量及期限都有法令加以规定，限制财政向中央银行的无限制借款。

（4）作为国家最高的金融管理当局，执行金融行政管理。如依法对金融机构的设置、撤并、迁移等进行审批和注册；对金融机构的业务范围、清偿能力、资产负债结构、存款准备金交存等情况进行检查等。

（5）代表政府参加国际金融活动，进行金融事务的协调、磋商等，代表政府签订国际金融协定。

（6）制定和执行货币政策。

三、中央银行的类型结构

虽然目前世界各国基本上都实行中央银行制度，但并不存在一个统一的模式。归纳起来，大致有单一式中央银行制度、复合式中央银行制度、准中央银行制度和跨国中央银行制度四种类型。

1. 单一中央银行制度

单一式中央银行制度是指国家建立单独的中央银行机构，使之全面行使中央银行职能的中央银行制度。这种类型又分为两种情况：

（1）一元式中央银行制度。这是指一国只设立一家统一的中央银行行使中央银行的权力和履行中央银行的全部职责，中央银行机构自身上下是统一的，机构设置一般采取总分行制，逐级垂直隶属。这种组织形式下的中央银行是完整标准意义上的中央银行，目前世界上绝大多数国家的中央银行都实行这种体制，如英国、日本等。中央银行的总行或总部通常都设在首都，根据客观经济需要和本国有关规定在全国范围内设立若干分支机构。英国的中央银行英格兰银行总行设在伦敦，在伯明翰、利物浦等8个城市设有分行；日本的中央银行日本银行，总行设在东京，在全国设有33家分行和13个办事处，还在纽约、伦敦、巴黎、法兰克福、香港等设有代表处。也有少数国家的中央银行总行不设在首都，而是设在该国的经济金融中心城市，如印度的中央银行印度储备银行总行设在孟买。一元式中央银行制度的特点是权力集中统一、职能完善、有较多的分支机构。中国的中央银行中国人民银行亦采用一元式组织形式。

（2）二元式中央银行制度。这是指中央银行体系由中央和地方两级相对独立的中央银行机构共同组成。中央级中央银行和地方级中央银行在货币政策方面是统一的，中央级中央银行是最高金融决策机构，地方级中央银行要接受中央级中央银行的监督和指导。但在货币政策的具体实施、金融监管和中央银行有关业务的具体操作方面,地方级中央银行在其辖区内有一定的独立性,与中央级中央银行也不是总分行的关系,而是按法律规定分别行使其职能。这种制度一般与联邦制的国家体制相适应,如目前的美国实行此种中央银行制度。美国的中央银行称为联邦储备体系。在中央一级设立联邦储备理事会,并有专门为其服务的若干职能部门;在地方一级设立联邦储备银行。美国联邦储备理事会设在华盛顿,负责管理联邦储备体系和全国的金融决策,对外代表美国中央银行。美国联邦储备体系将50个州和哥伦比亚特区划分为12个联邦储备区,每一个区设立一家联邦储备银行。联邦储备银行在各自的辖区内履行中央银行职责。

2. 复合中央银行制度

复合式中央银行制度是指国家不单独设立专司中央银行职能的中央银行机构,而是由一家集中央银行与商业银行职能于一身的国家大银行兼行中央银行职能的中央银行制度。这种中央银行制度往往与中央银行初级发展阶段和国家实行计划经济体制相对应,苏联和以前多数东欧国家实行这种制度。中国在1983年前也实行这种制度。

3. 准中央银行制度

准中央银行制度是指国家不设立通常完整意义上的中央银行,而设立类似中央银行的金融管理机构执行部分中央银行的职能,并授权若干商业银行也执行部分中央银行职能的中央银行制度。采取这种中央银行组织形式的国家有新加坡、马尔代夫、斐济、沙特阿拉伯、阿拉伯联合酋长国、塞舌尔等。我国香港地区在回归祖国之前,基本上也是属于准中央银行制度类型。我国香港在很长的时期内,并无一个统一的金融管理机构。在货币制度方面,港币发行由渣打银行和汇丰银行负责,长期实行英镑汇兑本位,1972年改行港币与美元挂钩,1983年10月开始实行与美元挂钩的联系汇率制度。20世纪60年代以前,香港基本上没有金融监管,1964年《银行业条例》颁布后,金融监管的趋势才有所加强,1993年4月1日香港成立了金融管理局,集中行使货币政策、金融监管和支付体系管理职能,但货币发行仍由渣打银行、汇丰银行负责,1994年5月1日起,中国银行香港分行成为香港的第三家发钞银行。票据结算仍然由汇丰银行负责。1997年香港回归祖国后,按照"一国两制"的原则和《中华人民共和国香港特别行政区基本法》的规定,但仍然实行独立的货币与金融制度,其货币发行与金融管理自成体系。

4. 跨国中央银行制度

跨国中央银行制度是指由若干国家联合组建一家中央银行,由这家中央银行在其成员国范围内行使全部或部分中央银行职能的中央银行制度。这种中央银行制度一般与区域性多国经济的相对一致性和货币联盟体制相对应。第二次世界大战后,一些地域相邻的欠发达国家建立了货币联盟,并在联盟内成立了由参加国共同拥有的中央银行。这种跨国的中央银行为成员国发行共同使用的货币和制定统一的货币金融政策，监督各成员国的金融机构及金融市场，对成员国的政府进行融资，办理成员国共同商定并授权的金融事项等。实行跨国中央银行制度的国家主要在非洲和东加勒比海地区。目前，西非货币联盟、中非货币联盟、东加勒比海货币区属于跨国中央银行的组织形式。

随着欧洲联盟成员国经济金融一体化进程的加快，一种具有新的性质和特点的区域性货币联盟已经诞生。1998年7月1日欧洲中央银行（European Central Bank）正式成立，1999年1月1日欧元正式启动。欧洲中央银行的成立和欧元的正式启动，标志着现代中央银行制度又有了新的内容并进入了一个新的发展阶段。

知识链接：
欧洲中央银行

第三节 商业银行

一、商业银行的产生与发展

（一）西方商业银行的产生

关于商业银行的起源，可谓源远流长。据《大不列颠百科全书》记载，早在公元前6世纪，古巴比伦就有一家叫"里吉比"的银行。早期银行业的出现与国际贸易的发展有着密切关系。中世纪欧洲地中海沿岸各国，商人聚集，市场繁荣，尤其是意大利的威尼斯、热那亚等城市成为著名的国际贸易中心。随着贸易的日趋发展，逐渐产生了货币兑换的需求，于是出现了从事货币兑换业并从中收取手续费的专业货币商。随着贸易的不断发展，商业银行的其他职能也逐步出现。

到了1171年，意大利设立了威尼斯银行，这是西方最早的近代银行，也是历史上最早以"银行"为名的信用机构。此后，相继出现的有圣乔治银行（1407年）、阿姆斯特丹银行（1609年）、汉堡银行（1619年）、纽伦堡银行（1621年）等。这时的银行业虽然已经具备了银行的本质特征，但它仅仅是现代银行的原始发展阶段。银行业的放款对象主要是政府和封建贵族，而且明显带有高利贷的性质。随着资本主义生产方式的确立，真正意义上的现代商业银行才出现在历史的舞台上。资本主义银行体系是通过两条途径产生的：一是旧的高利贷性质的银行业逐步适应新的生产方式而转变为现代银行；二是按照资本主义原则组织起来的股份制银行。成立于1694年的英格兰银行是历史上第一家股份制商业银行，它的出现标志着现代商业银行制度开始形成以及商业银行的诞生，也宣告了高利贷性质银行业的垄断地位的结束。继英格兰银行之后，欧洲各资本主义国家相继成立商业银行。从此，现代商业银行体系在世界范围内开始普及。

知识链接：
"银行"一词的起源

（二）中国商业银行的产生

相比西方的银行，中国银行业产生得比较晚。中国关于银钱业的记载，较早的是南北朝时的寺庙典当业。到了唐代才出现最早的汇兑业"飞钱"，《新唐书·食货志四》中这样记载："时商贾至京师，委钱诸道进奏院及诸军、诸使、富家，以轻装趋四方，合卷乃取之，号飞钱。"北宋真宗时，四川地区富商发行的交子，是我国最早的纸币。明清，当铺成为中国主要的信用机构。明末，一些较大的钱铺发展成为银庄。银庄产生初期，除经营银钱兑换业外，还从事贷放款业务，一直到清代，才逐渐开始办理存款、汇兑业务，但最终在清政府的限制和外国银行的压迫下，逐步走向没落。

我国近代银行业是在19世纪中叶外国资本主义银行入侵之后才发展起来的。最早到中国的银行是1845年设立的英国丽如银行（Oriental Banking Corporation）。之后，各国纷纷在我国设立银行，这虽然对我国的国民经济造成了巨大的破坏，但在一定程度上刺激了我国银行业的兴起。我国自办的第一家银行是1897年在上海成立的中国通商银行。这家银行成立时的宗旨是"通华商之气脉，杜洋商之挟持"，虽然它实际上受控于官僚和买办，但是它的成立标志着中国现代银行业的开始。此后，相继成立了官商合办的户部银行（1904年）和交通银行（1907年），我国现代银行业逐渐发展起来。

中国自办的第一家银行——中国通商银行

1897年5月27日，中国人自办的第一家银行——中国通商银行在上海成立。其创办人是时任清政府"铁路总办"的盛宣怀，系江苏武进人。盛宣怀的父亲与李鸿章私交甚好，因此盛宣怀自到李鸿章府上当幕僚起，由于其表现出色而不断升迁，后于1896年出任全国督办铁路事务大臣。

盛宣怀在督办铁路事务后，便决定兴办自己的银行。在通商银行成立之前，英、法、德、日、俄等国在中国已开设二十多家银行，以此操纵我国的经济。盛宣怀在经历向帝国主义银行借款兴办铁路后，认识到要办铁路必须要办自己的银行，只有兴办自己的银行才能为兴办铁路提供资金保证。因此，他在奏折中陈述兴办银行的宗旨是"通华商之气脉，杜洋商之挟持"。中国自办银行的想法，受到帝国主义和清政府顽固势力的百般阻挠，终在盛宣怀的努力下，中国通商银行于1897年5月27日正式营业。

通商银行成立时，内部组织构架及各项事宜都是仿照汇丰银行而定的。通商银行早期的业务大多是凭借其政治特权多方兜揽的。在最初几年，其存款的主要来源是清政府的存款、官督商办企业的闲置资本、各地关道和道台的待解款等；而其放款则具有浓厚的封建性和买办性。

通商银行从成立到上海解放的52年之间，其掌权人从早期的大买办官僚盛宣怀，到中期的买办资产阶级傅筱庵，再到后期的大流氓资产阶级杜月笙，银行自身也经历了封建官僚控制、商办、官商合办三个时期，而每个时期都与反动政权保持着密切联系。但不管怎样，它开启了中国银行业的新时代，在我国金融史上占有重要地位。

（三）商业银行的发展趋势

1. 业务经营全能化

20世纪70年代以来，金融业竞争加剧，金融工具不断创新，金融管制逐渐放松，商业银行逐渐突破了与其他金融机构业务分工的界限，走上了业务经营全能化的道路。商业银行业务全能化的途径主要有：利用金融创新绕开管制，为客户提供原来不能提供的业务；通过收购、合并或成立附属机构，渗入对方业务领域；通过直接开办其他金融机构实现综合经营。

2. 金融资产证券化

20世纪80年代中期以来，商业银行业务经营出现了证券化趋势。商业银行改变经营方式，宁愿出售资产和充当借贷双方的中介，而不愿持有同样的资产去赚取利息，这种把资产转换为可出售的证券的过程就是证券化。也就是说，商业银行把某笔或某一组贷款汇集起来，以此作为抵押发行证券，使其在市场上流通。证券化使银行可以很快收回贷款资金，加快资金的周转，并且可以将收回的资金投放到新的业务中去，以达到调整资产结构的目的。

3. 经营手段电子化

随着科学技术的飞速发展和银行之间的激烈竞争，各种国家间商业银行电子网络陆续形成，银行同越来越多的公司和家庭联机联网。商业银行广泛使用电子计算机技术，大大推动了银行业务自动化、综合管理信息化和客户服务全面化，银行对生产、流通和消费的介入也更加广泛和深入，从而大大提高了银行的竞争能力。

4. 金融业的国际化

金融市场正日趋国际化，商业银行不仅在国内开设营业机构，也在国外开设分支机构营业；一些大型企业既能从国内进行融资，也能从国外机构借款；社会投资者也开始选择不同国家发行的证券来投资。国际化的金融市场和金融机构的发展，使国界对金融交易的限制越来越淡化。这就要求银行在开拓市场和制定发展战略时要对国际大环境进行关注和研究。

二、商业银行的性质和职能

（一）商业银行的性质

根据《中华人民共和国商业银行法》的规定，商业银行是依照中华人民共和国商业银行法和公司法设立的吸收公众存款、发放贷款、办理清算等业务的企业法人。由此可见，商业银行的性质可以归纳为：以营利为目标，以金融资产和负债为经营对象，是综合性的、多功能的货币信用服务企业。

1. 商业银行是企业，具有普通企业的基本特征。

商业银行作为企业性质的法人，和普通的企业一样，都应当具有独立于投资人的资产，都是自主经营、独立核算、依法设立的以营利为目标的经济组织。追求利润最大化是商业银行产生和发展的基本前提，也是商业银行赖以生存的内在动力。和普通企业一样，商业银行也需要缴纳税费，按照合同的要求行使相应的权利和履行相应的义务，当其不能偿还到期债务或者资不抵债时，同样适用于《中华人民共和国企业破产法》的相关规定。

2. 商业银行是特殊的企业。

商业银行又不同于普通的企业，它是一种特殊的企业。商业银行的特殊性主要表现在以下三个方面：

（1）商业银行的经营对象和内容具有特殊性。普通企业经营的是物质产品和劳务，主要从事商品生产和流通；而商业银行经营的商品是货币，经营内容包括货币收付、借贷以及各种与货币运动有关或者与之联系的资金融通服务。

（2）商业银行和整个社会经济的联系紧密。商业银行对整个社会经济的影响要远远大于任何一类企业，同时整个社会经济对商业银行的影响也要远远大于任何一类企业，这主要是由商业银行经营对象的特殊性所决定的。

（3）商业银行社会责任突出。一般企业只以盈利为目标，只对股东和使用自己产品的客户负责；商业银行除了对股东和客户负责之外，还必须对整个社会负责。

3. 商业银行是特殊的金融企业。

商业银行既有别于中央银行，又有别于专业银行和其他非银行金融机构。中央银行是国家的金融管理当局和金融体系的核心，是发行的银行、银行的银行和国家的银行。专业银行和非银行金融机构仅限于办理某一方面或几种特定的金融业务，业务经营具有明显的局限性；而商业银行日常业务经营具有很强的广泛性和综合性，既经营针对个体的零售业务，又经营针对机构的批发业务，已成为业务延伸至社会经济生活各个角落的"金融百货公司"。

> **课堂讨论**
>
> 电视剧《乔家大院》讲述的是晋商乔致庸创立山西票号——"大德通"的故事。"大德通"是近代中国类似于银行的金融机构,主要从事汇兑和放款业务,在全国各地都有其分号。请思考:
> (1) 乔致庸创立的"大德通"主要方便了哪些人?为什么?
> (2) "大德通"是不是银行?

(二)商业银行的职能

商业银行作为一国经济体系中最重要的金融中介机构,具有不可替代的功能。商业银行的主要功能表现在以下四个方面:

1. 信用中介功能

信用中介是商业银行最基本的功能。这一功能主要是通过商业银行吸收存款等负债业务,动员和集中社会上的闲散资金,再通过贷款或投资方式将这些资金投向单位和个人。商业银行作为金融中介,实现了资金供给者与资金需求者之间的资金融通,有助于充分利用社会资金。商业银行的信用中介功能在国民经济中发挥着重要作用:将社会闲散资金转化为生产经营资金;将用于消费的资金转化为投资资本,扩大社会资本总量;将社会的短期闲散资金的长期稳定余额转化为长期的生产经营资金;引导社会资金从效益低的部门流向效益高的部门,调节社会经济结构。

2. 支付中介功能

支付中介功能是商业银行最早产生的功能,也是商业银行的传统功能,主要指商业银行为商品交易的货币结算提供一种付款机制。在现代经济生活中,各种经济活动如商品交易、国际贸易、对外投资等所产生的债权债务关系,最终都要通过货币的支付来进行清偿。由于现金支付手段的不便和局限性,商业银行通过账户间的划拨和转移,最大限度地降低了现金的使用成本,加快了结算过程和货币的周转,从而成为现代经济中支付体系的中心。商业银行在发挥支付中介功能的过程中,既可使商业银行持续获得比较稳定的廉价的资金来源,又可节约社会流通费用。

3. 信用创造功能

商业银行信用创造功能是在信用中介和支付中介两项功能的基础上发展而来的。在存款准备金制度和全国性银行清算体系存在的前提下,商业银行利用自己吸收的存款发放贷款,贷款又转化为派生存款,在这种存款不完全提现的基础上,除了必须上存中央银行的法定存款准备金外,增加了商业银行的资金来源,最后整个商业银行体系形成了数倍于原始存款的派生存款。商业银行的信用创造功能对整个经济社会的货币供应量、信贷总规模和国民经济的运行意义重大。

4. 金融服务功能

商业银行利用其在国民经济活动中的特殊地位及在提供信用中介和支付中介业务过程中获得的大量信息,运用电子计算机等先进手段和技术,为客户提供担保、信托、咨询、租赁、保管、经纪、国际结算等业务。近些年来,随着金融脱媒现象的日趋严重,商业银行的金融服务功能逐渐成为其营业收入的主要来源,对商业银行的可持续经营影响深远。

三、商业银行的组织形式

商业银行的外部组织形式是指商业银行在社会经济生活中的存在形式,从全球商业银行的实践来看,主要存在四种类型:单一银行制、总分行制、银行控股公司制和连锁银行制。

(一) 单一银行制

单一银行制(Unit Banking System)又称单元银行制或独家银行制,是指所有银行业务完全由一个独立的银行机构来经营,法律不允许或者限制银行设立分支机构。这种银行制度在美国非常普遍。因为美国是各州独立性较强的联邦制国家,东西部各州的经济发展很不平衡,为促使经济均衡发展,适应中小企业的发展需要,反对金融垄断的扩张和银行之间的兼并,各州都通过立法禁止银行跨州经营和分设机构,甚至在州内也不准设立分支机构。这一制度的实施在防止银行垄断、促进银行与地方经济的协调等方面起到了积极作用,但同时也带来了许多弊端,不利于银行的发展。1994年9月,美国国会通过《瑞格—尼尔跨州银行与分支机构有效性法案》,允许商业银行跨州设立分支机构,宣告单一银行制在美国被废除。但由于历史原因,至今在美国仍有不少单一制银行。

(二) 总分行制

总分行制(Branch Banking System)是指银行在大城市设立总行,并在该城市和国内外其他城市设立分支行的制度。在这种体制下,分支行的内部管理和业务办理统一按照总行的规章制度和指示办理,分支行没有法人资格,其民事权利和法律责任最终都由总行承担。目前,世界上大多数国家都采取这一银行组织形式,其中尤其以英国、德国、日本等为典型。

采用总分行制的商业银行,分支机构众多,分布广泛,有利于吸收社会闲置资金进行资金融通,提高资金的使用效率,同时贷款分散,风险分散,提高了银行的安全性,并易取得规模效应。但同时也容易造成大银行对小银行的吞并,形成金融垄断,妨碍竞争,降低公平和效率。

中国银行是中国国际化程度最高的银行，在全球56个国家和地区设有分支机构，拥有广泛的机构网络，为客户提供全面优质的金融服务。2017年年末，本行境内外机构共有11 605家。其中，中国内地机构有11 060家，我国香港、澳门、台湾地区及其他国家机构有545家。中国内地商业银行机构有10 674家，其中，一级分行、直属分行有37家，二级分行有336家，基层分支机构有10 300家。

资料来源：中国银行网站。

（三）银行控股公司制

银行控股公司制（Bank Holding Company）又有银行持股公司之称，指由一个集团成立控股公司，再由该公司控制或收购两家以上的银行。从法律意义上看，控股公司拥有银行，但实际上控股公司往往是由银行建立并受该银行控制的组织。因而，多数大银行通过控股公司把许多小银行甚至是一些小企业置于自己的控制下。银行控股公司制从20世纪初开始发展，急剧成长于第二次世界大战之后，现在这一制度在美国最为流行。它是美国商业银行为了规避法律关于跨州经营的限制而创新的一种组织形式，后来成为银行业规避分业经营限制的桥梁。这种组织形式虽然能够取得规模经济、范围经济效应，但是银行经营的风险性也相应大幅提高。

自20世纪90年代以来，金融控股公司成为美、德、日、英等主要市场经济国家金融综合经营的主要组织模式，花旗集团、美国银行集团、摩根大通集团、德意志银行集团、瑞穗集团、三菱UF集团、汇丰集团等大型金融控股集团已经享誉全球。东亚地区的新加坡发展银行集团、新韩金融控股公司和韩国友利金融控股公司也名声日隆。

中国光大集团

中国光大集团（China Everbright Group）简称光大集团，是中国中央政府管理的国有企业，1983年5月在香港创办，是我国改革开放的产物。光大集团现在是以经营银行、证券、保险、投资管理等金融业务为主的特大型国有企业集团。

目前，光大集团在境内拥有全资企业6家、控股企业2家、参股企业7家、合资企业1家，其中包括中国光大银行、光大证券股份有限公司、光大永明人寿保险公司和中国光大投资管理公司等金融机构和企业。在香港拥有光大控股、光大国际两家上市公司，全资公司 37 家，合资及联营公司 12 家。光大集团架构如图 3-2 所示。

光大集团按照"以金融业为重点，以投资管理公司和香港上市公司为两翼，以金融业、环保业和会展业为三大支柱"的发展战略，加强集团内部资源整合和信息共享，推动各企业之间的合作和业务联动，建立集团竞争优势，深化改革，完善机制，加快发展，提高效益，致力于建设规范化金融控股集团。

现在光大集团 95% 以上利润来自金融领域，侧重银行业务，所控股金融子公司在其所在领域影响力大，国际金融业务占有一定地位，子公司间存在协作关系，集团运作良好，是我国银行控股公司的典范。

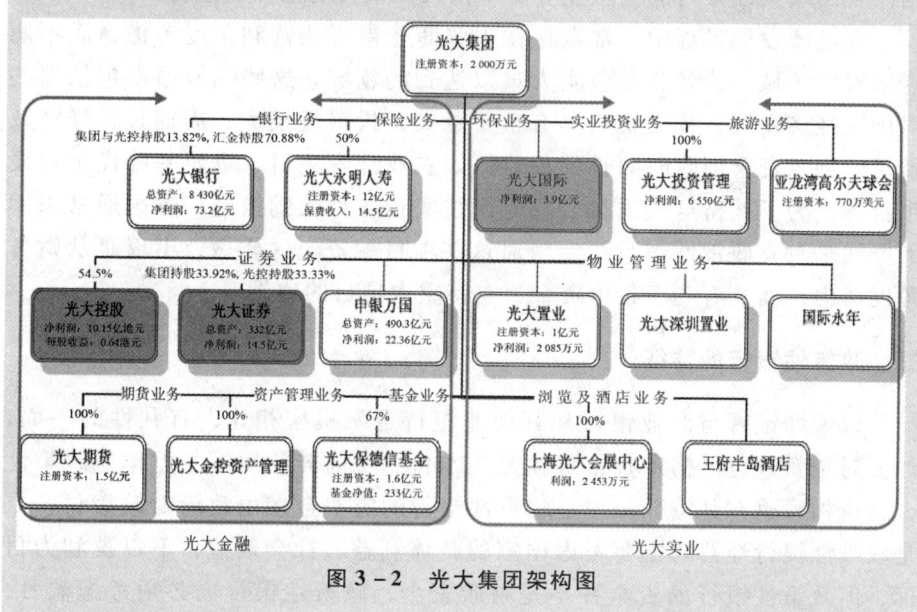

图 3-2 光大集团架构图

（四）连锁银行制

连锁银行制（Chain Banking System），是指两家以上的商业银行受控于同一个人或者同一集团但又不以股权公司的形式出现的制度。这些银行的法律地位仍然是独立的，但实际上其业务和经营政策因控股而被某个人或者某个集团所控制，其业务和经营管理都由这个人或这个集团决策控制。连锁银行的成员多是形式上保持独立的小银行，它们通常围绕在一家主要银行的周围，且该主要银行为集团确立银行业务模式，以其为中心形成集团内部的各种联合。连锁银行制与银行控股公司制的区别在于：连锁银行制没有控股公司的存在形式，无须成立控股公司。连锁银行制的作用和银行控股公司制一样，都是为了在连锁的范围内发挥分支机构的作用，弥补单一银行制的不足，规避法律对设置分支机构的限制。这种体制盛行于美国中西部地区，但没有银行控股公司制普遍。

第四节 政策性银行

一、政策性银行的含义

所谓政策性银行，主要是指由政府创立或担保、以贯彻国家产业政策和区域发展政策为目的、具有特殊的融资原则、不以营利为目标的金融机构。我国政策性银行的金融业务受中国人民银行的指导和监督。

在经济发展过程中，常常存在一些商业银行从营利角度考虑，而不愿意融资的领域，或者其资金实力难以达到的领域。这些领域通常包括那些对国民经济发展、社会稳定具有重要意义，投资规模大、周期长、经济效益见效慢、资金回收时间长的项目，如农业开发项目、重要基础设施建设项目等。为了扶持这些项目，政府往往实行各种鼓励措施，各国通常采用的办法是设立政策性银行，专门对这些项目融资。这样做，不仅是从财务角度考虑，而且有利于集中资金，支持重大项目的建设。

二、政策性银行的特征

政策性银行与商业银行和其他非银行金融机构相比，有共性的一面，如要对贷款进行严格审查，贷款要还本付息、周转使用等。但作为政策性金融机构，也有其特征：一是政策性银行的资本金多由政府财政拨付；二是政策性银行经营时主要考虑国家的整体利益、社会效益，不以盈利为目标，但政策性银行的资金并不是财政资金，政策性银行也必须考虑盈亏，坚持银行管理的基本原则，力争保本微利；三是政策性银行有其特定的资金来源，主要依靠发行金融债券或向中央银行举债，一般不面向公众吸收存款；四是政策性银行有特定的业务领域，不与商业银行竞争。

三、我国的政策性银行

我国自1993年年底开始，先后建立了国家开发银行、中国农业发展银行、中国进出口银行三家政策性银行。此举的目的是：实现政策性金融与商业性金融分离，用以解决原来我国专业银行身兼二任的问题，割断政策性贷款与基础货币的直接联系，确保中国人民银行调控基础货币的主动权。这三家政策性银行承担了原来四大专业银行的政策性业务，一方面便于原四大专业银行尽快向商业银行转化；另一方面，在市场经济条件下，保证对投资期限长、收益低甚至无收益的国家基础项目和重点项目，在资金上予以倾斜。

（一）国家开发银行

国家开发银行于 1994 年 3 月正式成立，总行设在北京，下设总行营业部、27 家国内分行和香港代表处。国家开发银行注册资本金为 500 亿元人民币，由国家财政全额拨付。

国家开发银行贯彻"既要支持经济建设，又要防范金融风险"的方针。其主要任务是：按照国家有关法律、法规和宏观经济政策、产业政策、区域发展政策，筹集和引导境内外资金，重点向国家基础设施、基础产业和支柱产业项目以及重大技术改造和高新技术产业化项目发放贷款；从资金来源上对固定资产投资总量和结构进行控制和调节。

国家开发银行按照国家宏观经济政策和开发银行信贷原则独立评审贷款项目、发放贷款。其资金主要靠以市场方式向国内外发行金融债券筹集，资金运用领域主要包括：制约经济发展的"瓶颈"项目；直接关系增强综合国力的支柱产业中的重大项目；重大高新技术在经济领域应用的项目；跨地区的重大政策性项目等。

国家开发银行的贷款分为两个部分：一是软贷款，即国家开发银行注册资本金的运用。其主要按项目配股需要贷给国家控股公司和中央企业集团，由其对企业参股、控股。二是硬贷款，即国家开发银行借入资金的运用。国家开发银行在项目总体资金配置的基础上，将借入资金直接贷给项目，到期收回本息。目前国家开发银行的贷款主要是硬贷款。

> **知识链接：**
> 登录国家开发银行网站，了解其主要业务

（二）中国进出口银行

中国进出口银行于 1994 年 4 月正式成立，是由国家出资设立、直属国务院领导、支持中国对外经济贸易投资发展与国际经济合作、具有独立法人地位的国有政策性银行。依托国家信用支持，积极发挥在稳增长、调结构、支持外贸发展、实施"走出去"战略等方面的重要作用，加大对重点领域和薄弱环节的支持力度，促进经济社会持续健康发展。截至 2018 年年末，在国内设有 32 家营业性分支机构和香港代表处；在海外设有巴黎分行、东南非代表处、圣彼得堡代表处、西北非代表处。

中国进出口银行的经营宗旨是紧紧围绕服务国家战略，建设定位明确、业务清晰、功能突出、资本充足、治理规范、内控严密、运营安全、服务良好、具备可持续发展能力的政策性银行。进出口银行支持领域主要包括外经贸发展和跨境投资，"一带一路"建设、国际产能和装备制造合作，科技、文化以及中小企业"走出去"和开放型经济建设等。

中国进出口银行依据国家有关法律、法规、外贸政策、产业政策和自行制定的有关制度，独立评审贷款项目。其资金主要靠以市场方式向国内外发行金融债券筹集，业务范围主要是为成套设备、技术服务、船舶、单机、工程承包、其他机电产品和非机电高新技术的出口提供卖方信贷和买方信贷支持。同时，该行还办理贸易金融业务、金融市场业务和中国政府

> **知识链接：**
> 登录中国进出口银行网站，了解其主要业务

的援外贷款及外国政府贷款的转贷款业务。

（三）中国农业发展银行

中国农业发展银行成立于1994年，注册资本570亿元，直属国务院领导，是我国唯一一家农业政策性银行。其主要任务是以国家信用为基础，以市场为依托，筹集支农资金，支持"三农"事业发展，发挥国家战略支撑作用。目前，全系统共有31个省级分行、339个二级分行和1 816个县域营业机构，员工5万多人，服务网络遍布中国大陆地区。

中国农业发展银行主要职责是按照国家的法律法规和方针政策，以国家信用为基础筹集资金，承担农业政策性金融业务，代理财政支农资金的拨付，为农业和农村经济发展服务。

中国农业发展银行主要以发行金融债券为主体，央行再贷款和抵押补充贷款资金为依托，各项存款、财政补贴资金、同业拆借及债券回购业务、票据交易业务、债券投资业务等多种方式为补充的多元化方式筹措与运营资金。主要经营范围包括办理粮食、棉花、油料、食糖、猪肉、化肥等重要农产品收购、储备、调控和调销贷款；办理农业农村基础设施和水利建设、流通体系建设贷款；巴黎农业综合开发、生产资料和农业科技贷款；办理棚户区改造和农民集中住房建设贷款；办理易地扶贫搬迁、贫困地区基础设施、特色产业发展及专项扶贫贷款；办理县域城镇建设、土地收储类贷款；办理农业小企业、产业化龙头企业贷款；组织或参加银团贷款、办理票据承兑和贴现等信贷业务等。

> **知识链接：**
> 登录中国农业发展银行网站，了解其主要业务

第五节 非银行金融机构

一、保险公司

保险公司，是专门经营保险业务的非银行金融机构，是以集合多数单位或个人的风险为前提，根据风险损失概率计算分摊金额，并以保险费的形式聚集起来，建立保险基金，在风险发生时，对投保人或被保险人予以经济补偿或给付的金融中介机构。西方国家的保险业十分发达，各类保险公司是各国最重要的非银行金融机构。在西方国家，几乎是无人不保险、无物不保险、无事不保险。

保险公司主要依靠投保人缴纳保险费和发行人寿保险单方式筹集资金。保险公司筹集的资金，除保留一部分以应付赔偿所需外，其余部分主要投向收入比较稳定的政府债券、企业债券和股票，以及发放不动产抵押贷款、保单贷款等，成为金融体系长期资本的重要来源。

保险公司在承保风险过程中，具有独特的社会功能和重要的经济功能。从其特有的社会功能看，一是提供有形的经济补偿。二是提供无形的、精神上的"安全保障"。三是强化了投保人的风险意识，积极防范风险。从其重要的经济功能看，保险公司在为投保人提供风险管理服务的同时，对保险资金进行运用，促进了储蓄资金向生产性资金的有效转化。

（一）保险公司的种类

1. 按照资本构成和企业组织形式划分，可分为国有保险公司、股份制保险公司和相互保险公司

（1）国有保险公司是由国家或政府投资设立的经营保险业务的保险公司组织形式，既可以由政府机构直接经营，也可以通过国家法令委托某个团体来经营。

（2）股份制保险公司是由股东认购股金份额，并以营利为目的的保险公司组织形式。

（3）相互保险公司是被保险人为保障自己的经济利益而创设的一种合作性保险组织。其特点是被保险人同时也是保险人，保险资本通过由各成员认缴的方式聚集，并接受外部的参股资金。

2. 按保险公司经营的业务种类划分，可分为财产保险公司和人寿保险公司

依据《中华人民共和国保险法》的规定，把商业保险划分为财产保险和人身保险两大类。财产保险业务，包括财产损失保险、责任保险、信用保险等保险业务。人身保险业务，包括人寿保险、健康保险、意外伤害保险等保险业务。保险公司分为财产保险公司和人寿保险公司，按照《中华人民共和国保险法》的规定，两者必须分开经营，同一保险人不得同时兼营财产保险业务和人身保险业务。但是，经营财产保险业务的保险公司经保险监督管理机构核定，可以经营短期健康保险业务和意外伤害保险业务。

3. 按照保险公司经营性质分为商业保险公司和政策性保险公司

（1）商业保险公司是按照商业原则经营，以营利为目的的保险企业。

（2）政策性保险公司是由政府或政府机构发起或出资，经营某种特定政策性保险业务的机构。

（二）保险公司的业务

1. 保险展业

保险展业是保险公司引导具有同类风险的人购买保险的行为。保险公司通过其专业人员直接招揽业务称作"直接展业"。保险公司通过保险代理人、保险经纪人展业称为"间接展业"。

2. 业务承保

保险人通过风险进行分析，确定是否承保、确定保险费率和承保条件后，最终签发保险合同的决策过程。

想一想：
你和你的家人买过保险吗？保险对我们个人而言有何意义

3. 保险理赔

保险公司在承保的保险事故发生，保险单受益人提出索赔申请后，根据保险合同的规定，对事故的原因和损失情况进行调查，并且予以赔偿的行为。

二、信托投资公司

信托投资公司起源于英国，最初叫尤斯制，是指委托人基于对受托人的信任，将其财产权转移给受托人，受托人以自己的名义，为受益人的利益或特定目的，管理或处置财产的行为。即信托公司接受老百姓的委托（动产或不动产、有形或无形），按约定的条件和目的进行管理、运用和处置，所得收益归受益人（受益人可以是委托人，也可以是第三方），信托公司收取手续费或佣金。

信托公司是随着市场经济的发展而产生和发展起来的。随着市场经济的发展，初期的无偿信托关系逐渐发展成为有偿信托，专门办理有偿信托业务的机构即为信托公司。因此，信托公司是以代人理财为主要经营内容，以受托人身份经营现代信托业务的金融企业。

信托投资公司是信托公司的类型之一。信托投资公司除办理一般信托业务外，其突出的特点在于从事投资业务。目前，国际上信托投资公司的投资业务大体上分为两类：一是以其他公司的股票、债券为经营对象，通过证券买卖、股利和债息来获取收益；二是以投资者身份直接参与对企业的投资。

三、证券公司

证券公司（Securities Company）是专门从事有价证券买卖的法人企业。证券公司可分为证券经营公司和证券登记公司。狭义的证券公司是指证券经营公司，是经主管机关批准并到证券公司有关工商行政管理局领取营业执照后专门经营证券业务的机构。它具有证券交易所的会员资格，可以承销发行、自营买卖或自营兼代理买卖证券。普通投资人的证券投资都要通过证券商来进行。在不同的国家，证券公司有着不同的称谓。在美国，证券公司被称作投资银行（Investment Bank）或者证券经纪商（Broker-Dealer）；在英国，证券公司被称作商人银行（Merchant Bank）；在欧洲大陆（以德国为代表），由于一直沿用混业经营制度，投资银行仅是全能银行（Universal Bank）的一个部门；在东亚（以日本为代表），则被称为证券公司（Securities Company）。

证券公司在金融市场上起着重要的作用。在一级市场上，证券公司通过承购、代销、包销有价证券，促进发行市场的顺利运行。在二级市场上，证券公司通过代理和自营买卖有价证券，使投资双方达到资金融通的目的。

按照证券经营公司的功能分，证券公司可分为证券经纪商、证券自营商和证券承销商。

（1）证券经纪商，即证券经纪公司，是代理买卖证券的证券机构，接受投资人委托、代为买卖证券，并收取一定手续费即佣金，如东吴证券苏州营业部、江海证券经纪公司。

（2）证券自营商，即综合型证券公司，除了证券经纪公司的权限外，还可以自行买卖证券的证券机构。它们资金雄厚，可直接进入交易所为自己买卖股票。如国泰君安证券。

（3）证券承销商，以包销或代销形式帮助发行人发售证券的机构。实际上，许多证券公司是兼营这3种业务的。按照各国现行的做法，证券交易所的会员公司均可在交易市场进行自营买卖，但专门以自营买卖为主的证券公司为数极少。

另外，一些经过认证的创新型证券公司，还具有创设权证的权限，如中信证券。

证券登记公司是证券集中登记过户的服务机构，是证券交易不可缺少的部分，并兼有行政管理性质，须经主管机关审核批准方可设立。

四、租赁公司

租赁公司是以融物的形式起融资作用的金融企业，主要分为经营性租赁公司和融资性租赁公司。融资性租赁公司又称为金融租赁公司，即当企业、公司（承租人）需要更新或添置设备时，不是以直接购买的方式投资，而是以付租金的方式向出租人借用设备。其具体的操作方法是：先由承租人选定设备，再由租赁公司购买承租人选定的设备后租赁给承租人，承租人在约定的期限内通过支付租金的方式有偿使用租赁设备。这里的租金包括出租人的利润、占用资金的利息、税赋等，因此，租金总额高于现货价款。

世界上第一家现代租赁公司是1952年5月创立的美国金融租赁公司，现为美国国际租赁公司。这家公司的建立，标志着现代租赁体制的确立和现代租赁业务的正式开始。租赁公司的业务方式灵活多样，租赁对象十分广泛，从不动产到动产，包括再生产过程中各个环节所需要的设备、设施、交通工具和办公设备。租赁业务可节约承租人的自有资金，扩大生产能力，是企业设备更新的较好途径。

五、财务公司

财务公司又称为"财务有限公司"或"金融公司"，它是大型产业集团内部的融资机构。它不以投资为目的，主要是为本集团内部各企业融通资金，是一种经营部分银行业务的非银行金融机构。其业务主要有发放贷款、投资、经营耐用品租赁或分期付款等销售业务。财务公司的资金来源主要包括：向银行借款；出售商业票据；推销企业股票、债券和发行本公司债券（大额存款证）；多数财务公司还接受定期存款。其所筹资金主要用于消费信贷和企业信贷方面。

六、小额贷款公司

小额贷款公司是由自然人、企业法人与其他社会组织投资设立，不吸收公众存款，经营小额贷款业务的有限责任公司或股份有限公司。与银行相比，小额贷款公司更为便捷、迅速，适合中小企业、个体工商户的资金需求；与民间借贷相比，小额贷款更加规范、贷款利息可双方协商。

20世纪70年代，孟加拉国著名经济学家穆罕默德·尤努斯教授，针对穷人很难获得银行贷款来摆脱贫穷现状的问题，创办了孟加拉农业银行格莱珉（Grameen，意为乡村）试验分行。格莱珉小额信贷模式开始逐步形成，并逐渐发展为遍布全孟加拉的金融机构。

国家自开展小额贷款公司试点以来，小额贷款行业一直发展迅速。小额贷款以其灵活性和便捷性，为中小企业发展、缓解企业融资压力起到了积极作用。近年来，受监管政策趋紧的影响，小额贷款行业面临发展的寒冬期，未来，小额贷款行业在经历整顿后，发展将更趋规范化。

根据中国人民银行公布的《2017年小额贷款公司统计数据报告》显示，截至2017年年末，小额贷款行业贷款余额为9 799亿元，全年增加504亿元。平均每家机构贷款余额约为1.15亿元。相较于2016年每家平均余额1.07亿元，增长约7.5%。

2010年~2017年小额贷款行业贷款余额年度变化趋势如图3-3所示，2010年~2017年小额贷款行业企业数量年度变化趋势如图3-4所示。

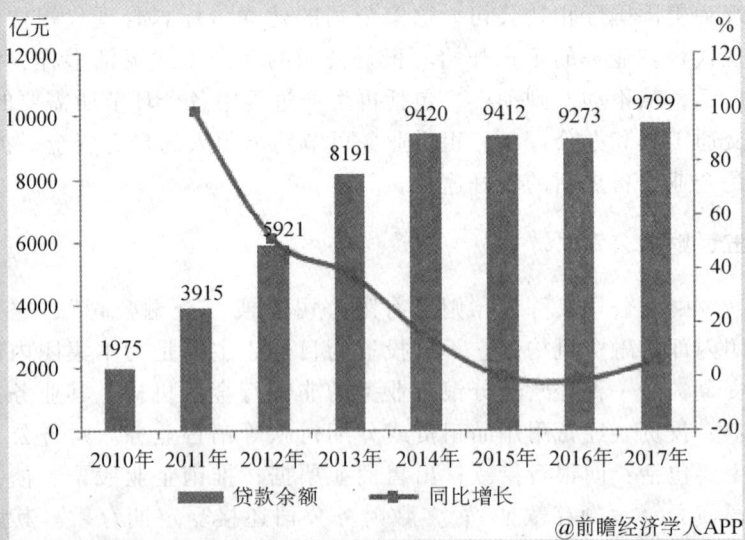

图3-3　2010年~2017年小额贷款行业贷款年度变化趋势

资料来源：中国人民银行，前瞻产业研究院整理。

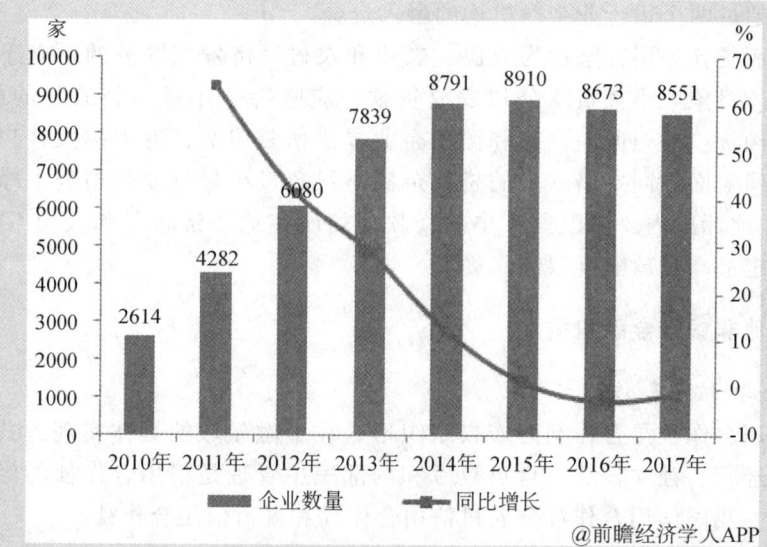

图3-4 2010年~2017年小额贷款行业企业数量年度变化趋势
资料来源：中国人民银行，前瞻产业研究院整理。

1. 小额贷款公司的特征

（1）贷款利率高于金融机构的贷款利率，但低于民间贷款利率的平均水平。许多省、市规定：小额贷款公司按照市场化原则进行经营，贷款利率上限放开，但不得超过中国人民银行公布的贷款基准利率的4倍；下限为贷款基准利率的0.9倍；具体浮动幅度按照市场原则自主确定。从试点的小额贷款公司的利率来看，其贷款利率根据不同客户的风险情况、资金状况、贷款期限、抵押品或信用等级实行差别利率，以人民银行基准利率为基础，参照本地区农村信用社利率水平综合确定。

（2）在贷款方式上，《关于小额贷款公司试点的指导意见》中规定：有关贷款期限和贷款偿还条款等合同内容，均由借贷双方在公平自愿的原则下依法协商确定。小额贷款公司在贷款方式上多采取信用贷款，也可采取担保贷款、抵押贷款和质押贷款。

（3）在贷款对象上，小额贷款公司发放贷款坚持"小额、分散"的原则，鼓励小额贷款公司面向农户和小企业提供信贷服务，着力扩大客户数量和服务覆盖面。小额贷款公司对同一借款人的贷款余额不得超过公司资本净额的5%，对单一集团企业客户的授信余额不得超过资本净额的15%。

（4）在贷款期限上，小额贷款公司的贷款期限由借贷双方公平自愿协商确定。从2005年始，根据中国人民银行先后在山西、四川、贵州、陕西、内蒙古五个省（区）开展的由民营资本经营的、"只贷不存"商业化小额信贷试点情况，小额贷款公司主要以三个月期和六个月期的短期贷款为主，短期贷款占70%以上。一年期以上（含一年期）贷款只占30%左右。

2. 小额贷款公司的资金来源与应用

小额贷款公司的主要资金来源为股东缴纳的资本金、捐赠资金，以及来自不超过两个银行业金融机构的融入资金。

小额贷款公司在坚持为农民、农业和农村经济发展服务的原则下自主选择贷款对象。小额贷款公司发放贷款，应坚持"小额、分散"的原则，鼓励小额贷款公司面向农户和微型企业提供信贷服务，着力扩大客户数量和服务覆盖面。同一借款人的贷款余额不得超过小额贷款公司资本净额的5%。在此标准内，可以参考小额贷款公司所在地经济状况和人均GDP水平，制定最高贷款额度限制。

七、其他非银行金融机构

（一）信用合作社

信用合作社是合作制的产权组织形式在金融领域的具体实现方式。实行自主经营、独立核算、自负盈亏和内部民主管理是信用合作社的经营管理特点。我国信用合作社分农村信用合作社和城市信用合作社。

（二）基金管理公司

基金管理公司是依据有关法律法规设立的对基金的募集、基金份额的申购和赎回，基金财产的投资、收益分配等基金运作活动进行管理的公司。证券投资基金的依法募集由基金管理人承担。基金管理人由依法设立的基金管理公司担任。担任基金管理人应当经国务院证券监督管理机构核准。

（三）典当行

典当行也称当铺，是专门发放质押贷款的非正规边缘性金融机构，是以货币借贷为主和商品赊销为辅的市场中介组织。

除此之外，非银行金融机构还包括金融资产管理公司、汽车金融公司、消费金融公司、网络借贷平台等互联网金融公司等。

拓展阅读

中国四大金融资产管理公司股改收官

中国长城资产管理股份有限公司今天在北京正式挂牌成立。这是经国务院批准，我国四大金融资产管理公司股份制改革的收官之作，也是深化国有金融机构改革的重要成果。

1999年，为化解四大国有银行的不良贷款，经国务院批准，我国成立了华融、信达、东方、长城四大国有资产管理公司。每家公司注册资本为100亿元人民币，主要开展不良资产收购、管理、处置和风险金融机构托管等业务，承担盘活国有银行不良资产、支持国企改革、化解金融风险等重要政策性任务。其中，长城资产管理公司累计收购处置不良资产债权总额为17 000亿元，为支持国有金融机构改革、防范和化解风险、促进金融稳定做出了重要贡献。

2015年,国务院批复通过长城资产管理公司转型改制方案,今年11月25日,中国长城资产管理股份有限公司发起设立。公司注册资本为431.5亿元人民币,其中,财政部持股97%,股份性质为国家股;全国社保基金理事会持股2%,股份性质为国家股;中国人寿持股1%,股份性质为国有法人股。今后,中国长城资产管理股份有限公司将适时通过增发等方式引入其他境内外战略投资者,进一步优化股权结构、增强资本实力。符合法定条件后,将根据境内外资本市场状况择机上市。

目前,中国长城资产管理股份有限公司在全国设有31家分公司和1家业务部,旗下拥有长城华西银行、长城国瑞证券、长生人寿保险、长城新盛信托、长城金融租赁、长城投资基金、长城环亚国际等11家子公司,已发展成为金融控股集团。截至2016年11月末,集团管理的资产合计6 447亿元,净资产569亿元,归属母公司所有者权益523亿元,与1999年成立时国家投入的100亿元资本金相比,实现国有资产保值增值率523%。

资料来源:央视网2016年12月11日。

据网贷天眼统计,目前获得银监会批复的消费金融公司已有22家,其中银行系占据九成以上,有20家。从这20家银行系持牌公司来看,提出申请的银行以中小银行为主。

公司名称	发起公司	注册资本	获牌时间	所在城市	盈利状况
中银消费金融	中国银行、百联集团、陆家嘴金融、中银信用卡…	5亿	2010/1/6	上海	5.12亿
北京消费金融	北京银行、桑坦德消费金融、利时集团…	3亿	2010/1/6	北京	未披露
锦程消费金融	成都银行、Hong Leong Bank Berhad	3.2亿	2010/1/6	四川成都	未披露
捷信消费金融	捷信集团	44亿	2010/2/12	天津	9.3亿
招联消费金融	永隆银行(招商银行旗下)、中国联通	20亿	2014/8/28	广东深圳	3.24亿
兴业消费金融	兴业银行、泉州市商业总公司、捅诚、特步	3亿	2014/10/14	福建泉州	未披露
海尔消费金融	海尔集团、红星美凯龙、海尔集团财务…	5亿	2014/12/3	山东青岛	未披露
苏宁消费金融	苏宁云商、南京银行、BNP Paribas Personal Finance…	3亿	2014/12/11	江苏南京	-1.89亿
湖北消费金融	湖北银行、TCL集团、武商集团、商联集团	3亿	2014/12/16	湖北武汉	未披露
马上消费金融	重庆百货大楼、中关村科金技术、重庆银行…	3亿	2014/12/30	重庆	652.2万
中邮消费金融	邮储银行、DBS BANK LTD.、渤海国际…	10亿	2015/1/6	广东广州	未披露
杭银消费金融	杭州银行、BBVA、海亮集团…	5亿	2015/7/7	浙江杭州	未披露
华融消费金融	华融资产、合肥百货大楼集团、深圳华强资产、安徽新安资产	6亿	2015/10/23	安徽合肥	-3680万
晋商消费金融	晋商银行、奇飞翔艺、天津宇信易通…	5亿	2016/2/24	山西太原	未披露
盛银消费金融	盛京银行、顺峰投资实业、大连德旭经贸	3亿	2016/2/24	辽宁沈阳	未披露
长银消费金融	长安银行、汇通诚信租赁、北京意德辰翔	3.6亿	2016/6/16	陕西西安	未披露
哈银消费金融	哈尔滨银行、苏州同程软件、北京博升优势…	5亿	2016/9/13	黑龙江哈尔滨	未披露
尚诚消费金融	上海银行、携程	10亿	2016/11/25	上海	未披露
中原消费金融	中原银行、上海伊千网络信息技术有限公司…	5亿	2016/12/19	河南郑州	未披露
包银消费金融	包商银行、深圳萨摩耶互联网、百中恒投资	3亿	2016/12/21	内蒙古包头	未披露
长银五八消费金融	长沙银行、城市网邻、通程控股	3亿	2016/12/27	湖南长沙	未披露
易生华通消费金融	吴江银行、海航旅游、珠海桦创、亨通集团、明珠集团	10亿	2017/1/9	广东珠海	未披露

图3-5

狭义的消费金融公司主要是指经银监会批准成立的 22 家持有牌照的属于非银行金融机构的消费金融公司。广义上参与消费金融服务的公司包括：上述消费金融公司、银行信用卡中心、电商消费金融业务、分期购物平台、P2P 平台等。

广义消费金融服务商的供给使得市场得以错位竞争，充分互补发展。通过细化金融服务，满足各阶层消费人群的金融需求，有效弥补市场空白。同时，在巨大的积极信号与政策红利引导下，消费金融成为众多资本追逐的焦点。BAT 互联网巨头高调进入更是加快产业变革。

目前 bat 类公司的业务状况如图所示：

消费金融产品	所属公司	让线时间
京东白条	京东集团	2014年2月
阿里花呗	阿里巴巴集团	2014年12月
百度有钱	百度公司	2015年4月
国美消费金融	国美控股集团	2015年
万达消费金融	万达集团	2015年
平安消费金融	平安普惠金融	2015年7月

图 3-6

资料来源：获牌消费金融公司已达 22 家，银行系为主力，凤凰财经，2017.4.17。

本章小结

1. 金融机构在资金盈余调剂中具有重要作用，现代金融机构体系一般由中央银行、商业银行、专业银行、非银行金融机构构成。金融机构具有充当信用中介、支付中介、提供金融服务、解决信息不对称问题、转移和分散金融风险的功能。

2. 中央银行是现代金融体系的核心，是管理一国金融体系、控制货币供给、执行货币政策、实施金融监管的最高金融机构。中央银行的职能是发行的银行、银行的银行、政府的银行。中央银行制度有单一式中央银行制度、复合式中央银行制度、准中央银行制度和跨国中央银行制度四种类型。

3. 商业银行的性质是以营利为目标，以金融资产和负债为经营对象，综合性、多功能的货币信用服务企业。商业银行的职能主要有创造货币、支付中介、信用中介、提供多种金融服务。商业银行的组织形式主要有四种类型：单一银行制、总分行制、银行控股公司制和连锁银行制。

4. 政策性银行是指由政府投资创办的，按照政府的意图、计划从事信贷活动的金融机构。我国从 1993 年年底开始先后建立了国家开发银行、中国农业发展银行、中国进出口银行三家政策性银行。

5. 非银行金融机构主要有保险公司、信托投资公司、证券公司、租赁公司、财务公司、小额贷款公司、信用合作社、基金管理公司、典当行等。

任务检测

一、单项选择题

1. 在银行体系中，处于核心地位的是（　　）。
   A. 中央银行　　　　　　　　B. 专业银行
   C. 商业银行　　　　　　　　D. 投资银行

2. 标志着中国现代银行信用事业开始的银行是（　　）。
   A. 中国实业银行　　　　　　B. 交通银行
   C. 农业银行　　　　　　　　D. 中国通商银行

3. 以下哪家银行与其他几家银行性质不同？（　　）
   A. 中国工商银行　　　　　　B. 中国农业银行
   C. 中国人民银行　　　　　　D. 中国银行

4. 由企业集团内部组建，为本企业集团内部各企业筹融资的是（　　）。
   A. 财务公司　　　　　　　　B. 租赁公司
   C. 证券公司　　　　　　　　D. 保险公司

5. 真正最早全面发挥中央银行职能的应该是（　　）。
   A. 英格兰银行　　　　　　　B. 瑞典银行
   C. 瑞士银行　　　　　　　　D. 普鲁士银行

6. 中国农业发展银行属于我国的（　　）。
   A. 中央银行　　　　　　　　B. 商业银行
   C. 政策性银行　　　　　　　D. 投资银行

7. 下列中央银行的活动中，体现其"银行的银行"职能的是（　　）。
   A. 代理国库　　　　　　　　B. 垄断发行货币
   C. 集中存款准备金　　　　　D. 对政府提供信贷

8. 以受托人的身份，代人理财的金融机构是（　　）。
   A. 租赁公司　　　　　　　　B. 财务公司
   C. 信托投资公司　　　　　　D. 证券公司

9. （　　）是历史上第一家股份制银行，也是现代银行产生的象征。
   A. 德意志银行　　　　　　　B. 法兰西银行
   C. 英格兰银行　　　　　　　D. 日本银行

10. （　　）是商业银行最基本也是最能反映其经营活动特征的职能。
    A. 信用创造　　　　　　　　B. 支付中介
    C. 信用中介　　　　　　　　D. 金融服务

二、多项选择题

1. 金融机构的功能可以基本描述为（　　　　）。
   A. 提供支付结算服务
   B. 融通资金
   C. 降低交易成本并提供金融服务便利
   D. 改善信息不对称
   E. 风险转移和管理

2. 1994年，适应金融机构体系改革的需要，使政策性金融与商业性金融相分离，我国相继成立的政策性银行有（　　　　）。
   A. 交通银行　　　　　　　B. 国家开发银行
   C. 中国民生银行　　　　　D. 中国进出口银行
   E. 中国农业发展银行

3. 全部银行机构就其组成来看，主要分为（　　　　）。
   A. 中央银行　　　　　　　B. 投资银行
   C. 存款货币银行　　　　　D. 专业银行
   E. 以上说法全都对

4. 非银行金融机构包括（　　　　）。
   A. 保险公司　　　　　　　B. 各种基金公司
   C. 信托投资公司　　　　　D. 投资银行
   E. 政策银行

5. 我国的金融监管机构主要包括（　　　　）。
   A. 银保监会　　　　　　　B. 证监会
   C. 国务院　　　　　　　　D. 人民银行
   E. 财政部

三、判断题

1. 投资银行被称之为"银行"，因此也具有银行的一般特征。（　　）
2. 中央银行作为特殊的金融机构，一般不经营商业银行和其他金融机构的普通业务。（　　）
3. 我国目前商业银行实行的是单一银行制的组织形式。（　　）
4. 政策性银行一般是官办或半官办的金融机构。（　　）
5. 小额贷款公司主要以服务"三农"为宗旨，吸收公众存款，发放贷款。（　　）

四、简答题

1. 简述金融机构的功能。
2. 简述我国现阶段的金融机构体系的基本构成。
3. 简述中央银行的性质和职能。

4. 简述中央银行的性质与职能。

5. 我国非银行金融机构有哪些？你所在的城市有哪些非银行金融机构？

五、案例分析

【资料】

尽管"希腊神话"没有在世界杯上演，但令希腊人开心的一件更重要的事在本周末发生了，希腊终于被官方认为结束了债务危机。

当地时间6月22日凌晨，欧元区19个成员国的财政部长结束了谈判，就希腊债务危机救助计划最后阶段的实施方案达成了一致。与会的欧盟和希腊代表都认同：希腊的主权债务危机已经终结。

2009年10月20日，希腊政府突然宣布，2009年政府财政赤字和公共债务占国内生产总值的比例预计将分别达到12.7%和113%，远超欧盟《稳定与增长公约》规定的3%和60%的上限。鉴于希腊政府财政状况显著恶化，全球三大信用评级机构惠誉、标准普尔和穆迪相继调低希腊主权信用评级，希腊债务危机正式拉开序幕。

然而随后更为可怕的是，欧元区内部协调机制运作不畅，致使救助希腊的计划迟迟不能出台，导致危机持续恶化。葡萄牙、西班牙、爱尔兰、意大利等国接连爆出财政问题，这些情况引起投资者和评级机构关注，欧洲多国的主权信用评级遭下调，连德国与法国等经济基本面相对较好的欧元区主要国家也受拖累。

这些脆弱的欧洲国家政府借贷成本大幅提高，于是政府不得不采取紧缩措施，经济发展雪上加霜，一直到2012年仍在依靠德、法等国的救援贷款度日。在2012年年中，这种恶性循环导致欧洲股市大跌，欧洲许多金融资产价格大幅缩水，最终这种情绪还传导至全球，导致全球主要股指普遍受到冲击。

值得欣慰的是，随着自身经济恢复，受到危机波及的诸国已经相继退出了救助机制，2013年12月，爱尔兰政府宣布正式退出由欧盟和国际货币基金组织主导的金融援助计划，爱尔兰由此成为首个退出这一纾困机制的欧元区国家，随后葡萄牙也退出这一机制。而没有接受借助的欧元区国家经济也在持续回暖，如今随着希腊画上句号，欧债危机从理论上已经宣告结束了。

【要求】

请思考：为什么欧元区会出现欧债危机？与欧洲中央银行的制度设计有关系吗？

实训项目

调查你所在的城市，存在哪一些金融机构？他们的主要业务是什么？发展状况如何？

第四章 商业银行的业务与管理

 学习目标

知识目标

1. 掌握商业银行的负债业务、资产业务和中间业务。
2. 了解商业银行的电子银行业务。
3. 了解商业银行的静音原则和主要的经营管理方法。

技能目标

1. 通过对商业银行负债业务、资产业务和中间业务的学习,掌握商业银行业务的基本操作规程和经营方法。
2. 能够安全的使用电子银行尤其是网上银行。

商业银行应对互联网冲击时存在的问题

互联网经济的兴起,提高了资源配置效率,同时将交易流程的商业场景移植到互联网平台上。移植过程中,互联网公司、电商平台把持了各种各样的商业场景入口。从这个意义上说,客户离互联网电商平台越来越近了,离商业银行越来越远。面对变化,商业银行却未形成足够的认识,习惯性思维还在继续影响部分商业银行的经营管理模式。

对"为客户创造价值"认识不深入。"为客户创造价值"流行了十几年,但包括商业银行在内的商业公司,更多地把这种理念当作口号,很难落实到金融产品设计过程中。即便是有一定程度的实现,也会在这个过程中潜意识地思考,如何为自己提供利益。因此,部分商业银行未能具体且有效地落实为客户创造价值的内涵,造成其设计的产品更多地考虑银行的需要,而不是客户需要,其产品注册客户或交易量明显低于互联网平台。我们认为,应该着

眼三点改进：一是节省客户时间；二是提高资源配置效率；三是为客户创造现金收益。

重"实现模型"轻"心智模型"。长久以来，商业银行在设计金融产品时，考虑如何从产品交互过程中，获得对银行流程控制、风险控制的因素占据很大设计比重。当然，银行重视风险考量，是一个积极的因素。但这样会造成产品重过程实现，轻受众需求，银行交出的产品，客户并不能够完全理解，愿意使用。因此，在未来过程中，银行更应该去从"心智模型"、从客户的真正需求出发。

资料来源：http://www.weiyangx.com/265438.html。

请思考：商业银行应如何应对互联网的冲击？

第一节 商业银行的主要业务

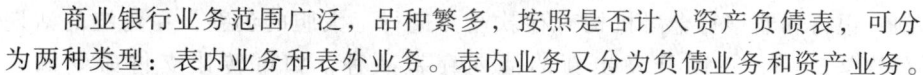

商业银行业务范围广泛，品种繁多，按照是否计入资产负债表，可分为两种类型：表内业务和表外业务。表内业务又分为负债业务和资产业务。

一、商业银行的负债业务

商业银行作为信用中介，负债业务是其最基本、最主要的业务。对商业银行来说，充足、稳定的资金来源是保证银行生存与发展的关键。负债业务是商业银行筹措资金，借以形成资金来源的业务，是银行从事资产业务和其他业务的基础，在商业银行的全部资金来源中，90%以上来自于负债。负债业务主要包括存款业务和借款业务。

（一）存款业务

客户将暂时闲置的资金存入银行形成存款，对银行来说，这是一种负债，是银行资金来源的主要部分。存款负债是银行资产经营的基础和前提，存款的数量规模和种类结构制约着银行资产结构和规模，也是商业银行资金实力强弱的重要标志。存款负债也是决定银行盈利水平的基础，这是因为，一方面银行的存款负债要负担利息以及其他的成本费用；另一方面银行的存款负债大多通过信贷这种方式投资于企业，其获得的收益远远低于企业。因此，银行要获得与一般企业相当的利润，只有依靠吸引大量的存款，使资产总额尽可能地扩张。依据存款的性质可分为活期存款、定期存款和储蓄存款。

1. 活期存款

活期存款指存款户可随时存取的存款，主要用于交易和支付。活期存款支付时通常使用银行规定的支票，所以又将这种存款称之为支票存款。

商业银行经营的活期存款流动性很大，存取频繁，手续繁杂，而且要提供许多相应的服务，如存、取款以及转账等，成本较高。银行对于活期存款一般不支付利息，或只支付很低的利息。从表现来看，银行经营活期存款并极力扩大存款规模，是在从事一项无益的业务。实际上，活期存款是商业银行重要的资金来源。通过吸收活期存款，银行不仅可以取得短期资金，用于短期借款和投资，而且在存取的过程中，会沉淀下一个比较稳定的余额，银行可将其运用于长期借款和投资。此外，经营活期存款还有利于密切银行和客户之间的关系，以便扩大其他信用业务。再者，在发达的经济中，支票通常很少用来提现，而大多是把资金从支票转到活期存款账户上。这大大地节约了流通费用，银行也因此增强了信用创造和扩张的能力。因此，多数银行除了提供优质的服务之外，还允许客户使用一定的透支额度，以此争取更多的客户。

对于活期存款，银行一般不支付利息或者只支付很低水平的利息。长期以来，西方国家在法律上对此也有较严格的限制，甚至对定期存款也规定一个利率水平的上限。20世纪六七十年代以后，银行业的竞争加剧，资金来源困难。为了吸引更多的资金而又不违反国家的有关法律对利率的限制，银行和非银行金融机构对存款业务进行了大胆的创新，在传统的活期存款基础上，不断开发出新的活期存款品种，如可转让支付命令账户（NOW）、超级可转让支付命令账户（Super-NOW）、自动转账服务账户（ATS）、货币市场存款账户等。这些账户既灵活方便、安全可靠、具有流动性，同时又支付较高的利息。

 小知识

Q 条例

Q 条例是指美国联邦储备委员会按字母顺序排列的一系列金融条例中的第 Q 项规定。1929 年之后，美国经历了一场经济大萧条，金融市场随之也开始了一个管制时期，与此同时，美国联邦储备委员会颁布了一系列金融管理条例，并且按照字母顺序为这一系列条例进行排序，如第一项为 A 项条例，其中对存款利率进行管制的规则正好是 Q 项，因此该项规定被称为 Q 条例。后来，Q 条例成为对存款利率进行管制的代名词。

Q 条例的内容是：银行对于活期存款不得公开支付利息，并对储蓄存款和定期存款的利率设定最高限度，即禁止联邦储备委员会的会员银行对它所吸收的活期存款（30 天以下）支付利息，并对上述银行所吸收的储蓄存款和定期存款规定了利率上限。当时，这一上限规定为 2.5%，

此利率一直维持至 1957 年都不曾调整。在 1957 年以后却频繁进行调整，它对银行资金的来源去向都产生了显著影响。

资料来源：百度百科。

2. 定期存款

定期存款是相对于活期存款而言的，其期限固定而且比较长，是商业银行稳定的资金来源。定期存款的期限通常有 3 个月、6 个月、1 年、3 年、5 年甚至更长的期限。其利率水平也是随着期限的延长而提高，利息构成存款者的收入和银行的成本。

定期存款一般是到期才能提取，到期后可以续存，银行根据到期的存单计算本息，到期未提取且未续存的存款，按惯例银行不对其支付过期利息，但对到期转存的，可按到期日予以转期。存款未到期而提前支取，银行按制度不予支取或应提前一定时间通知银行。但一般情况下，为了赢得客户，银行允许提前支取，但要扣除提前日期的利息。定期存单一般不能转让和流通，但可作为抵押品从银行贷款。

为规避利率管制，花旗银行的前身 First National City Bank 于 20 世纪 60 年代初开始发行大额可转让定期存单（CDs）。凭证上印有一定的票面金额且面额较大，存单不记名，可流通转让，到期后可按票面金额和规定利率提取全部本利。大额可转让定期存单的推出，迅速在各国商业银行业务中得以推广，它既保证了定期存款高利息的特点，又克服了定期存款流动性差的缺点。

3. 储蓄存款

储蓄存款主要为个人积蓄货币并取得利息收入而开办，是一种非交易用的存款，一般使用存折，不能签发支票。利息被定期加到存款余额上。从理论上而言，储蓄存款并不能随时支取，储户若欲支取必须事先通过银行，但实际上储户和银行都把它当作可随时支取。随着计算机、电子网络技术的发展，银行为了方便储户，一方面推出通存通兑服务，另一方面推出了储蓄卡，储户可以在各地的"自动存储款（ATM）"上自助存取款项。

小知识

表 4-1　　　　　　　　个人储蓄存款的种类

储蓄种类	存期	金额限制	存取方式
活期储蓄	不定期	1 元起存	随时
整存整取	3 个月、6 个月、1 年、2 年、3 年、5 年	50 元起存	一次性存入，一次性支取
零存整取	1 年、3 年、5 年	5 元起存	逐月存入，一次性支取
整存零取	1 年、3 年、5 年	1 000 元起存	一次性存入，分次支取本金，到期支取利息

续表

储蓄种类	存期	金额限制	存取方式
存本取息	1年、3年、5年	5 000元起存	一次性存入，分次支取利息，到期支取本金
定活两便	不定存期	50元起存	一次性存入，随时支取
通知存款	不定存期，支取前1天或7天通知	50 000元起存	一次性存入，一次或分次支取
教育储蓄	1年、3年、6年	50元起存，最高20 000元	分次存入，一次性支取

知识链接：
银行发力存款创新产品—存款互联网化或成趋势

课堂讨论

为什么商业银行要积极探索存款创新产品？

（二）借款业务

存款业务的主动权掌握在存款人手中，对于商业银行而言，是一种被动型负债。而借款业务则不同，借款的时机、期限、利率、金额等，都可由商业银行主动把握，只一种主动型负债。借款业务不需要交纳存款准备金、不需要提前支付，因此具有资金利用率高、流动性风险低的特点。商业银行的借款业务大体上分为两类：短期借款和长期借款。

1. 短期借款

（1）中央银行借款。商业银行从中央银行借款的形式主要有再贴现和直接借款。

再贴现是指商业银行将办理贴现业务时买进的未到期的票据再转卖给中央银行，以此取得短期流动资金。在进行再贴现时，商业银行必须将有关票据债务人的情况以及自身的财务报表和其他有关情况呈报给中央银行，中央银行据此判断是否给予贴现。

再贴现是中央银行的一项重要的货币政策。中央银行可通过提高或降低再贴现率的办法，影响商业银行的贴现成本，从而对经济进行调控。

直接借款是指商业银行以自己持有的合格票据、银行承兑汇票、政府债券等有价证券作为抵押品向中央银行取得抵押贷款。这种借款和其他类似的借款没有大的差别，所不同的是中央银行的贷款条件一般更优惠一些，不过这种优惠并不是无限制的。

（2）银行同业借款。

①银行同业拆借。银行同业拆借是商业银行之间的短期借贷行为。这种借款一般是通过电话或电传进行的。资金拆出的银行通知中央银行将款项从其储备账户转到拆入银行的账户，中央银行则借记和贷记双方账户。银行同业拆借的期限多为1~7个营业日。随着经济环境的变化和资金转移

技术的进步，同业拆借市场实际上已经成为商业银行稳定的筹措资金的场所。

②转贴现借款。贴现是票据持有者将未到期的票据转让给银行，银行按票面金额扣除利息以后将现款付给票据持有人的行为。而转贴现则是商业银行之间进行的商业贴现行为，即一家商业银行将已买进的未到期票据再拿到另一家商业银行去申请贴现。这是一种短期的资金借贷行为，是商业银行融通短期资金的一条重要渠道。

③转抵押借款。商业银行在发生资金周转困难时，也往往通过抵押借款的方式从其他的商业银行取得资金。作为抵押品的大部分是客户的抵押品，包括动产和不动产，但这种抵押的技术性很强，手续也比较复杂。当然，也可以将所持有的票据、债券、股票等金融资产作为抵押品，从其他银行取得贷款。

（3）回购协议。回购协议就是商业银行在出售金融资产获得资金的同时，同对方签订一个协议，同意在一定时期按预定价格再购回此项金融资产。回购协议一般以政府债券为工具，期限短的有一个或几个营业日，长的有几个月。实际操作中主要有两种方法：一种是交易双方同意按相同的价格出售与再购回证券，购回时，其金额为本金加双方约定的利息额；另一种方法是把回购时的价格定得高于出售时的价格，其价格差就是另一方的收益。

商业银行通过回购协议借款其优点主要有两个方面：一是银行以政府债券为工具从事再回购业务，可以不提缴存款准备金，减少借款成本；二是利率上限不适用于典型的回购协议。

2. 长期借款

长期借款是指期限在1年以上的借款。商业银行除了在大量利用短期借款以外，还在特定情况下利用长期借款，以弥补长期资金的不足。商业银行的长期借款一般采用发行金融债券的方式。目前，我国商业银行发行的金融债券包括普通金融债券、次级金融债券、混合资本债券和可转换债券。

知识链接：

绿色金融债券

二、商业银行的资产业务

商业银行的资产业务是指将资金加以运用的业务。商业银行的资金运用主要有以下用途：现金、贷款、贴现和证券投资。

（一）现金资产

现金资产是商业银行资产中最具有流动性的部分，属于一级储备资产，基本上不存在风险，当然也不会有收益。但它能直接满足流动性需要，对商业银行的正常运转至关重要。现金资产包括库存现金、在央行的存款、存放同业的资金以及托收中的现金。由于现金资产不给商业银行带来利润，因此，在流动性得到保证的情况下，商业银行总是尽量压低现金资产在总资产中的比例。

(二) 贷款业务

贷款是商业银行最重要的资产业务,贷款占总资产的比重以及贷款利息占经营收入的比重与银行的其他业务相比都是较高的。在美国,直接贷款占银行总资产的 60%~70%,我国商业银行的这一比例更高达 90% 以上。贷款在银行的资产组合中对风险结构和收益结构均有较大影响,高比例的直接贷款既增加了银行的预期利润,同时也增加了银行的风险。

商业银行贷款种类繁多,有许多不同的划分方法。

1. 按贷款的用途划分,可分为工商贷款、不动产贷款、消费者贷款、证券贷款

(1) 工商贷款,是针对工商企业而发放的贷款。从企业生产和流通过程中的短期、季节性的流动资金需求,到设备和基础设施投资的长期资金需求,都是商业银行贷款的对象。

(2) 不动产贷款,是对土地开发、住宅公寓、厂房建筑、大型设施购置等所提供的贷款。对银行来讲,这类贷款往往是资金需求规模大、期限长、风险也较大,当然收益也比较高,因此,银行多采用抵押贷款的形式放款。

(3) 消费者贷款,是为个人和家庭提供的,以便满足他们对消费支付能力不足的需求。消费贷款项目繁多,主要有住房贷款、汽车贷款、学费贷款以及信用卡赊购等。

(4) 证券贷款,即商业银行对证券自营商、经纪人、投资银行以及证券公司等发放的与证券业务有关的购买或周转贷款。专门从事证券交易的金融机构,在证券交易中往往出现资金短缺的现象,商业银行可满足他们的需求。由于证券交易贷款的风险很大,银行对这类贷款通常是以有价证券抵押的方式进行,并且都实施保证金比率控制,即发放贷款的额度要低于所抵押证券的市值,差额作为保证金。

2. 按贷款的偿还期限划分,可分为活期贷款、定期贷款、透支

(1) 活期贷款,是在贷款时不确定偿还期限,可以随时由银行发出通知收回贷款。这种贷款比定期贷款灵活主动。

(2) 定期贷款,是指具有固定偿还期限的贷款,按照偿还期限的长短,又可分为短期贷款、中期贷款和长期贷款。短期贷款是指期限在一年以内(含一年)的各项贷款;中期贷款是指期限在一年(不含一年)以上五年(含五年)以内的各项贷款;长期贷款指期限在五年(不含五年)以上的各项贷款。

(3) 透支是指活期存款户依照合同向银行透支的款项,它的性质是银行的一种贷款。在透支业务中,虽然不是所有订有透支合同的客户都会透支,而却往往有人透支,有人补存,但是,经常会出现银根紧时客户均透支,而银根松时客户都还存的情况,这使银行难以有效控制。

3. 按贷款的保障条件划分，可分为信用贷款和担保贷款

（1）信用贷款，指银行完全凭借客户的信誉而无须提供抵押物或第三者保证而发放的贷款，这类贷款从理论上讲风险较大，因此，银行要收较高的利息，且一般只向银行熟悉的较大公司借款人提供，对借款人的条件要求较高。

（2）担保贷款，是指由借款人或第三方依法提供担保而发放的贷款。担保贷款包括保证贷款、抵押贷款、质押贷款。

4. 按贷款的质量（或风险程度）划分，可分为正常贷款、关注贷款、次级贷款、可疑贷款和损失贷款

（1）正常贷款，是指借款人能够履行借款合同，有充分把握按时足额偿还本息的贷款。

（2）关注贷款，是指贷款的本息偿还仍正常，但是存在一些可能对偿还贷款产生不利的因素。

（3）次级贷款，是指借款人的还款能力出现明显问题，依靠正常的经营收入已无法保持足额偿还本息的贷款。

（4）可疑贷款，是指借款人无法足额偿还本息，即使执行抵押或担保，也肯定要造成一部分损失。

（5）损失贷款，是指采取了所有可能的措施和一切必要的法律程序之后，本息仍无法收回，或只能收回极少部分。

> **课堂讨论**
>
> 为什么要进行贷款风险分类管理？对银行资产质量有什么帮助？

（三）贴现业务

票据贴现是贷款的一种特殊方式。它是指持票人为了资金融通的需要而在票据到期前以贴付一定利息的方式向银行出售票据。对于贴现银行来说，就是收购没有到期的票据。票据贴现的贴现期限都较短，一般不会超过 6 个月，而且可以办理贴现的票据也仅限于已经承兑的并且尚未到期的商业汇票。

票据贴现是客户将未到期的票据转让给银行。这种转让行为表面上看只是一种票据交换行为，实际上也是一种信贷业务。银行买进票据，等于通过贴现间接地给票据的付款人发放了一笔贷款。

不带息票据的贴现利息 = 票据票面金额 × 贴现率 ×（未到期天数 ÷ 360）

带息票据的贴现利息 = 票据到期值 × 贴现率 ×（未到期天数 ÷ 360）

知识链接：

因贷款风险分类不真实　内蒙古两银行被罚

▶ 课堂讨论

1. 持票人持有一张面额为 1 000 元，3 个月后到期的汇票，到银行贴现。若该票据的年贴现率为 4%，则持票人可取得的贴现金额是多少？

2. 持票人持有一张面额为 500 元，票面利率为 5%，6 个月后到期的汇票，到银行贴现。若该票据的年贴现率为 4%，则持票人可得的贴现金额是多少？

（四）证券投资业务

证券投资是银行重要的资产项目之一，由于有价证券的流动性较强，因此它可以兼顾资产的盈利性和流动性，也称为"二线准备"。银行证券投资的种类根据投资对象来划分，大体上可分为政府债券、公司债券以及股票三种。2012 年～2016 年，18 家上市银行投资类资产余额由 14.6 万亿元增长至 39.1 万亿元，年均增长率达 21.8%，同期信贷资产增速高出近 9.5%，较总资产增速高出 9.1%。

1. 政府债券

政府公债是政府依据信用原则，以承担还本付息责任为前提，为筹措资金而发行的债务凭证。政府债券分为中央政府债券和地方政府债券。中央政府债券又称为国家债券或国家公债券，简称国债。国债按期限长短分为短期国债和中长期国债，前者通常称为国库券，后者则称为公债。

国库券一般是政府为了弥补短期资金缺口而发行的，1 年以内的不记名、贴现式债券，票面只列出到期还本的金额，不写明利率。出售时按面额贴现发行，贴现率根据市场短期利率确定，到期时政府按票面额足额还本。公债是政府为了特定目的而发行的，期限在 1 年～10 年的称为中期公债，10 年以上的，称为长期公债。公债票面上记有期限和利率。

2. 公司债券

公司债券也称企业债券，是公司为筹措资金而发行的债务凭证。公司债券分为两类：①信用债券，仅凭公司或企业的信用，无须担保或抵押而发行债券。一般来讲，只有信誉好的大型公司才能发行这种债券。国家从保护投资者的利益考虑，要限制这种债券的发行额度。②抵押债券，是以公司的不动产或动产债权作抵押而发行债券。如果公司到期无法兑现债券的本息，可依法对抵押品进行拍卖处理，以所得收入支付债权人。

银行投资于企业债券其好处在于：①企业的信誉低于政府信誉，因此一般的企业债券，其发行的票面利率要高于国家或地方政府发行的债券。银行投资于企业债券可获得高于债券的收益。②相对于直接贷款而言，公司债券具有较强的流动性。公司债券可通过债券转让获取现金。③银行投资于公司债券，其风险也比较低。一方面因为公司债券的流动性强，银行可以通过在二级市场操作来规避风险；另一方面，由于大多数债券都是抵押债券，即使出现公司到期无法兑现，其抵押的资产至少可以部分地补偿投资的损失。

3. 公司股票

股票是股份公司发行的、证明股东权益的一种凭证，是企业筹集自有资金和扩充资本的重要手段。

在一些西方国家（如德国、瑞士等）的商业银行除了一般的投资业务以外，可以投资于公司股票，成为公司的股东，直接参与公司的经营管理。但是，也有许多国家，处于维护本国经济和金融安全的考虑，在法律上禁止商业银行投资公司股票。20世纪末，英美等国已经放松限制，允许商业银行进行合业经营，参与投资银行业务。我国的《商业银行法》明确规定，商业银行不允许从事股票业务。

知识链接：

1. 中华人民共和国商业银行法（修正）

课堂讨论

你认为商业银行法需要修正吗？

三、银行的中间业务

商业银行中间业务广义上讲是指"不构成商业银行表内资产、表内负债，形成银行非利息收入的业务"（2001年7月4日人民银行颁布《商业银行中间业务暂行规定》）。它包括两大类：不形成或有资产、或有负债的中间业务（即一般意义上的金融服务类业务）和形成或有资产、或有负债的中间业务（即一般意义上的表外业务）。我国的中间业务等同于广义上的表外业务，可以分为两大类：金融服务类业务和表外业务。

金融服务类业务是指商业银行以代理人的身份为客户办理的各种业务，目的是获取手续费收入。主要包括：支付结算类业务、银行卡业务、代理类中间业务、基金托管类业务和咨询顾问类业务。

表外业务是指未列入资产负债表，但同表内资产业务和负债业务关系密切，并在一定条件下会转为表内资产业务和负债业务的经营活动。主要包括：担保或类似的或有负债、承诺类业务和金融衍生业务三大类。

2. 全国人大代表王景武：建议修订现行商业银行法

（一）支付结算类中间业务

支付结算类业务是指由商业银行为客户办理因债权债务关系引起的与货币支付、资金划拨有关的收费业务。结算业务借助的主要结算工具包括票据、银行卡和信用证，其中票据又包括汇票、本票和支票。目前，银行办理支付结算的方式主要有汇兑结算、托收结算和信用证结算。

1. 汇兑结算

汇兑结算是由付款人委托银行将款项汇给外地某收款人的一种结算业务。汇款结算分为电汇、信汇和票汇三种形式。

2. 托收结算

托收结算是指债权人或售货人为向外地债务人或购货人收取款项而向其开出汇票,并委托银行代为收取的一种结算方式。

3. 信用证结算

信用证结算是由银行根据申请人的要求和指示,向受益人开立的载有一定金额,在一定期限内凭规定的单据在指定地点付款的书面保证文件。

另外,商业银行其他支付结算业务,包括利用现代支付系统实现的资金划拨、清算,利用银行内外部网络实现的转账等业务。

(二)银行卡业务

银行卡是由经授权的金融机构(主要指商业银行)向社会发行的具有消费信用、转账结算、存取现金等全部或部分功能的信用支付工具。银行卡业务的分类方式一般包括以下几类:

(1)依据清偿方式,银行卡业务可分为贷记卡业务、准贷记卡业务和借记卡业务。借记卡可进一步分为转账卡、专用卡和储值卡。

(2)依据结算的币种不同,银行卡可分为人民币卡业务和外币卡业务。

(3)按使用对象不同,银行卡可以分为单位卡和个人卡。

(4)按载体材料的不同,银行卡可以分为磁性卡和智能卡(IC卡)。

(5)按使用对象的信誉等级不同,银行卡可分为金卡和普通卡。

(6)按流通范围,银行卡还可分为国际卡和地区卡。

(7)其他分类方式,包括商业银行与营利性机构/非营利性机构合作发行联名卡/认同卡。

中间业务面临转型 银行寻求差异发展

2017年,受行业监管政策趋严、债券和资本市场波动、营改增实施、降费让利、同比高基数等因素影响,商业银行中间业务发展承受较大压力,收入整体呈现稳中略降的态势。本文统计的14家上市商业银行包括6家大型商业银行(即中国工商银行、中国农业银行、中国银行、中国建设银行、交通银行、中国邮政储蓄银行)以及8家全国性股份制银行(即中信银行、光大银行、招商银行、浦发银行、民生银行、华夏银行、平安银行、兴业银行)。共实现手续费及佣金净收入为7 950.97亿元(人民币,下同),仅比2016年增加了4.46亿元,增速明显下滑,由2016年的7.24%下降至2017年的0.06%,对营业收入的占比为20.56%,比2016年略有减少。

资料来源:https://mp.weixin.qq.com/s?_biz = MzA5ODI4MTMyOQ%3D%3D&idx = 2&mid = 2652378673&sn = 9c440f0d155e12b4173064efc84bfef2。

（三）代理类中间业务

代理业务是指商业银行接受客户的委托、代为办理客户指定的经济事务、提供金融服务并收取一定费用的业务，包括代理证券业务、代理保险业务、代理商业银行业务、代理中央银行业务、代理政策性银行业务和其他代理业务。

代理业务是典型的中间业务。银行充分利用自身的信誉、技能、信息等资源代客户行使监督管理权并提供各项金融服务。目前，私人银行业务日益成为我国商业银行拓展中间业务的竞争核心。

（四）担保及承诺类中间业务

1. 担保类中间业务

担保类中间业务指商业银行为客户债务清偿能力提供担保，承担客户违约风险的业务。担保类中间业务主要包括银行承兑汇票、备用信用证、各类保函等。

（1）银行承兑汇票，是由收款人或付款人（或承兑申请人）签发，并由承兑申请人向开户银行申请，经银行审查同意承兑的商业汇票。

（2）备用信用证，是开证行应借款人要求，以放款人作为信用证的收益人而开具的一种特殊信用证，以保证在借款人破产或不能及时履行义务的情况下，由开证行向收益人及时支付本利。

（3）各类保函业务，包括投标保函、承包保函、履约保函、借款保函等。

（4）其他担保业务。

2. 承诺类中间业务

承诺类中间业务是指商业银行在未来某一日期按照事前约定的条件向客户提供约定信用的业务，主要指贷款承诺，包括可撤销承诺和不可撤销承诺两种。

（1）可撤销承诺附有客户在取得贷款前必须履行的特定条款，在银行承诺期内，客户如没有履行条款，则银行可撤销该项承诺。可撤销承诺包括透支额度等。

（2）可撤销承诺是银行不经客户允许不得随意取消的贷款承诺，具有法律约束力，包括备用信用额度、回购协议、票据发行便利等。

（五）交易类中间业务

交易类中间业务指商业银行为满足客户保值或自身风险管理等方面的需要，利用各种金融工具进行的资金交易活动，主要包括金融衍生业务。远期合约，是指交易双方约定在未来某个特定时间以约定价格买卖约定数量的资产，包括利率远期合约和远期外汇合约。金融期货，是指以金融工具或金融指标为标的的期货合约。互换，是指交易双方基于自己的比较利益,对各自的现金流量进行交换,一般分为利率互换和货币互换。期权,是指期权的买方支付给卖方一笔权利金,获得一种权利,可于期权的存续期内或到期日当天,以执行价格与期权卖方进行约定数量的特定标的的交易。按交易标的分,期权可分为股票指数期权、外汇期权、利率期权、期货期权、债券期权等。

(六)投资银行业务

投资银行业务主要包括证券发行、承销、交易、企业重组、兼并与收购、投资分析、风险投资、项目融资等业务。

(七)基金托管业务

基金托管业务是指有托管资格的商业银行接受基金管理公司委托,安全保管所托管的基金的全部资产,为所托管的基金办理基金资金清算款项划拨、会计核算、基金估值、监督管理人投资运作。基金托管包括封闭式证券投资基金托管业务、开放式证券投资基金托管业务和其他基金的托管业务。

(八)咨询顾问类业务

咨询顾问类业务指商业银行依靠自身在信息、人才、信誉等方面的优势,收集和整理有关信息,并通过对这些信息以及银行和客户资金运动的记录和分析,并形成系统的资料和方案,提供给客户,以满足其业务经营管理或发展的需要的服务活动。具体包括以下几类:

1. 企业信息咨询业务

企业信息咨询业务包括项目评估、企业信用等级评估、验证企业注册资金、资信证明、企业管理咨询等。

2. 资产管理顾问业务

资产管理顾问业务指为机构投资者或个人投资者提供全面的资产管理服务,包括投资组合建议、投资分析、税务服务、信息提供、风险控制等。

3. 财务顾问业务

财务顾问业务包括大型建设项目财务顾问业务和企业并购顾问业务。大型建设项目财务顾问业务指商业银行为大型建设项目的融资结构、融资安排提出专业性方案。企业并购顾问业务指商业银行为企业的兼并和收购双方提供的财务顾问业务,银行不仅参与企业兼并与收购的过程,而且作为企业的持续发展顾问,参与公司结构调整、资本充实和重新核定、破产和困境公司的重组等策划和操作过程。

4. 现金管理业务

现金管理业务指商业银行协助企业,科学合理地管理现金账户头寸及活期存款余额,以达到提高资金流动性和使用效益的目的。

（九）其他类中间业务

其他类中间业务包括保管箱业务以及其他不能归入以上八类的业务。

第二节 电子银行

一、电子银行的含义

电子银行业务是指银行通过面向社会公众开放的通信通道或开放型公众网络，以及为特定自助服务设施或客户建立的专用网络等方式，向客户提供的离柜金融服务。电子银行业务主要包括网上银行、自助银行、手机银行、电话银行以及其他离柜业务。

1. 网上银行

网上银行指银行通过专线、专用软件与家庭（个人）或企业的电脑终端相连接，为企业和个人提供多种银行服务，其特点是终端是固定的。企业和家庭可通过自身的电脑终端直接进入银行的主页接受各种服务，如账户查询、财务管理等。

2. 手机银行

手机银行是指以电子网络为支持，以移动电话为接口设备，以IC卡为安全控制工具，为客户提供安全、方便和快捷的服务，因此，也有人将手机银行称为移动银行。

表4-2　　国内主要银行的网上银行、电话银行接入码

银行名称	个人网银品牌	网址	电话号码
中国工商银行	金融@家	http://www.95588.com	95588
中国建设银行	e路通	http://www.ccb.com	95533
中国农业银行	95599在线银行	http://www.95599.cn	95599
中国银行	中行网银	http://www.boc.cn	95566
交通银行	交e通	http://www.95559.com.cn	95559
招商银行	一网通	http://www.cmbchina.com	95555
中信银行	中信网银	http://www.ecitic.com	95558
兴业银行	在线兴业	http://www.cib.com.cn	95561
华夏银行	互联通	http://www.hxb.com.cn	95577
中国民生银行	民生网	http://www.cmbc.com.cn	95568
广东发展银行	广发网银	http://www.gdb.com.cn	95508
中国光大银行	光大网银	http://www.cebbank.com	95595
浦东发展银行	网上银	http://www.spdb.com.cn	95528
中国邮政储蓄银行	邮储网银	http://www.psbc.com	95580
平安银行	平安一账通	http://bank.pingan.com	95511-3

3. 自助银行

自助银行是由银行配置与银行网络相连的电子设备如 ATM、自动存款机、多媒体查询机等,供客户自由使用,自选完成各种金融交易的服务方式。

4. 银行 IC 卡

网络银行发展的初期,银行卡业务与网络银行业务是分离的,即使银行卡通过网络来操作,其提供服务的项目也是极其有限的。而网络银行卡业务的基本网络框架依存于整个网络银行,包括网上银行卡支付体系、业务应用以及特约商户应用三个部分。相对于其他的网络银行业务,利用 IC 卡进行网上交易要安全一些。

5. 客户呼叫服务中心

许多银行借助通信网络将人工客户服务热线建成客户呼叫服务中心,客户可通过网络终端的屏幕在网上与银行客户呼叫服务中心对话、开户、委托交易以及进行业务咨询。

二、电子银行的分类

电子银行按照是否有具体的物理营业场所可以划分为两种类型:

一种是于 1995 年 10 月 18 日成立的世界首家网络银行——安全第一网络银行(Security First Network Bank,SFNB),又被称为虚拟网络银行或纯网络银行。这类网络银行,一般只有一个具体的办公场所,没有具体的分支机构、营业柜台、营业人员。这类银行的成功主要是靠业务外包及银行联盟,从而减少成本。

另一种是由传统银行发展而来的网络银行。这类银行是传统银行的分支机构,是原有银行利用互联网开设的银行分站。它相当于传统银行新开设的一个网点,但是又超越传统的形式,因为它的地域比原来的更加宽广。许多客户通过互联网就可以办理原来需要到柜台办理的业务。这类网络银行的比重占网络银行的 95%。

三、电子银行在我国的发展

1988 年,中国银行深圳分行推出国内第一台 ATM 机。1997 年,招商银行率先推出网上银行"一网通",成为中国网上银行业务的市场导引者。自 1998 年 3 月,中国银行在国内率先开通了网上银行服务。1999 年 4 月,建设银行启动了网上银行,并在我国的北京、广州、四川、深圳、重庆、宁波和青岛进行试点,这标志着我国网上银行建设迈出了实质性的一步。近年来,中国银行、建设银行、工商银行等陆续推出网上银行,开通了网上支付、网上自助转账和网上缴费等业务,初步实现了真正的在线金融服务。2000 年,中国银行率先开通家居银行,它是在有线电视视讯宽带网的基础上,以电视机与机顶盒为客户终端实现联网、办理银行业务。2011 年,中国自动柜员机的总量已超过了 27.1 万台,整体自动柜员机市场保有量已经达到 13.8 万台。我国手机用户已突破 9 亿，开通手机银行的用户已超 7 000 万人，这标志着我国手机银行已进入了一个崭新的发展阶段。光大银行完成了对全国范围内的自助设备取款流程升级，成为国内首家推出"先出卡，后出钞"的银行。截至 2017 年年末，主要银行业金融机构的网上银行、手机银行账户数已达 32.8 亿户，主要电子交易笔数替代率平均达到 79.6%。其中，手机银行交易笔数占主要电子交易笔数的 31.8%。进入 21 世纪，随着智能手机的广泛普及和 4G 网络的大规模覆盖，移动互联网应用呈现井喷之势，各大银行纷纷推出移动端银行应用。PC 端网上银行渐渐被手机银行等移动终端替代。招商银行推出了手机银行和掌上生活两个 APP，目前，两者的月活跃客户数合计达到 4 000 万人，交易笔数达到 PC 版网上银行的 5 倍[1]，已成为招商银行流量最大和客户最活跃的渠道。

知识链接：
带你走进，中国建设银行无人银行

小知识

网银安全使用措施

1. 在设置银行密码时（无论是注册密码还是交易密码），应注意密码的位数要足够多，并且最好同时使用大、小写字母以及数字和其他字符（注意：不要用生日、姓名、地址等做密码，很容易被猜出；不要与任何其他的密码一样或相近；不要把密码记录在手机或计算机里）。

2. 用户最好在开机后尚未登录其他网站时先登录网银账户。在操作网银时最好不要浏览其他网站。有些恶意代码可以得到访客电脑上的信息，并利用这些信息攫取用户的账号。

3. 用户应尽量在地址栏输入正确网址登录，最好不要用搜索引擎登录网银门户网站。除了在线支付，不要通过任何网站或邮件等进入网银。

4. 妥善保管"钥匙"——数字证书。保管好数字证书至关重要，要将数字证书存放在 Usbkey 内；如果存放数字证书的 Usbkey 有损坏、丢失等情况，要及时通知银行。

5. 检查核实留信息验证。"预留信息验证"是防范不法分子利用假网站进行网上诈骗提供的一项服务。当客户登录网上银行、在购物网站在线支付或在线签订委托代扣协议时，网页上会自动显示预留信息，以便验证是否为真实的银行网站。

---

[1] 电子银行发展新趋势，周天虹，《中国金融》2017 年第 3 期。

6. 网银站点提供的安全措施，如 PIN 效验，一定不要关闭。一旦发现有异样，应立刻更换密码。

7. 交易完成后，一定要做安全退出，不要直接关闭窗口。

8. 最好不在网吧或其他人的计算机上登录网银，如果非这样做不可，应先检查任务管理器，看看有没有不正常的进程在运行。在退出网银后，应清除网页的密码保存和 Cooikes。

9. 网上银行一般不会向用户发送关于密码之类的邮件。用户不要轻易打开不明来历的邮件，特别声称是某个网银来的邮件或带附件的邮件，也不要点击邮件中的任何连接。这样的邮件可能携带木马病毒或者会将用户引向假的网上银行网站，从而给用户造成损失。

第三节 商业银行经营管理理论

一、商业银行的经营管理原则

银行管理是银行的经营者为达到经营的目标而对银行的经营要素进行整合，实现资源优化配置的过程。商业银行作为金融企业，在经营管理过程中，和一般企业一样，也必须遵循企业利润最大化的一般原则。但金融企业一般具有很强的外部性，其经营管理有其特殊性，利润最大化并不是其唯一的经营目标，流动性与安全性对商业银行而言也具有特殊的重要意义。安全性、流动性和盈利性三性统一是各国商业银行普遍认同的经营与管理的一般原则。即根据经营环境的变化，综合协调不同资产和负债的搭配，谋求最佳组合，从而实现安全性、流动性和盈利性三者之间的协调与统一。

（一）安全性原则

安全性是指银行的资产免遭风险，保障安全的可靠性程度。安全性原则对于商业银行的经营管理来说有其特殊的作用。因为商业银行经营的条件和对象特殊，商业银行的经营对象是货币，受许多复杂的客观因素的影响，同时又受中央银行的人为干预，资本成本、利率的变动基本无法预测。而且商业银行自有资本比较少，基本上是负债经营，只能利用较多的负债来维持其资本运转，因此应特别注意其经营活动中的安全性。

因此，银行要加强对客户的资信调查和经营预测；银行资产在种类和客户两个方面要适当分散，并与负债的规模保持一定的比例；遵守国家法令，执行中央银行的金融政策和制度，取得国家的法律保护和中央银行的支持等。

（二）流动性原则

流动性是指银行能够随时收回资金或者付出资金的能力，保持流动性即保持银行一定的清偿力，以应付日常提现需要。应付大量提现需要，保证银行信贷资金正常运转，以及银行业务顺利经营是极其重要的。商业银行或在资产方面保持流动性，或在负债方面保持较高的流动性，都能达到商业银行流动性的目标，在商业银行的资产构成中，可以随时用于偿付客户提取存款的库存现金和中央银行存款，其流动性最强，一般称为一线准备；在短期内可以变现的国家债券，其流动性较好，一般称为二线准备；长期贷款、不动产抵押贷款和长期债券需要较长时间收回资金，流动性最差。如果商业银行资产流动性较差，它必须做到能随时主动获得足够的负债（及资金来源）以满足客户提现的需要和随时扩大贷款规模的需要。

（三）营利性原则

银行的经营动机是为了获得利润。获取利润是商业银行开展业务的核心或标准，利润水平是商业银行经营管理水平的表现，采取各种措施以获得更多的利润是商业银行的经营管理目标。合理调度头寸，把银行的现金准备压缩到最低限度；大量吸收存款，开辟资金来源，把这些资金用于能够获得较多收益的贷款和证券投资上，并尽可能避免呆账的损失，加强经济核算，采用先进技术设备，提高劳工效率，降低费用开支，不断增加业务效益。这些都是商业银行经营管理的必要措施。

（四）三性原则的协调

三性原则在经营中既存在着互补的一面，也有互相冲突的一面。从短期看，银行的流动性越充足，银行应付意外冲击的能力就越强，银行就越安全。但如果流动性过多，银行可用于创造效益的资产就会减少，从而影响银行的营利性。因此，这三个原则在短期内存在冲突。而从长期看，这三个原则是不矛盾的，银行的盈利性原则是要保证长期的盈利而不是短期的盈利，这存在着一个综合盈利的问题，如果银行过度冒险经营，最终银行的总盈利仍然会小于稳健经营情况下的盈利。而银行的安全从根本上也是由银行的盈利所保证的，只有银行不断盈利，银行才会安全，才可能有充足的流动性。因此，银行经营的一个重要原则就是要在这三个原则之间正确处理短期和长期的关系，实现协调发展，最终实现银行的经营目标。

二、商业银行的经营管理理论

西方商业银行经营管理理论经历了资产管理理论、负债管理理论、资产负债综合管理理论的演变过程。自 20 世纪 80 年代后期以来，出现了一些新的发展，主要有资产负债外管理理论和全方位满意管理理论。

（一）资产管理理论

资产管理是商业银行的传统管理办法，其中资产流动性的管理占有特别重要的地位。随着经济环境的变化，银行经营业务的发展，其理论历经了如下三个不同发展阶段：

第一阶段，商业贷款理论，又称真实票据论。该理论认为：为了保持资金的高度流动性，贷款应是短期和商业性的；银行办理短期贷款一定要以借款人的真实交易为基础，要有真实的商业票据作为抵押或贴现。该理论的不足在于：未考虑经济发展对信贷多样化的需要、银行存款的相对稳定性和贷款清偿的外部条件，限制了商业银行的业务发展。

第二阶段，可转换理论。该理论认为，商业银行可以将一部分资金投资于可转让证券上。由于这些盈利资产能够随时出售，转换为现金，所以贷款不一定非要局限于短期和自偿性投放范围。可转换理论的产生，使商业银行资产范围扩大，业务经营更加灵活多样。但该理论的不足在于：不能从根本上解决银行的流动性问题。

第三阶段，预期收入理论。该理论认为银行回收贷款的资金来源应该是依靠借款人将来的预期收入。这种理论的提出，推动了商业银行业务向经营中长期设备贷款、分期付款的消费贷款和房屋抵押贷款等方面扩展。但它显然也有不足之处：银行的部分贷款由于期限长、预期收入难以把握，加大了银行信贷经营上的风险。

（二）负债管理理论

负债管理理论产生于20世纪60年代，这一理论的核心思想是将商业银行管理的重点由资产转向负债，主张以借入资金的办法来保持银行流动性，从而增加资产业务和银行收益。负债管理开创了保持银行流动性的新途径。这一理论的不足是：容易导致银行负债结构中的短期资金来源比重过大，增加了经营风险，提高了银行的融资成本。

（三）资产负债综合管理理论

资产负债综合管理理论认为，单纯的资产管理或负债管理，都难以在经营上达到安全性、流动性、收益性三者之间的均衡，只有对资产和负债同时进行协调管理，才能达到银行经营的总目标。自20世纪80年代延及今日，该理论一直都是多数商业银行主流的经营管理思想。

（四）商业银行经营理论的新发展

20世纪80年代后期以来，由于商业银行作为信用中介的地位受到削弱，银行发展的重心和银行竞争的焦点已逐渐转向金融服务领域，以服务为重点的经营管理理论应运而生。主要有资产负债外管理理论和全方位满意管理理论。资产负债外管理理论提倡从正统的银行资产、负债业务以外去寻找新的经营领域，开辟新的盈利源泉。全方位满意管理理论是在全面质量管理的基础上发展起来的。它强调企业全体与顾客满意的管理概念。顾客的绝对满意是这一理论的主要关心点和立足点，在追求"顾客绝对满意"的目标下，变革银行文化和组织制度。

三、商业银行资本管理

（一）银行资本及其构成

自有资本是银行最原始的资金来源，也称资本金。银行和其他企业一样，必须有一定的资本金才能从事相应的经营活动。资本金的规模大小在相当程度上制约着银行的发展。虽然银行可以通过吸收存款和进行短期借款来扩大资本规模，但是其前期的准备工作如筹建营业场所、购置设备等只能依靠自有资金。西方国家的商业银行设备购置费用一般要占其初始资本总量的20%左右。另外，银行自有资本规模的大小也是银行实力和信誉的象征，良好的信誉是维持公众信心的基础，而充足的资本又是银行声誉赖以树立的基本物质条件。再者，拥有一定规模的自有资本，也是监管部门商业银行的基本要求。国际银行业著名的《巴塞尔协议》对明确规定的自有资本包括附属资本和核心资本两大类。

1. 核心资本

核心资本包括股本和公开储备。其中股本包括：普通股和永久性的优先股。股本等于股票发行数量乘以每股面值，是股东行使所有权的依据。公开储备是以公开的形式，通过保留盈余和其他盈余，如股票发行溢价、未分配利润等反映在资产负债表上的储备。

2. 附属资本

附属资本包括未公开储备、重估储备、普通准备金、混合资本工具，例如可转换债券工具、永久性债务工具，以及长期附属债务等。

（二）资本充足性管理

1. 资本充足性的含义

资本充足性是指银行的资本应保持既能经受坏账损失的风险，又能正常运营，达到盈利的水平。这是衡量一家银行业务经营情况是否稳健的一个重要指标。资本充足性包含两个方面的含义：

（1）银行资本能够抵御其涉险资产的风险，即当这些涉险资产的风险变为现实时，银行资本足以弥补由此产生的损失；

（2）对于银行资本的要求应当适度，如果过高会影响金融机构的业务开展及其资产的扩张。《巴塞尔协议》规定，商业银行的最低资本额由银行资产结构的风险程度所决定，资产风险越大，最低资本额越高；银行最低资本额为银行风险资产的8%，其中核心资本不能低于风险资产的4%。

2. 提高资本充足率的途径有二：一是增加资本；二是降低风险资产总

知识链接：

如何计算商业银行的资本充足率

量。具体包括:
(1) 增加资本总量,主要包括增加核心资本和附属资本。
(2) 收缩业务,压缩资产总规模。
(3) 调整资产结构,降低高风险资产占比。
(4) 提高自身风险管理水平,降低资产的风险含量。

海南发展银行的关闭

1998年6月21日,中国人民银行发布公告,关闭刚刚诞生两年零10个月的海南发展银行。这是新中国金融史上第一次由于支付危机而关闭一家银行,因而不可避免地引起了社会各界的广泛关注。

海南发展银行成立于1995年8月,总部设在海南省海口市,并在其他省市设有少量分支机构。它是在合并原海南省5家信托投资公司的基础上,又吸收了40多家新股东而成立的。海南发展银行成立时的总股本为16.77亿元人民币,海南省政府以出资3.2亿元成为其最大股东。该银行关闭前有员工2800余人,资产规模达160多亿元。

如此规模的银行,为什么开业不到三年,就被迫关闭了呢?事实上,早在海南发展银行成立之时,就已经埋下了隐患。成立海南发展银行的初衷之一就是为了挽救一些有问题的金融机构。1993年,海南的众多信托公司由于大量资金压在房地产上而出现了经营困难。在这个背景下,海南省决定成立海南发展银行,将5家已存在问题的信托公司合并为海南发展银行。据统计,合并时这5家机构的坏账损失总额已达26亿元。有关部门认为,可以依靠公司合并后的规模经济和量化管理,使其经营好转,信誉度上升,从而摆脱困境。1997年年底,遵循同样的思路,有关部门又将海南省内28家有问题的信用社并入海南发展银行,从而进一步加大了其不良资产的比例。

但是合并后成立的海南展银行,并没有按照规范的商业银行机制进行运作,存在大量违法违规的经营行为。其中最为严重的,就是向股东发放大量无合法担保的贷款。股东贷款实际上是股东抽逃资本金的重要手段。有关资料显示,海南发展银行成立时的16.77亿元股本在建行之初,甚至在筹建阶段,就已经以股东贷款的名义流回股东手里。海南发展银行是在1994年12月8日经中国人民银行批准筹建,并于1995年8月18日正式营业的。但仅在1995年5月至9月间,就已发放贷款10.60亿元,其中股东贷款

9.20亿元，占贷款总额的86.71%。绝大部分股东贷款都属于无合法担保的贷款。一些股东贷款的用途根本不明确，实际上是用于归还用来入股的临时拆借资金。一些股东的贷款发生在其资本金到账后1个月内，入股单位实际上是"刚拿来，又带走；拿来多少，带走多少"。这种不负责任的违规行为显然无法使海南发展银行走上健康的道路。

由于上述原因，海南发展银行从开业之日起就步履维艰，不良资产比例大、资本金不足、支付困难、信誉差。在有关部门将28家有问题的信用实并入海南发展银行之后，公众逐渐意识到问题的严重性，既而出现了挤兑行为。持续几个月的挤兑耗尽了海南发银行的准备金，而其贷款又无法收回。为保护海南发银行，国家曾紧急调拨了34亿元人民币抵御这场危机，但只是杯水车薪。为控制局面，化解金融风险，国务院和中国人民银行当机立断，宣布于1998年6月21日关闭海南发展银行。

从宣布关闭海南发展银行起至其正式解散之日前，由中国工商银行托管海南省发展银行的全部资产负债。其中包括：接收并行使原海南发展银行的行政领导权、业务管理工作权及财务收支审批权；承接原海南发展银行的全部资产的负债，停止海南发展银行新的经营活动；配合有关部门清理原海南发展银行的财产，制定、落实原海南发展银行的清算方案和债务清偿计划。对于海南发展银行的存款，采取自然人和法人分别对待的办法，自然人存款即居民储蓄一律由中国工商银行兑付，而法人债权进行登记，将海南发展银行全部资产负债清算完毕以后按折扣率进行兑付。1998年6月30日，在原海南发展银行各网点开始了原海南发展银行存款的兑付业务。由于公众对中国工商银行的信任，兑付业务开始后并没有造成大量挤兑，大部分储户只是把存款转存至中国工商银行，现金提取量并不多。

本章小结

1. 商业银行的负债业务包括各项存款、短期借款、长期借款。

2. 商业银行的资产业务包括现金资产、贷款业务、贴现业务、证券投资业务。

3. 银行的中间业务包括支付结算类中间业务、银行卡业务、代理类中间业务、担保及承诺类中间业务、交易类中间业务、投资银行业务、其他类中间业务、咨询顾问类业务、基金托管业务。

4. 电子银行业务是指银行通过面向社会公众开放的通信通道或开放型公众网络，以及为特定自助服务设施或客户建立的专用网络等方式，向客户提供的离柜金融服务。该业务主要包括网上银行、自助银行、手机银行、电话银行以及其他离柜业务。

5. 安全性、流动性和营利性三性统一是各国商业银行普遍认同的经营与管理的一般原则。

6. 西方国家的商业银行经营管理理论经历了资产管理理论、负债管理理论、资产负债综合管理理论的演变过程。自20世纪80年代后期以来，该理论出现了一些新的发展，主要有资产负债外管理理论和全方位满意管理理论。

7. 商业银行资本金包括核心资本和附属资本，资本充足性是衡量一家银行业务经营情况是否稳健的一个重要标志。

任务检测

一、单项选择题

1. 普通居民存款属于（　　）。
   A. 活期存款　　　　　　B. 定期存款
   C. 储蓄存款　　　　　　D. 支票存款

2. 在西方国家商业银行的存款服务的种类中，下列哪个不是交易账户？（　　）
   A. 活期存款　　　　　　B. 可转让支付命令账户
   C. 自动转账制度　　　　D. 定期存款

3. 商业银行按一定的利率购进未到期票据的行为是（　　）。
   A. 回购协议　　　　　　B. 同业拆借
   C. 贴现　　　　　　　　D. 证券投资

4. 银行买进一张未到期票据，票面金额为10 000元，年贴现率为10%，票据50天后到期，则银行应向客户支付（　　）。
   A. 9 863元　　　　　　B. 9 000元
   C. 10 000元　　　　　 D. 9 800元

5. 下列（　　）不属于商业银行的现金资产。
   A. 库存现金　　　　　　B. 准备金
   C. 存放同业款项　　　　D. 应付款项

6. 商业银行最主要的资产业务是（　　）。
   A. 自有资本　　　　　　B. 现金资产
   C. 贷款　　　　　　　　D. 证券投资

7. 下列属于商业银行表外业务的有（　　）。
   A. 同业拆借　　　　　　B. 贷款承诺
   C. 证券回购　　　　　　D. 抵押贷款

8. 商业银行经营的首要原则是（　　）。
   A. 安全性　　　　　　　B. 流动性
   C. 营利性　　　　　　　D. 固定性

9. 1988年，国际清算银行通过的《巴塞尔协议》规定，核心资本不能低于风险资产的（　　）。

A. 10%　　　　　　　　　B. 8%
C. 6%　　　　　　　　　　D. 4%

10. 主张商业银行的资产业务应主要集中于短期自偿性贷款的经营管理理论是（　　）。

A. 商业贷款理论　　　　　B. 资产转移理论
C. 预期收入理论　　　　　D. 负债管理理论

二、多项选择题

1. 下列属于商业银行资金来源的是（　　）。

A. 再贴现　　　　　　　　B. 回购
C. 贴现　　　　　　　　　D. 贷款承诺
E. 储蓄存款

2. 下列属于商业银行资产业务的是（　　）。

A. 再贴现　　　　　　　　B. 证券投资
C. 贴现　　　　　　　　　D. 票据承兑
E. 贷款承诺

3. 下列属于商业银行中间业务的有（　　）。

A. 汇兑业务　　　　　　　B. 结算业务
C. 信托业务　　　　　　　D. 存款业务
E. 代理业务

4. 在《巴塞尔协议》中将资本划分为两类，它们是（　　）。

A. 补充资本　　　　　　　B. 债务资本
C. 核心资本　　　　　　　D. 附属资本
E. 债权资本

5. 商业银行经营管理的理论是随着经济和金融的发展不断演变的，资产管理是商业银行的传统管理办法。资产管理的重点是流动性的管理，其理论发展主要经历了（　　）不同的阶段。

A. 商业贷款理论　　　　　B. 可转换性理论
C. 持续收入理论　　　　　D. 预期收入理论
E. 资产组合理论

三、简答题

1. 商业银行的资金来源有哪些？
2. 商业银行的资产业务有哪些？
3. 商业银行的经营原则及相互关系。
4. 商业银行经营管理理论经历了几个发展阶段？其主要内容是什么？
5. 什么是资本充足性？商业银行提高资本充足率的途径有哪些？

四、案例分析

1. 【资料】

某市乙公司向甲公司购买钢材20吨，货款1 000 000元，双方在合同中约定采用银行承兑汇票方式结算货款，乙公司（信用等级A级）已于2018年9月10日开出汇票一张，请其开户行A银行承兑后交给甲公司，承兑汇票金额为1 000 000元，期限为3个月，于2018年12月10日到期。甲公司于2018年11月1日因急需资金周转向B银行申请贴现，B银行审查其合同复印件后同意予以贴现，假定贴现年利率为6%。银行实付金额为多少？

【要求】

总结商业银行贴现业务的具体程序，计算商业银行票据贴现的实付金额。

2. 【资料】

始于2007年年初的美国次级抵押信贷偿付危机在一年多的时间里席卷全球金融市场。这场次贷危机引发了全球股市的巨幅下挫，多家国际知名金融机构遭受巨额亏损，另有多家金融机构因此倒闭。在这场危机中，远离风暴中心的英国第五大抵押贷款机构北岩银行尤为引人注目，其直接持有与美国次级债相关的金融产品尚不到总资产1%，但当美国次贷危机波及欧洲短期资金市场时造成流动性紧缺，北岩银行流动性管理出现问题，融资出现困难，引发了英国近140年来首次"挤兑现象"。在短短几个交易日中，银行股价下跌了将近80%，而严重的客户挤兑则导致30多亿英镑的资金流出，该行存款总量亦不过240亿英镑。在陷入流动性危机泥潭长达6个月之久后，英国议会2008年2月21日通过了将其国有化的议案，授权该国政府将北岩银行的所有股份暂时归入其名下，并由独立的审计机构来计算股东的收益。这也成为了自20世纪70年代以来英国的首起企业国有化案例。

附：北岩银行2006年年末向消费者发放的贷款占比为85.498%，加上无形资产、固定资产，全部非流动性资产占比高达85.867%，而流动性资产仅占总资产的14.137%，特别是其中安全性最高的现金及中央银行存款仅占0.946%。在负债方，北岩银行最主要的两个融资渠道为消费者账户以及发行债务工具，特别是债务工具的发行占比高达63.651%。

【要求】

阅读资料并思考：

（1）北岩银行为什么会出现流动性危机？

（2）北岩银行的倒闭对我国银行有何借鉴意义？

实训项目

假设你是一家商业银行的雇员,你的主管提出下述问题,你将如何回答?

1. 本银行既不想保留过多的超额储备,但又害怕出现流动性危机,可以采取什么办法?

2. 本银行的一位值得信赖的老客户急需一笔资金,愿意以非常优厚的条件向本银行申请贷款,但是本银行的超额准备金却不够支出,是否应该拒绝这一申请呢?

3. 本银行出现意想不到的存款外流,引起准备金不足,可以采取哪些措施加以补救?采取这些措施的代价是什么?

4. 本银行从未因流动性不足而催还贷款、出售债券或向别的金融机构借款,在以后的经营活动中,是否应坚持这一传统?

5. 本银行为某公司开出的汇票进行承兑,但是汇票到期后,汇票的付款人却无力支付,银行应采取什么措施?

第五章 金融市场

 **学习目标**

知识目标

1. 了解金融市场的概念，构成要素等相关知识。
2. 掌握主要的货币市场及资本市场类型。
3. 掌握股票市场、债券市场、基金市场的运作。

技能目标

1. 学会区分现实生活中的各类金融市场。
2. 能够运用所学知识并利用现在金融市场上的各类投资工具进行简单的投资理财。
3. 能够掌握股票、基金等常用金融工具的市场操作流程。

 **首批回归 A 股独角兽企业名单诞生：BATJ 等 8 家**

2018 年 2 月 28 日下午，腾讯财经援引知情人士消息称，证监会发行部近日对相关券商作出指导，生物科技、云计算、人工智能、高端制造四大行业中的独角兽公司向证监会发行部报告，如果符合相关规定可以实行即报即审，不用排队。

3 月 3 日下午，据财新网报道，第一批入围 CDR 名单的企业已出炉，共有 8 家。除了百度、阿里巴巴、腾讯、京东（简称 BATJ）这四家外，还有携程、微博、网易以及香港上市的舜宇光学。前七家企业均是中国上市互联网公司的领头羊。

另一类公司被归位"新蓝筹"，包括富士康、滴滴、今日头条、美团点评等尚未上市的互联网和新经济巨头。这些企业的主营业务在中国，但均通过搭建 VIE 架构在私募市场募集美元资金，其上市目的地原均为海外，还未上市。

"科技性的企业肯定是要上的,这符合中国当前经济转型升级大逻辑,先用大个头来培育市场,再试运行过程中堵漏洞,大势不可逆,"内地交易所的人士表示。

之前,巨人网络和 360 这两家中概股公司成功回归 A 股。目前,两家公司的市值分别为 664.00 亿元和 3 584.92 亿元,相比退市时增长近 4~5 倍。此外,万达商业等公司也在筹备回 A 事宜。

周鸿祎在 360 回归 A 股当天就曾表示:"360 回归 A 股只是一个开始,未来会有更多优质的互联网企业登陆 A 股"。

资料来源:http://36kr.com/p/5121847.html

案例讨论:独角兽回归 A 股,是利好还是利空呢?

第一节 概述

一、金融市场的概念

金融市场是指以金融资产为交易对象而形成的供求关系及其机制的总和,它包括如下三层含义:①它是金融资产进行交易的一个有形和无形的场所;②它反映了金融资产的供应者和需求者之间所形成的供求关系;③它包含了金融资产交易过程中所产生的运行机制,其中最主要的是价格(包括利率、汇率及各种证券的价格)机制。

金融资产是指一切代表未来收益或资产合法要求权的凭证,亦称为金融工具或证券。金融资产可以划分为基础性金融资产与衍生性金融资产两大类。前者主要包括债务性资产和权益性资产;后者主要包括远期、期货、期权和互换等。

金融市场首先产生于 17 世纪的欧洲大陆,当时的欧洲正处于大航海时代。欧洲各国兴起海上冒险,做海外贸易能给人们带来很丰厚的收益。一方面,从商人和贵族的角度来看,要想成功进行海外贸易所面临的风险太高,虽然他们有钱可以单独进行海外贸易,但是当时的航海水平还难以应付海外贸易带来的风险,主要风险来自于沉船和海盗打劫,一旦遭遇风险,就会使贵族倾家荡产。另一方面,众多的老百姓由于资金比较匮乏很难独自负担一艘轮船的费用,他们也只能眼睁睁地看着这种赚钱机会而不能参与。1602 年荷兰东印度公司的成立解决了这个难题,荷兰人开始面向全社会征集资金,每个人只要手中有闲钱就可以投资入股,收益共享,风险共担。于是,小到女仆,大到荷兰政府,都可以成为东印度公司的股东。当

知识链接：

西方金融中心——纽约华尔街

时牛顿就是东印度公司的股东之一。由于规模的增加，提高了东印度公司抗击风险的能力，使海外贸易的不确定性大大降低，这就是最早的股票市场。正是由于金融市场的建立，推动了地中海沿岸经济的高速发展。1608年，荷兰建立了世界上最早的证券交易所—阿姆斯特丹证券交易所。1611年，阿姆斯特丹证券交易所大厦建成，标志着金融市场的形成。

二、金融市场的构成要素

金融市场是一个有多种元素构成的有机整体，这些元素互相配合、互相依赖，共同保证了金融市场有效而顺畅地运行。金融市场的构成要素主要有四个：交易主体、交易对象、交易媒体和交易价格。

（一）交易的主体——金融市场的参加者

金融市场的交易主体，也就是金融市场的参与者，是指参与金融市场交易活动而形成的资金的供给者和资金的需求者。在现在的社会中，同时存在着不同的利益主体，包括投资者（资金的盈余方），筹资者（资金的短缺方），金融的中介机构和监管者等。他们参与金融交易的动力主要来自于对资金收益或者回报的追求，交易的主体可以具体划分为：

1. 居民个人

在各国金融市场上，居民往往是最大的资金供给者。居民的货币收入除用于日常消费以外，会有一定的剩余。居民将这部分闲置的货币存入银行、购买各种债券、企业股票或保险单等金融工具，这就成为金融市场上重要的资金来源。当居民收入或储蓄不足以应付急需或购买价值高、使用周期长的高档耐用消费品时，便作为资金需求者到金融市场上筹集资金，如向银行贷款、转让有价证券等。

2. 工商企业

企业在金融市场中既是资金的供给者，又是资金的需求者。一方面，企业在生产经营过程中会形成一部分暂时闲置的货币资金，如公积金、折旧、未分配盈余、纳税准备金以及在周转中暂时不用的流动资金等。企业既可以选择存入银行，也可以购买各类有价证券，从而成为金融市场上的资金供给者。另一方面，企业又是金融市场上最大的资金需求者，其生产经营所需的短期资金，主要通过向银行短期借款和在票据市场上进行票据贴现等形式筹措。企业进行固定资产投资、技术改造所需的长期资金则主要是通过向银行申请中长期借贷、在证券市场上发行股票和债券等途径来解决。

3. 各类金融机构

商业银行与其他金融机构也是金融市场上最重要的参与者，它们在资金融通过程中为盈余单位和赤字单位充当媒介或桥梁。商业银行等间接性金融机构一方面通过吸收公众存款、向中央银行申请再贴现、再贷款等方式筹集资金，成为金融市场中的债务人。另一方面，它们又通过办理贷款、贴现等业务将所筹集的资金运用出去,因而又同时扮演着债权人的角色。证券公司、投资银行等直接性金融机构则主要是通过办理证券承销、代理客户买卖证券等业务使资金从盈余单位直接流向赤字单位。其他金融机构也通过各种方式从金融市场筹集资金或者向金融市场供给资金。

4. 政府部门

政府部门在收支过程中也经常会有一部分闲置资金,形成金融市场中商业银行等金融机构的短期资金来源。但多数情况下,政府是以赤字单位的身份在金融市场上发行国库券、中长期公债券筹集资金,用以调节暂时性的收支不平衡、弥补财政赤字或用于经济建设。

5. 中央银行

中央银行作为市场参与者,虽然也在金融市场上买卖政府公债、外汇等,但其参与资金交易的目的是为了实施货币政策,调节和控制货币供应量,或者稳定汇率,而不是为了融通资金或在交易中获利。所以,中央银行既是金融市场的行为主体,也是金融市场的监管者。

金融市场的参与者对于金融市场的发展是有重要意义的:交易主体的多寡决定了金融市场的规模大小和发达程度;主体之间的竞争可以促进金融创新;交易主体可以影响金融市场的广度、深度和弹性。

金融市场的广度是指市场参与者的类型复杂程度。一个有广度的金融市场的主要特征是同时有多个不同类型的参与者入市,且其入市的目的各不相同。在金融市场中,参与者的类型和数量越多,那么该市场被某些人所操纵的可能性就越小,从而市场价格就越能充分地反映目前的供求情况和对未来的预期。

金融市场的深度主要是指市场中是否存在足够大的成交量,从而可以保证某一时刻,一定范围内的成交量变动不会导致市价的失常波动。从另一个角度来讲,一个有深度的市场必须拥有相当规模的市值。

金融市场的弹性是指应付突发事件的能力及大额成交后均衡价格迅速形成的能力。在一个有弹性的市场上,对于供求双方的突然变动,市价总能迅速灵活地调整到保持供求均衡的水平上。金融市场的弹性强调了市场价格机制的机动灵活性。

(二)交易对象——金融工具

金融市场的交易对象是指金融交易主体进行交易的标的物,从本质上来说,交易主体所追求的是货币资金这种无差别的、单一的特殊商品。但是货币资金的转移和一般的商品交易不同的是,商品交易表现为商品所有权和使用权的同时转移,而金融交易大部分只表现为货币资金使用权的转移。所以,货币资金的转移往往需要借助金融工具这种载体才能实现。从形式上来说,金融市场的交易对象应该是金融工具。

金融工具,也叫信用工具,是一种可以用来证明债务债权关系的、并据以进行货币交易的一种合法凭证,其特点是具有法律效力和规范化的书

想一想:
中国股票市场的广度、深度和弹性如何呢

面格式。金融工具种类繁多,不同的交易方式可以用不同的交易工具来完成,例如汇票和本票可以用来满足短期的融资需要;债券和股票可以用来满足长期的融资需要等。正是由于金融工具的存在,才使得金融交易成为可能。金融工具的不断创新,势必会带来金融市场的不断完善和发展。

(三) 金融市场的媒体

金融市场的媒体是指充当交易中介,从事交易或促使交易完成的组织或个人。它与金融市场主体一样,都是金融市场中的参与者,但两者之间又存在着重要的区别。金融市场中介参与金融市场活动的目的是获取佣金,其本身并非真正的资金供给者或需求者。金融市场中介在金融市场上发挥着促进资金融通、降低交易成本、构造和维持市场运行的作用。金融中介可分为两类:交易中介和服务中介。交易中介通过市场为买卖双方成交撮合,并从中收取佣金,包括银行、有价证券承销人、证券交易经纪人、证券交易所和证券结算公司等。服务中介本身不是金融机构,但却是金融市场上不可或缺的,如会计师事务所、律师事务所、投资顾问咨询公司和证券评级机构等。

(四) 金融市场的交易价格

在市场当中,有交易就要有价格。价格是买卖双方在交易金融产品时,通过对各种因素的权衡而做出的一种决定,价格的高低直接决定了买卖双方未来收益的多少。金融市场上的交易价格主要是各种利率、汇率、有价证券价格等。金融市场上存在着多种利率,如各种存贷款利率、回购利率、贴现率、同业拆借利率等。由于货币资金具有流动性和同质性,各种利率之间有着密切的联系和较强的联动性。此外,债券市场、股票市场上的交易价格就是债券、股票等有价证券在二级市场上的成交价格,通常与市场利率呈反方向变动。在外汇市场上,外汇的交易价格则表现为汇率。可见,金融市场的交易价格不同于商品市场的商品交易价格,众多的影响因素使金融市场的价格异常复杂。一般而言,一个有效的金融市场必须具有一个高效的价格运行机制才能正确地引导金融资产的合理优化配置。

三、金融市场的分类

金融市场是一个复杂的体系,包含许多具体的、相互独立但又有紧密关联的子市场,可以按照不同的标准进行分类。

(一) 按照金融工具的期限,金融市场可以划分为货币市场和资本市场

1. 货币市场

货币市场又叫短期金融市场,融资期限一般在一年以内,其功能在于满足交易者的资金流动性需求。由于短期金融工具流动性较强,可以在金融市场上灵活兑现,一般短期金融工具被称为"准货币"。

2. 资本市场

资本市场又叫长期金融市场，融资期限在一年以上，主要满足工商企业的中长期投资需求和政府弥补财政赤字的资金需要。其流动性较差，但是收益性和风险性较高。

（二）按照资金的融通方式，金融市场可以划分为直接金融市场和间接金融市场

1. 直接金融市场

直接金融市场，就是资金盈余单位与资金短缺单位不通过金融中介机构而直接发生借贷关系，或者借助于投资银行等中介机构，由资金盈余单位直接购入资金短缺单位发行的股票、债券等金融工具，从而使资金直接从盈余单位流向资金短缺单位的金融市场。

2. 间接金融市场

间接金融市场，就是资金盈余单位与资金短缺单位通过金融中介机构进行资金融通的一种市场。在这种市场当中，借贷双方不直接发生借贷行为，而是通过中介机构的"牵线搭桥"而间接的发生借贷关系。银行的放贷行为就是一种典型的间接融资方式。

（三）按照金融交易的程序，金融市场可以划分为发行市场和流通市场

1. 发行市场

发行市场也称初级市场或一级市场，是发行人以筹集资金为目的，按照一定的法律规定和发行程序，向投资者出售票据和证券等金融工具的场所。

2. 流通市场

流通市场也称次级市场或二级市场，是指已经发行的证券等金融工具在不同的投资者之间进行转让和交易的场所。例如我们常见的证券交易所内的股票的买卖，就是典型的二级市场。

（四）按照金融交易是否存在固定场所，金融市场可以划分为有形市场和无形市场

1. 有形市场

有形市场是指具有固定的交易场所的金融市场，交易主体在这些场所中完成金融交易。例如，商业银行的营业网点、证券交易所的交易大厅就是典型的有形市场。在有形市场里交易主体必须亲自到现场进行交易，并且有专门的服务人员进行交易的办理。

2. 无形市场

无形市场是指没有固定的交易场所，交易主体无须到现场进行交易，主要是通过电话、电报、电传、电脑网络等进行金融交易。随着电讯事业日益发达，越来越多的金融交易可以通过无形市场来完成。

但有形市场和无形市场不能截然分开，无形市场往往建立在有形市场

> **拓展阅读**
>
> **纳斯达克股票交易所**
>
> 纳斯达克（Nasdaq）是全美证券商协会自动报价系统（National Association of Securities Dealers Automated Quotations）的英文缩写，但目前已成为纳斯达克股票市场的代名词。信息和服务业的兴起催生了纳斯达克。纳斯达克始建于1971年，是一个完全采用电子交易、为新兴产业提供竞争舞台、自我监管、面向全球的股票市场。纳斯达克是全美也是世界最大的股票电子交易市场。每天在美国市场上换手的股票中有超过半数的交易在纳斯达克上进行的，将近有5400家公司的证券在这个市场上挂牌。
>
> 资料来源：百度百科。

（五）按照金融交易的交割时间，金融市场可以划分现货市场和期货市场

现货市场，是指交易双方达成交易意向后，在两个交易日内进行金融工具交割的金融市场。期货市场，是指交易双方达成交易意向后并不立即交割，而是在合约所规定的日期进行交割，一般交易和交割的时间在两个交易日以上。

> **想一想：**
> 股票市场是一个现货市场还是期货市场

（六）按照地域进行划分，金融市场可以划分为国内金融市场和国际金融市场

1. 国内金融市场

国内金融市场，是指本国投资者之间进行以本币计价的金融工具的交易而形成的金融市场。金融交易的作用和范围仅限在一国之内。国内金融市场又可以划分为全国性的金融市场和地方性的金融市场。例如，中国的上海证券交易所和深圳证券交易所都是全国性的金融市场。在中国的很多地方还有一些自发组织起来的电子化的交易平台，虽然不是很规范，但是也构成了地方性的金融市场。

2. 国际金融市场

国际金融市场，是指金融资产的交易是跨越国界进行的金融市场。国际金融市场根据资金在国家间流动的方式和发展阶段的不同可以进一步划分为在岸市场和离岸市场。

（1）在岸市场是指借款人在其本国以外的某一个国家发行的、以发行地所在国的货币为面值的证券。例如，一个非美国的主体在美国的金融市场上发行的以美元计价的债券，我们称之为扬基债券；一个非日本的主体在日本的金融市场上发行的以日元计价的债券，我们称之为武士债券，这些都是典型的在岸市场。

（2）离岸市场，又叫欧洲市场，是指借款人在债券票面货币发行国以外的国家发行的金融证券。例如，法国一家机构在英国债券市场上发行的以美元为面值的债券即是欧洲债券。欧洲债券的发行人、发行地以及面值货币分别属于三个不同的国家。

（七）按照交易对象进行划分，金融市场可以划分为资金市场、外汇市场、保险市场、黄金市场和衍生金融工具市场

1. 资金市场

资金市场，是指融通资金的市场。期限在1年以下的是货币市场，在1年以上的是资本市场。

2. 外汇市场

外汇市场，是指由各国中央银行、外汇银行、外汇经纪人和客户组成的买卖外汇的交易系统。外汇市场主要是指外汇供求双方在特定的地区内，通过现代化的电讯设备及计算机网络系统来从事外汇买卖的交易活动。因此，不需要必须设有具体的交易场所。按外汇交易的方式来划分，外汇市场有有形市场和无形市场之分。

（1）有形市场，是指从事交易的当事人在固定的交易场所和规定的营业时间里进行外汇买卖的市场。例如欧洲大陆的法国巴黎、德国的法兰克福、比利时的布鲁塞尔等国家的外汇市场。由于其受到时间和空间的限制，不能满足交易者的多样化需求，因此不是外汇市场主要形式。

（2）无形市场，是指一个由电话、电报、电传和计算机终端等现代化通信网络所形成的一个抽象的市场。这种外汇市场没有固定的外汇交易场所，突破了时间和空间的限制。抽象的外汇市场形式普遍流行于英国、美国、瑞士、远东等国家和地区。所以人们一般都将典型的外汇市场理解为一种抽象市场。

3. 黄金市场

黄金市场，是进行黄金交易的市场。其早在19世纪初就已形成，是最古老的金融市场。现在，世界上已发展到40多个黄金市场。其中伦敦、纽约、苏黎世、芝加哥和香港的黄金市场被称为五大国际黄金市场。伦敦黄金市场一直是西方最主要的黄金市场。在中国也有专门的黄金交易所——上海黄金交易所。上海黄金交易所主要针对的是珠宝市场。在上海黄金交易所交易的品种，其纯度是99.99%与99.95%的黄金，最小提货单位分别为1千克和3千克，并均以元/克进行标价。上海黄金交易所主要向珠宝行业提供黄金。在未来，随着中国自由化不断开放，上海黄金交易所将会更加令人关注。另外，印度和迪拜的黄金和商品交易所地位也日益重要。

黄金场外交易市场是指买卖双方不在交易所内，而是直接进行黄金交易的场所。全球场外黄金交易由场外黄金现货、黄金远期和期权、交易所内进行的期货；期权以及其他更复杂的黄金衍生品，如互换交易等构成。场外交易包含特别的条款与条件，而且交易双方要对每一笔交易进行违约

风险管理和信贷安排。因此，场外交易具有高度的灵活性，全球黄金交易的大部分都是在场外交易市场上进行的。

全球黄金场外交易市场 24 小时运行，主要是伦敦、纽约和苏黎世这三个批发市场。尽管这些市场具有较大灵活性，但由于其最小交易规模不少于 1 000 盎司，因此其流通性受到限制。由于主要的场外交易市场分布在不同的时区，所以批发市场的日流量会根据一天的不同时间而变化。

4. 衍生金融工具市场

衍生金融工具市场，是进行远期、期货、期权、互换等新型金融资产交易的市场。其中金融远期合约是在现货交易的基础之上衍生而来的，是指买卖双方约定在未来的某一确定时间，按确定的价格买卖一定数量的某种金融资产的合约。期货交易是指在将来某一特定的时间和地点交割一定数量和质量商品的标准化合约。金融期权，是一种选择权，指是一种能在未来某特定时间以特定价格买入或卖出一定数量的某种特定商品的权利。金融互换是约定两个或两个以上当事人按照商定条件，在约定的时间内，交换一系列现金流的合约。

四、金融市场的功能

（一）聚敛功能

由于资源和资金分配的不均衡，在任何时刻都存在着资金的盈余方和资金的短缺方。资金的盈余方有很强的投资需求。资金的短缺方有很强的筹资需求。金融市场多样化的金融工具以及其灵活多样的交易形式，高效的运作机制满足了不同的投资者和筹资者的需求。金融市场强大的吸引力使众多的闲散资金闻风而来，经过金融市场的运作以后，投资者的资金转化成了筹资者的资本，小规模的闲散资金转变成了大规模的生产资金，金融市场的聚敛功能使资金在时间和空间上重新进行分配，提高了资金的使用效率，节约了交易成本。

（二）配置功能

中国有句俗话说得好，"人往高处走，水往低处流"，这里的水可以看成是资金，资金的逐利性使资金总是寻找价值洼地，以便获得高额利润。所以说资金总是"流向"那些最有发展潜力，最能为投资者带来最大利益的产业和行业。以货币资金为交易对象的金融市场在利率机制的引导下，在交易者的互相竞争中很好的放大了资金的这一特点，金融市场的配置功能使有限的资金在利益的驱使下被最大限度的合理利用。

（三）调节功能

调节功能是指金融市场对宏观经济的调节作用。金融市场一边连着储蓄者，另一边连着投资者，金融市场的运行机制通过对储蓄者和投资者的影响而发挥作用。

在金融市场大量的交易中，投资者为了确保获得高额的回报，在进行交易之前，一定会利用一切信息对投资对象进行客观的分析，从而做出投资决策。只有符合市场需要、效益高的投资对象，才能获得投资者的青睐。而且，投资对象在获得资本后，只有保持较高的经济效益和较好的发展势头，才能继续生存并进一步扩张。否则，其证券价格就会下跌，继续在金融市场上筹资就会面临困难，发展就会受到后续资本供应的抑制。一个成熟的金融市场总是能够通过证券价格的上升与下跌准确反映出企业的盈亏状况，进一步引导投资者的资金流向效益好、有增长潜力的微观经济部门。因此，金融市场通过其特有的引导资本形成及合理配置资源的机制首先对微观经济主体产生影响，进而形成一种对宏观经济的自发调节机制。

（四）反映功能

金融市场的反映功能主要是说明金融市场对一国经济准确的预测功能，从这个层面上来说，金融市场被誉为一国经济的"晴雨表"。金融市场对于一国经济的变化都能提前做出判断，给投资者和各级政府的决策提供最为不可或缺的信息。首先，金融市场的生存法则和我们生物学上的生存法则是一样的，都是优胜劣汰。能够在金融市场上打拼的投资者都是"久经考验"的老战士，他们都是历经金融市场沉浮，大浪淘沙而留下来的优秀金融人才。他们长期在金融市场上"摸爬滚打"，都已经练就了一套在金融市场上打拼的本领，对一国经济动向的把握都具有自己独到的见解，由他们主导的金融市场绝对能够引领一国经济发展的潮流。其次，金融市场是一个公开的市场，所有的上市企业都要定期公开自己的财务信息，让投资者进行查阅，并且现在的金融市场已经具备了广泛而及时的搜集信息和传播信息的通信网络，能够及时准确的传递相关的经济信息，金融市场各种产品的走势已经成为我们了解国家经济和世界经济的第一手资料。

五、金融市场的发展趋势

（一）金融全球化

在经济开放的大趋势下，金融全球化已经成为现在金融市场发展的一个重要的趋势，伴随着各国对于金融管制的减少以及现在通信设备的快速发展，资本在国家间的流动也日益迅速，各国之间的金融市场的联系也越来越紧密。一些著名的国际金融中心可以实现24小时不间断的金融交易，世界范围内的任何经济波动都会迅速通过国际金融市场传遍世界的每一个角落。

金融的全球化促进了国际资本的流动，使稀缺资源可以在国际范围内得到合理的配置，促进各国经济的共同增长，但是对于一些发展中国家而言，金融风险的防范就变得尤为困难。2008年发生在美国的次贷危机，就是借助于金融全球化的去趋势蔓延到全世界，给全世界的经济带来了很大的影响，到现在还没有完全消除。

> **想一想：**
> 一国政府应如何利用金融市场调节一国经济呢

(二) 金融自由化

金融自由化的趋势是指 20 世纪 70 年代中期以来在西方国家，特别是发达国家所出现的一种逐渐放松甚至取消对金融活动的一些管制措施的过程。其主要表现为：①减少或取消国与国之间对金融机构活动范围的限制；②对外汇管制的放松或解除；③放宽金融机构业务活动范围的限制，允许金融机构之间的业务适当交叉；④放宽或取消对银行的利率管制。

金融自由化导致了金融竞争地更加激烈，这在一定程度上促进了金融业经营效率的提高。金融自由化也极大地促进了资本的国际自由流动，有利于资源在国家间的合理配置，在一定程度上促进了国际贸易的活跃和世界经济的发展。

金融自由化也同样面临着诸多问题。国际资本的自由流动，既有机遇，也充满了风险。2007 年，由于泰国铢的自由兑换所引发的东南亚金融危机就是由于金融自由化所带来的恶果。在金融体系还不成熟的发展中国家，盲目的金融自由化会来带一国金融体系的动荡。金融自由化对金融机构的稳健经营提出了较高的要求，也还给货币政策的实施及金融监管带来了困难。

(三) 资产证券化

资产证券化是指将缺乏流动性的资产，转换为在金融市场上可以自由买卖的证券的行为，使其具有流动性。资产的证券化极大地提高了资产的流动性，使不同的资产都可以通过这种形式进入到金融市场，通过证券的买卖，使债务被重新安排，风险也被分散。这也给众多的投资者提供了更多的可选择的证券种类。

但是，在我们看到资产证券化有利的一面的同时，也应看到，资产证券化中的许多资产实际上是一些风险较大的资产，债券化的面具掩盖了其标的物本身所具有的高风险，标的资产所固有的风险也不可避免地影响新证券本身的质地。资产的证券化涉及多个当事人，资产证券化中的风险就表现出一定的复杂性，一旦处理不当，就会影响整个金融体系的稳定。同时，资产证券化也使金融监管当局在信贷扩张及货币供应量的估计上面临更复杂的问题，对金融的调控监管产生一定的不利影响。

(四) 金融工程化

所谓金融工程是指将工程思维引入金融领域，综合采用各种工程技术方法（主要有数学建模、数值计算、网络图解、仿真模拟等）设计、开发新型的金融产品，创造性地解决金融问题。这里的新型和创造性指的是金融领域中思想的跃进、对已有观念的重新理解与运用，或者是对已有的金融产品进行分解和重新组合。金融工程化体现了一种金融创新的思维，高科技在金融领域内的应用，创造出了更多多样化的金融工具，满足人们多样化的投资需求，金融工程化的趋势为人们创造性地解决金融风险提供了空间。但是，金融工程化也使金融工具变得越来越复杂。人们的贪婪是无法满足的，在贪婪的驱使下创造出来的金融工具，其背后隐藏着更大的风险，因此金融工程化越来越让金融投资成为少数人的游戏。

第二节 货币市场

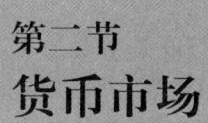

一、货币市场的含义和特点

货币市场是融资期限在一年以内的短期资金交易市场。与资本市场相比，货币市场有三个主要特征：

（一）交易期限短

交易期限短是货币市场最基本的特征。这类货币市场交易的目的主要是为了满足短期资金周转的需要，并为资金盈余者提供获取短期收益的机会，既满足了流动性，又保证了一定的收益性。该期限最短的只有一天，最长的一般不超过一年，以3个月~6个月者居多。

（二）流动性强，风险小

投资者可以根据需要随时在市场上把金融工具转换成现金或者其他近似于货币的金融工具，所以在西方国家，货币市场上的金融工具被称为"准货币"，并且由于短期金融工具收益有限，价格平稳，遭受损失的可能性很小，所以风险很低。

（三）货币市场是一个批发市场

在货币市场上，其流动性强，风险性小的特点，为那些暂时闲置的大额短期资金提供了一个很好的场所。特别是一些大型的机构投资者，例如中央银行、商业银行、基金公司、大企业机构，政府部门等都是货币市场的常客。这些机构的闲置资金数量巨多，货币市场无疑是一个最好的"避风港"，既不会丧失未来的投资机会，又可以带来一定的投资收益。

按照交易的内容和方式的不同，货币市场又可分为同业拆借市场、国库券市场、票据市场、回购协议市场、可转让大额定期存单市场及银行短期信贷市场等子市场。

二、同业拆借市场

同业拆借市场又叫同业拆放市场，是指银行等金融机构之间为了满足临时性资金周转的需要而进行的短期资金融通的市场。同业拆借市场主要满足的是金融机构日常经营活动中产生的头寸余缺调剂的需要。同业拆借市场有如下特点：

（一）主体是银行等金融机构

同业拆借市场的主要参与者首推商业银行。商业银行既是主要的资金供应者，又是主要的资金需求者。由于同业拆借市场期限较短、风险较小，许多银行都把短期闲置资金投放于该市场，以及时调整资产负债结构，保持资产的流动性。特别是市场份额有限、承受经营风险能力脆弱的中小银行，更是把同业拆借市场作为短期资金运用的经常性的场所，力图通过该市场提高资产质量，降低经营风险，增加利息收入。非银行金融机构也是金融市场上的重要参与者。非银行金融机构如证券商、互助储蓄银行、储蓄贷款协会等参与同业拆借市场的资金拆借，大多以贷款人身份出现在该市场上，但也有需要资金的时候，如证券商的短期拆入。此外，外国银行的代理机构和分支机构也是同业拆借市场的参与者之一。同业拆借市场的功能范围有了进一步的扩大，并促进了各种金融机构之间的密切联系。

（二）融资期限极短

同业拆借市场的拆借期限是按照日来计算的，最短的是几个小时或者隔夜，例如日本有"半日拆借"。拆借期限为1日、2日、5日等，一般不超过一个月；也有期限较长的，有1个月、2个月、3个月或者9个月，但是不会超过1年。

（三）拆借金额大，风险较小

由于同业拆借市场的参与者都是有严格限制的，都是一些信用比较良好的金融机构，他们之间的拆解数额一般都较大，每笔交易都在百万元以上，同业拆借基本上是信用拆借，严格的市场准入机制使同业拆借市场的风险非常的低。

（四）拆借利率变化敏感

同业拆借的利率按照日来计息，因此拆借利率成为"拆息率"。金融机构作为金融市场上最核心的中介机构，他们之间的资金拆借最能及时的反映出借贷资金的供求状况。由此决定的拆息率，每天都在变化，高度灵敏的反映着货币市场资金的供求状况。可以这么说，在利率体系当中，拆息率最能代表货币市场的资金价格，是最市场化的利率。在西方发达国家都把同业拆借利率定为基准利率，是确定其他资金价格的参照利率。例如，英国的拆借利率LIBOR，就是国际市场上公认的基准利率。国际上的浮动利率都是以LIBOR为基准进行浮动的。

2007年1月4日，全国银行间同业拆借中心发布了中国基准利率的雏形"上海银行间同业拆放利率"(Shanghai Interbank Oflered Rate,Shibor),为中国的利率市场化改革奠定了良好的基础。

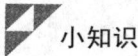 小知识

上海银行间同业拆放利率

上海银行间同业拆放利率是由信用等级较高的银行组成报价团自主报出的人民币同业拆出利率计算确定的算术平均利率,是单利、无担保、批发性利率。目前,对社会公布的 Shibor 品种包括隔夜、1 周、2 周、1 个月、3 个月、6 个月、9 个月及 1 年。

Shibor 报价银行团现由 18 家商业银行组成。报价银行是公开市场一级交易商或外汇市场做市商,在中国货币市场上人民币交易相对活跃、信息披露比较充分的银行。

全国银行间同业拆借中心受权 Shibor 的报价计算和信息发布。每个交易日根据各报价行的报价,剔除最高、最低各 4 家报价,对其余报价进行算术平均计算后,得出每一期限品种的 Shibor,并于 11:30 对外发布。

三、回购市场

回购市场是指通过回购协议进行短期资金融通的市场。回购协议,指的是资金的需求者在出售证券资产的同时,和证券的购买商签定协议,约定在一定期限后按约定价格购回所卖证券,从而获得可用资金的一种资金融通行为。

回购协议本质上就是一种抵押贷款。和一般的抵押贷款不同的是,回购协议是一种以较高信用的证券特别是政府债券做质押的一种贷款方式,并且其回购期限较短,从 1 天到数月不等。有些回购只有一天的时间,被称为隔夜回购。综合以上两个特点,可以说回购协议实质上就是以优质证券为质押物的短期抵押贷款。

当回购协议签订后,融资方为了获得所需要的资金,临时性的出售其持有的证券以换回即时可用的资金,从表面上看好像是融资方卖出证券换回来的资金,而实际上,融资方是从金融市场上借来了一笔资金,等协议到期后,在用这笔钱做相反的操作,赎回自己所持有的证券;从购买者的角度去看,购买方以获得证券的质押为条件临时性地放弃了资金的使用权,到期归还给对方质押的证券,并且收回借出的资金并取得一定的利息收入。从交易流程来看,回购协议就是一种融资行为,并不是一种买卖行为。

2018年6月21日，我国中央银行进行了600亿元7天、400亿元14天逆回购操作，当日有700亿元逆回购到期，净投放300亿元。分析人士认为，央行适时的流动性供给，将为货币市场流动性提供托底支撑，同时市场机构对年中流动性潜在风险也有较充分的预期并有所准备。年中流动性实际状况可能好于预期。

资料来源：中国证券报，2018年6月21日。

四、票据市场

商业票据市场主要是指商业票据的流通及转让市场，包括票据承兑市场和票据贴现市场。

（一）票据承兑市场

承兑是指汇票到期前，汇票付款人或指定银行确认票据记明事项，在票面上做出承诺付款并签章的一种行为。汇票之所以需要承兑，是由于债权人作为出票人单方面将付款人、金额、期限等内容记载于票面，从法律上讲，付款人在没有承诺前不是真正的票据债务人。经过承兑、承兑者就成了汇票的主债务人。因此，只有承兑后的汇票才具有法律效力，才能作为市场上合格的金融工具转让流通。由于承兑者以自己的信用做保证，负责到期付款，故若委托他人或银行办理承兑，需支付承兑手续费。在国外，汇票承兑一般由商业银行办理，也有专门办理承兑的金融机构，如英国的票据承兑所。

（二）票据贴现市场

票据贴现是指票据持有者为取得现金，以贴付利息为条件向银行或贴现公司转让未到期票据的融资关系。票据贴现可以使工商企业的资本从票据债权形式转化为现金形式，从而有利于资金周转，使资金循环顺利进行。贴现交易的工具是经过背书的汇票和本票以及政府国库券与短期债券。商业银行贴入票据，目的在于获取利润，一般情况下，会将购入票据保存到期，向承兑人收取票款，还复本息。如在实际经营中急需资金，商业银行可用贴入票据向中央银行再贴现，中央银行运用再贴现率来调节或控制商业银行的信贷规模，保持适当的市场货币供给量。

五、大额可转让定期存单市场

大额可转让定期存单（简称CDs），是商业银行发行的具有固定期限和

知识链接：
2018年上半年票据市场运行分析报告

一定利率，并且可以随时转让的金融工具。大额可转让定期存单发行和流通的场所，被称为大额可转让定期存单市场。

第一张大额可转让定期存单产生于 20 世纪 60 年代的美国，是由美国花旗银行于 1961 年创造的，是为了逃避美国的 Q 条例对于商业银行存款利率的限制而产生的，可以说是一种金融创新。Q 条例规定，商业银行的活期存款不能支付利率，而定期存款有存款利率上限的限制。20 世纪 60 年代，美国市场利率上扬，高于 Q 条例规定的上限，造成美国商业银行的存款大规模流失，大量存款流入金融市场寻找新的投资机会。为了吸引客户，大额可转让定期存单便应运而生，CDs 突破了以往商业银行定期存款只有到期才能变现的规定。CDs 不仅利率高，还可以随时在市场上变现，兼有活期存款和定期存款的双重优势，对于吸收存款有极大的好处。

同传统的定期存款相比，大额可转让定期存单具有以下几点不同：①定期存款记名、不可流通转让；而大额定期存单则是不记名的、可以流通转让。②定期存款金额不固定，可大可小；而可转让定期存单金额较大，在美国向机构投资者发行的 CDs 面额最少为 10 万美元，二级市场上的交易单位为 100 万美元，但向个人投资者发行的 CDs 面额最少为 100 美元。在香港最少面额为 10 万港元。③定期存款利率固定；可转让定期存单利率既有固定的，也有浮动的，且一般来说比同期限的定期存款利率高。④定期存款可以提前支取，提前支取时要损失一部分利息；可转让存单不能提前支取，但可在二级市场流通转让。

大额可转让定期存单的优点主要是：①从储户的角度来讲，大额可转让定期存单兼具活期存款与定期存款的双重优势，既可以突破活期存款没有利率的限制，又可以突破定期存款利率受限不能随时变现的限制。给储户带来了方便，在满足流动性的条件下带来了丰厚的盈利性，客户实际上以短期存款取得了按长期存款利率计算的利息收入；②从银行的角度来讲，大额可转让定期存单的高利率和可变现性使商业银行变被动为主动，不必被动地等待客户上门存款，而是可以通过发放 CDs 在金融市场上主动吸收存款，提高了对客户的吸引力，可以吸引众多的存款客户；可以给商业银行带来稳定的存款来源，在存单到期之前，不会发生提前取款的现象，使这些存款长期的留在商业银行系统内，使商业银行可以更加主动的进行负债管理和资产管理，提高了商业银行的盈利性和竞争力。

六、国库券市场

国库券是一国政府为了弥补财政赤字或者满足短期财政需要而发行的期限在一年以内的短期债务凭证。国库券的发行和流通的场所，就是国库券市场。国库券市场具有以下特征：

（一）违约风险小

在所有的债券当中，国库券是违约风险最小的。其主要原因是国库券是以信用当中最高的国家信用作为担保而发行的。国库券的发行者是中央政府，财政部是直接的债务人，以国家强有力的征税权利作为担保，以财政收入作为还款保证，其违约风险几乎为0。

（二）流动性强

由于国库券是一种在高组织性的、高效率的和充分竞争的市场上交易的短期金融工具，再加上国库券本身的违约风险小和交易成本低的特点，吸引了大量的投资者进入这个市场。国库券市场的投资者主要有银行、投资公司、企业、个人等，增强了国库券市场的流动性。

（三）税收优惠

政府债券的利息收益通常是免税的，例如在我国，政府债券的利息可以免交20%的利息所得税；在美国，国库券利息收益可豁免州和地方政府税。

第三节 资本市场

一、资本市场的定义和特点

资本市场是相对于货币市场而言的，是指金融工具的交易期限在一年以上的中长期金融市场。资本市场按照金融工具进行划分，可划分为股票市场、债券市场和投资基金市场。资本市场的主要特点如下：

（一）期限长，流动性差

资本市场最基本的特点就是金融工具的交易时间长，都在一年以上，最长的可达数十年。例如股票根本就没有偿还期，可以无限期持有。由于资本市场的期限比较长，所以资本市场上的金融工具流动性都比较差。

（二）主要功能是实现并优化投资和消费的跨时间分配

与货币市场不同，资本市场上的资金运作更看重资金未来的收益性。资本市场上筹集的资金主要用于企业的创建，固定资产的购置更新等资本性的投资，或者满足政府进行公共服务建设支出和保持财政收支平衡的需要。所以，资本市场更加注重对资金的跨时期的优化配置功能。

（三）风险大，收益高

由于其投资时间较长，所以影响资本市场工具价格变动的因素就比较多，价格波动比较剧烈，投资人承担的风险也比较大，相对应的，其收益也会相应提高。

二、股票市场

股票市场是资本市场上最重要，最具有吸引力的市场，其发达与否直接关系一个国家的资本市场的发达程度。

（一）股票的一级市场

股票的一级市场就是股票的发行方直接或者通过中介机构间接地向投资者出售新发行的股票交易场所。新发行的股票主要包括首次发行的股票和再发行的股票。再发行的股票一般是在首次发行的股票的基础上进行的增发和配股。以首次发行股票为例，介绍一下股票一级市场的交易流程。

1. 选择发行方式

股票的发行主要包括公募和私募两种。

（1）公募发行是指面向市场上大量的非特定的投资者发行股票。只有经过公募发行以后，股东的数量以及股票的数量才能达到上市的要求，股票才能够在证券交易所进行上市。

公募的优点是：①可以扩大股票的发行量，筹资潜力大；②无须提供特殊优厚的条件，发行者具有较大的经营管理独立性；③股票可在二级市场上流通，从而提高发行者的知名度和股票的流动性。其缺点则表现为：①工作量大，难度也大，通常需要承销者的协助；②发行者必须向证券管理机关办理注册手续；③必须在招股说明书中如实公布有关情况以供投资者作出正确决策。由于投资者较多，一般股权比较分散，大部分股东难以干预公司的经营决策。

（2）私募发行是指只向少数特定的投资者发行股票，其对象主要有个人投资者和机构投资者两类，前者如本公司的职工，后者如大的金融机构或与发行者有密切业务往来关系的公司，一般被称为战略投资者。私募具有节省发行费、通常不必向证券管理机关办理注册手续、有确定的投资者从而不必担心发行失败等优点，但也有需向投资者提供高于市场平均条件的特殊优厚条件、发行者的经营管理易受干预、股票难以转让等缺点。

2. 选择合格的股票承销商

股份有限公司通过公募方式发行股票的时候，由于发行程序复杂，手续烦琐，股份有限公司很难独立完成这样一项复杂的"工程"，这时候就需要有一家信誉良好的专业的金融机构来帮助该公司进行股票的发行，在美国，公开发行股票一般都是通过投资银行来完成的。投资银行所扮演的这一角色就叫作"承销商"。在中国，承销商一般是由综合性的证券公司来完成的。在承销过程中,投资银行的主要工作就是对发行公司进行尽职调查和辅导上市,不仅为公司提供强有力的资金和技术支持,帮助公司建立良好的公司治理结构、形成独立运营和持续发展的能力,树立进入证券市场的诚信意识与法律意识,还借助于其在证券市场上的信誉和影响力,确保这次募集资金能够成功。如果股票的发行数量在5000万股以上,一般要采用承销团的方式来承销。

私募一般都采用直接发行的方式,由发行公司和投资者直接商定发行条件。此种方式手续简单,但发行时间较长,不易于迅速获取所需资金。

3. 准备申请文件

为了能够成功上市,承销商要在对股份有限公司进行辅导上市的基础上,准备相关的申请文件。主要的申请文件有:招股说明书,资产评估报告,审计报告,盈利预测审核报告,法律意见书和律师工作报告辅导报告。其中,最重要的就是招股说明书。

股份有限公司的招股说明书是供社会公众了解发起人和将要设立公司的情况,说明公司股份发行的有关事宜,指导公众购买公司股份的规范性文件。公司首次公开发行股票,必须制作招股说明书。招股说明书必须包括财务信息和公司经营历史的陈述,高级管理人员的状况,筹资目的和使用计划,公司内部悬而未决的问题如诉讼等。

4. 证监会审批

申请文件准备好以后,要报证监会审批,当审批通过了,股份有限公司才有资格发行股票。

5. 确定发行价格

确定股票的发行价格是股票一级市场上的关键环节。股票的发行价格是指股份公司在发行市场上发行股票时的价格。发行价格主要有平价,溢价和折价三种:平价发行就是发行价格等于股票的面值;溢价发行是指股票的发行价格高于股票的面值;折价发行就是股票的发行价格低于股票的面值。根据我国《公司法》第一百三十一条规定,股票发行价格可以按票面金额也可以超过票面金额发行,但不得低于票面金额发行。

确定一个合理的股票发行价格对于发行方和承销方都显得非常重要。如果定价过高,会使股票的发行数量减少,进而使发行公司不能筹到所需资金,股票承销商也会遭受损失;如果定价过低,则股票承销商的工作容易,但发行公司却会蒙受损失,对于再发行的股票,价格过低还会使老股东受损。所以,为了能够确定一个合理的价格,发行方一般都会通过路演的形式,也就是通过召开往上推介会,通过充分了解供需双方的信息,来确定一个合理的价格。

6. 认购与销售

发行公司着手完成准备工作之后即可按照预定的方案发售股票。对于承销商来说,就是执行承销合同批发认购股票,然后售给投资者。具体方式通常有以下几种:

（1）包销。包销是指承销商以低于发行定价的价格把公司发行的股票全部买进，再转卖给投资者，这样承销商就承担了在销售过程中股票价格下跌的全部风险。承销商所得到的买卖差价是对承销商所提供的咨询服务以及承担包销风险的报偿，也称为承销折扣。在包销发行时，发行公司与承销商正式签订合同，规定承销的期限和到期承销商应支付的款项。例如到截止期股票销售任务尚未完成，承销商必须按合同规定如数付清合同确定的价款若财力不足又不能申请延期，就须向银行借款支付。在销售过程中，如果股票的市场价格跌到发行报价之下时，主承销商可能会根据承销协议在市场上按市价购买股票以支持发行价格。但如果市场价已显著低于发行价从而预定的发行额难以完成，则承销银团只好解散，各个成员尽力去处理自己承诺完成的部分，最终损失也各自承担。

（2）代销。代销是指承销商许诺尽可能多地销售股票，但不保证能够完成预定销售额，任何没有出售的股票可退给发行公司。这样，承销商不承担风险。

（3）备用包销。备用包销是指承销机构不垫付资金，只负责按发行公司的条件推销，但要承担部分发行风险，即推销一定时间后，所剩股票由承销机构全部买进，所以其手续费高于代销。

（二）股票的二级市场

股票的二级市场，也就是股票的流通市场，是指已经发行的股票在不同的投资人之间进行转让和买卖的场所。股票的二级市场是股票一级市场的延续，它为股票的及时变现提供了场所，也为在一级市场上没有买到股票的投资者提供了一个"补救的机会"。就是这样一个公开、公平的场所，使股民带着不同的"期望"来到这里买卖股票，通过不断的竞争，促使股票的价值被很快地发现。均衡价格的实现使众多的投资者可以通过价格来了解企业的经营状况。在股票的价值在不断地变化，公司的控制权也在重新的分配。

股票的二级市场通常可分为有组织的证券交易所和场外交易市场。

1. 场内交易市场

场内交易市场主要是指证券交易所。所谓证券交易所，是由证券管理部门批准，为证券集中交易提供固定场所和服务的正式组织。在世界范围内比较有影响的交易所有：美国的纽约证券交易所，纳斯达克证券交易所，英国的伦敦证券交易所和日本的东京证券交易所。我国的证券交易所有两家：一是成立于1990年的上海证券交易所和成立于1991年的深圳证券交易所。

从组织形式上看，证券交易所可分为会员制和公司制。

（1）会员制证券交易所是以会员协会形式成立的不以营利为目的的组织。只有取得交易所会员资格的经纪人和交易商，才能在交易所中进行交易。我国的证券交易所就是会员制的证券交易所。根据我国《证券法》的规定，证券交易所是依据规定条件设立的，不以营利为目的的，为证券的集中和有组织的交易提供场所、设施，履行国家有关法律、法规，实行自律性管理的法人。

（2）公司制证券交易所以营利为目的，它是由各类出资人共同投资入股建立起来的公司法人。公司制证券交易所对在本所内的证券交易负有担保责任，必须设有赔偿基金。证券交易所的股东不得担任证券交易所的董事、监事或经理，以保证交易所经营者与交易参与者的分离。瑞士的日内瓦证券交易所、美国的纽约证券交易所都是公司制的。

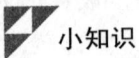 小知识

上海银行间同业拆放利率

上海证券交易所规定，采用竞价交易方式。每个交易日的 9 点 15 分至 9 点 25 分为开盘集合竞价阶段；9 点 15 分至 9 点 20 分可以接收申报，也可以撤销申报；9 点 20 分至 9 点 25 分可以接收申报，但不可以撤销申报；9 点 30 分至 11 点 30 分、下午 1 点至 3 点为连续竞价阶段。

深圳证券交易所规定，采用竞价交易方式。每个交易日的 9 点 15 分至 9 点 25 分为开盘集合竞价阶段；9 点 30 分至 11 点 30 分，下午 1 点至下午 2 点 57 分为连续竞价阶段；下午 2 点 57 分至下午 3 点，为收盘集合竞价阶段。深交所交易主机不接受参与竞价交易的撤销申报。

资料来源：上海证券交易所网站。

2. 场外交易市场

场外交易市场，是指在证券交易所以外进行股票交易的证券交易场所。由于早期场外交易的相当部分是在证券商的柜台上进行的，所以又称柜台交易或店头交易市场。

场外交易市场的特点是：①场外交易市场是一个没有组织的、没有固定集中场所的金融市场，交易主要通过电话、互联网等通讯方式进行；②其交易对象以没有在交易所登记上市的证券为主，某些情况下也对在交易所已上市证券进行交易；③证券交易可以委托证券商代理，也可由客户直接与证券商进行。④证券的成交价格是通过买卖双方的直接协商达成的。

场外交易市场还包括第三市场和第四市场。第三市场是指有资格在证券交易所挂牌上市，却在场外进行交易的证券买卖市场。第四市场是指大机构避开证券商，通过计算机网络直接进行大宗证券交易形成的市场。

（三）我国股票市场的层次性

股票市场作为快速发展的新兴资本市场，为我国经济发展提供了非常关键的作用。为了更好地为不同层次的企业提供融资服务，我国的股票市场也实现了从单一结构的股票市场向多层次股票市场跨越。我国多层次的股票市场主要包括主板市场、创业板市场和场外交易市场。

1. 主板市场

主板市场又叫一板市场，是传统意义上的股票市场，是一个国家或地区证券发行、上市及交易的主要场所。主板市场对发行人的营业期限、股本大小、盈利水平和最低市值等方面的要求标准较高，市场企业多为大型成熟企业，具有较大的资本规模以及稳定的盈利能力。在我国主板市场主要是指上海证券交易所和深圳证券交易所。

2. 创业板市场

创业板市场又被称为二板市场，是指主板市场之外的，专为暂时无法上市的中小企业和新兴高科技公司提供融资途径和成长空间的证券交易市场，是对主板市场的有效补充，是多层次股票市场的重要组成部分，在资本市场中占据着重要的位置。在创业板市场上上市的公司大多从事高科技业务，具有较高的成长性，但往往成立时间较短、规模较小，业绩也不突出。中国早在2004年5月就在深圳证券交易所创立了中小企业板，但是其规模远远不够，还不能称之为真正意义上的创业板。直到2009年，中国证监会才提出了自己的创业板市场。

3. 三板市场

三板市场的全称是"代办股份转让系统"，于2001年7月16日正式开办。由于"老三板"挂牌的股票品种少，且多数股票质量较低，再次转到主板上市难度也很大，长期被冷落。为了改变我国资本市场柜台交易落后局面，同时为更多高科技成长型企业提供股份流动的机会，2006年年初北京中关村科技园区建立新的股份转让系统，因与"老三板"标的明显不同，被形象称为"新三板"。

4. 四板市场

四板市场即区域性股权交易市场（也称"区域股权市场"），是为特定区域内的企业提供股权、债券的转让和融资服务的私募市场，是我国多层次资本市场的重要组成部分。对于促进企业特别是中小微企业股权交易和融资，鼓励科技创新和激活民间资本，加强对实体经济薄弱环节的支持，具有积极作用。

四板市场伴随着大众创业，万众创新的步伐，已经渐渐成为中国资本市场中不可或缺的一员，为我国小微企业的发展发挥了重要的作用。以山东为例，现在重点发展的股权投资市场是齐鲁股权交易中心。

知识链接：

齐鲁股权托管交易中心

三、中长期债券市场

债券市场是指债券发行和流通的场所，是金融市场当中重要的组成部分，在社会经济中占有举足轻重的地位。

（一）债券的一级市场

债券的一级市场也就是债券的发行市场，是指资金的需求者通过发行债券筹集资金的场所。债券的发行市场通常无固定场所，是一个无形市场。其发行流程如下：

1. 发行合同书

债券和股票不一样，债券体现的是一种债务关系。债券持有者没有像股东一样的经营决策的参与权，所以为了保证债券持有者的利益，债权方和债务方的相关权利和义务都是通过发行合同书来规范的，发行合同书又称信托契据，是说明公司债券持有人和发行公司双方权益的法律文件，由受托管理人（通常是银行）代表债券持有人利益监督合同书中各条款的履行。在债券发行合同书中，各种限制性条款占了很大的篇幅。对于有限责任公司来说，一旦经营发生困难出现资不抵债的现象时，债权人的利益就会受到损害，这些限制性条款就是用来设法保护债权人利益的，一般可分成否定性条款和肯定性条款。

否定性条款是指不允许或限制股东做某些事情的规定。肯定性条款是指股东应该履行某些责任的规定。对于这两种条款，股东都应该严格遵守，当企业不能满足条款所要求的规定时，债权方就有权要求债务人偿还全部债务。从内容上来看，这两种条款是不同的：否定性条款对企业的相关指标或者是相关行为做出严格限制，特别是一些逆向指标，也就是数值越小越好的财务指标，例如资产负债率等，做出上限的限制；肯定性条款则是对一些正向性指标，也就是数值越大越好的指标，例如营运资金，权益资本的数量做出一定的下限的限制。

2. 债券评级

债券的风险主要来源于两个方面，市场风险和违约风险。对于投资者来讲，较难控制和把握的是违约风险。市场风险是对未来经济走势的一个判断，投资者在投资之前就应该已经做出了合理的判断，不管正确与否，都应该与投资者自己去承担。而对于违约风险来讲，其主要是受到发行方信用的影响和受到企业内部的经营状况、领导人诚信等内部因素的影响，而外部投资人很难对该企业的内部信用做出准确的判断。因此，为了较客观地估计不同债券的违约风险，投资者们就必须求助于专业的信用评级机构，对企业的信用作出评级，以此来判断发行企业的信用的高低。

信用评级机构本称为债券市场的看门人，他们有一套完整系统的用来分析企业信用高低的指标体系。世界上三大有名的信用评级机构分别是标准普尔公司、穆迪投资者服务公司和惠誉国际信用评级有限公司。《纽约时报》专栏作家弗里德曼曾说,"我们生活在两个超级大国的世界里,一个是美国,一个是穆迪。美国可以用炸弹摧毁一个国家,穆迪可以用债券降级毁灭一个国家;有时候,两者的力量说不上谁更大"。可以看出,评级机构对于债券市场的作用是相当重要的,他们的评级直接决定了企业融资成本的高低,不仅如此,他们还可以决定一个国家信用的好坏。目前世界上发生的很多主权国家的债务危机,例如葡萄牙和西班牙债务危机,还有美国的次贷危机,背后都有三大评级机构的身影。

表 5-1　　信用评级等级符号及含义

等级		含义
投资级	AAA	偿还债务的能力极强,基本不受不利经济环境的影响,违约风险极低
	AA	偿还债务的能力很强,受不利经济环境的影响不大,违约风险很低
	A	偿还债务能力较强,较易受不利经济环境的影响,违约风险较低
	BBB	偿还债务能力一般,受不利经济环境影响较大,违约风险一般
投机级	BB	偿还债务能力较弱,受不利经济环境影响很大,有较高违约风险
	B	偿还债务的能力较大地依赖于良好的经济环境,违约风险很高
	CCC	偿还债务的能力极度依赖于良好的经济环境,违约风险极高
	CC	在破产或重组时可获得保护较小,基本不能保证偿还债务
	C	不能偿还债务

注:除 AAA 级,CCC 级以下等级外,每一个信用等级可用"+"、"-"符号进行微调,表示略高或略低于本等级。

3. 债券的定价

确定一个合理的发行价格对于债权能否顺利的发行至关重要,根据发行价格和面值的不同,可以划分为溢价发行,平价发行和折价发行三种。

(1) 溢价发行,就是发行价格高于面值的发行方式。一般在票面利率高于市场利率的情况下,发行公司会采用溢价发行的策略。

(2) 平价发行,就是发行价格等于面值的发行方式。一般在票面利率等于市场利率的情况下,发行公司会采用平价发行的策略。

(3) 折价发行,就是发行价格低于面值的发行方式。一般在票面利率低于市场利率的情况下,发行公司会采用折价发行的策略。

4. 债券的偿还

债券的偿还一般可分为定期偿还和任意偿还两种方式。

(1) 定期偿还,又可以划分为分期偿还和到期一次性偿还两种方式。分期偿还是规定利息的偿还时间间隔,每过半年或 1 年支付一次利息,到期还本。一般适用于发行数量巨大,偿还期限长的债券。到期一次性偿还是指利息和本金均在到期日偿还一般适用于发行期间较短的债券。

（2）任意偿还。任意偿还是债券发行一段时间（称为保护期）以后，发行人可以任意偿还债券的一部分或全部。

（二）债券的二级市场

债券的二级市场与股票类似，也可分为证券交易所、场外交易市场以及第三市场和第四市场几个层次。证券交易所是债券二级市场的重要组成部分，在证券交易所申请上市的债券主要是公司债券，但国债一般不用申请即可上市，享有上市豁免权。然而，上市债券与非上市债券相比，它们在债券总量中所占的比重很小，大多数债券的交易是在场外市场进行的。场外交易市场是债券二级市场的主要形态。关于债券二级市场的交易机制，与股票并无差别，只是由于债券的风险小于股票，债券的流动只接受到利率波动的影响，不像股票受到很多因素的影响，所以债券没有多大的投机价值，其交易价格的波动幅度也较小。

知识链接：
中国开放债券市场之举获得海外投资者认可

四、证券投资基金市场

（一）证券投资基金的设立

证券投资基金的设立主要有两种基本方式：注册制和审核制。

1. 注册制

注册制是指基金只要满足法规规定的条件，就可以申请并获得注册。在基金申请过程中，基金主管部门不对基金发起人的申请及基金本身做出判断，只审查基金申请人是否严格履行了相关的信息披露义务。对材料的审查只停留在形式上，并不涉及发行实质条件的审查。基金发起人只要及时准备的披露自己的相关信息，就可以获得通过。目前，多数国家采用注册制。

2. 核准制

核准制是指基金不仅要具备法规规定的条件，还要通过基金管理部门实质审查才能设立。目前，日本和中国采用核准制。

根据我国《证券投资基金法》的规定，设立基金管理公司，应当具备下列条件，并经国务院证券监督管理机构批准：有符合本法和《中华人民共和国公司法》规定的章程；注册资本不低于1亿元人民币，且必须为实缴货币资本；主要股东具有从事证券经营、证券投资咨询、信托资产管理或者其他金融资产管理的较好的经营业绩和良好的社会信誉，最近3年没有违法记录，注册资本不低于3亿元人民币；取得基金从业资格的人员达到法定人数；有符合要求的营业场所、安全防范设施和与基金管理业务有关的其他设施；有完善的内部稽核监控制度和风险控制制度；法律、行政法规规定的和经国务院批准的国务院证券监督管理机构规定的其他条件。

（二）证券投资基金的发行市场

1. 确定发行方式

证券投资基金的设立申请一旦获主管机关批准，发起人即可发表基金招募说明书，开始发行基金单位，基金单位一般是一元钱一份，该基金单位由基金管理公司和基金托管公司共同签署并经签证后发行，发行方式可分为公募和私募两种。

（1）公募发行又称公开发行，是指面向社会公众公开发售基金单位的方式。发行的对象一般是符合条件的机构或者个人。各国对公募发行的监管比较严格，要求发行人在募集资金是必须公开招募说明书，对基金的基本情况，如基金管理人、托管人、基金的费用和收益分配策略等都要做出真实的陈述，供投资者做决策。

（2）私募发行又称不公开发行，只是面向特定的少数投资者发行基金单位的方式。一般是面向大的金融机构或者是个人，此种发行方式对象明确、手续简便、发行费用较低、筹资速度快，而且监管较为宽松。

2. 投资者申购

当发行方式确定以后，投资者就可以去基金管理公司或到指定的基金承销机构开设基金账户，按照规定的程序申请购买已经成立的基金的基金单位。封闭式基金和开放式基金的申购程序都是一样的。两者不同的是，封闭式基金的申购期限是有限的，只能在发行期内进行申购；开放式基金则可以在其存续期内随时可以按照当日的资产净值进行申购。

3. 证券投资基金的赎回

证券投资基金的赎回，是指投资者将所持基金单位卖给基金管理公司并收回现金，即基金管理公司应投资者的要求买回基金单位的过程。封闭式基金的赎回只要到期才能赎回，而开放式基金的持有者随时都可以根据自己的要求进行赎回。赎回金额是以当日的单位基金资产净值为基础计算的。

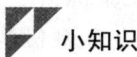
小知识

资产净值NAV的计算公式：NAV =（总资产－总负债）/股份总数或受益凭证单位数

基金的总资产是指基金拥有的所有资产的价值，包括现金、股票、债券、银行存款和其他有价证券。基金的总负债是指基金应付给基金管理人的管理费和基金托管人的托管费等必要的开支。

（三）证券投资基金的流通市场

证券投资基金的流通市场主要是指封闭式基金的转让。因为封闭式基金只有到期才能赎回,所以投资者要想在到期之前进行变现的话就必须要通过二级市场进行。其购买方式与股票相同,符合条件的封闭式基金也可以上市交易,到证券交易所进行挂牌交易,上市后的基金交易更加规范,信息披露更加及时透明。由于开放式基金可以随时赎回,所以开放式基金一般在持有期内无需进行转让。

第四节 金融衍生工具市场

20世纪70年代以来,金融的全球化和自由化浪潮席卷而来,金融市场的日益发达给人们带来了巨大的收益,也给人们带来了巨大的风险。在新的经济趋势下,资金运动也有了新的规律;利率和汇率等资金价格的变动也越来越难以捉摸;资金在空间和时间上的配置范围和配置跨度也远远超出了传统金融市场所能驾驭的能力。传统的金融市场面对着这些突如其来的变化,显得措手不及。更加广阔的利润追逐空间,更加深不可测的金融风险,都客观地要求新的金融工具的诞生以及新兴金融市场的产生。在这种大背景下,一个"顺应民心"的金融衍生品市场在金融海啸的呼啸声中诞生了。

金融衍生工具,就是在传统的金融工具的基础上,对其交易方式进行一定的改进所形成的新的交易工具,主要包括远期交易、期货交易、期权交易和互换交易。

一、金融远期市场

金融远期合约是在现货交易的基础之上衍生而来的,是指买卖双方约定在未来的某一确定时间,按确定的价格买卖一定数量的某种金融资产的合约。在合约中规定在将来买入标的物的一方称为多方,而在未来卖出标的物的一方称为空方。合约中规定的未来买标的物的价格称为交割价格。

远期合约是非标准化合约,因此它不在交易所交易,而是在金融机构之间或金融机构与客户之间通过谈判后签署远期合约。已有的远期合约也可以在场外市场交易。

(一)金融远期合约市场的优缺点

在签署远期合约之前,双方可以就交割地点、交割时间、交割价格、合约规模、标的物的品质等细节进行谈判,以便尽量满足双方的需要。因此远期合约主要优点是灵活性较大。

但远期合约也有明显的缺点:①没有固定的交易场所。不利于信息交流和传递,不利于形成统一的市场价格,市场效率较低。②远期合约是非标准化合约。每份合约的内容都千差万别,这就给远期合约的流通造成较大不便,因此远期合约的流动性较差。③违约风险较大。远期合约的履约没有保证,当价格变动对一方有利时,对方有可能无力或无诚意履行合约。

(二)金融远期合约市场的分类

1. 远期利率协议市场

远期利率协议是买卖双方同意从未来某一商定的时期开始在某一特定时期内按协议利率借贷一笔数额确定、以具体货币表示的名义本金的协议。远期利率协议的买方是名义借款人,其订立远期利率协议的目的主要是为了规避利率上升的风险。远期利率协议的卖方则是名义贷款人,其订立远期利率协议的目的主要是为了规避利率下降的风险。之所以称为"名义",是因为借贷双方不必交换本金,只是在结算日根据协议利率和参考利率之间的差额以及名义本金额,由交易一方付给另一方结算金。

2. 远期外汇合约市场

远期外汇合约是指双方约定在将来某一时间按约定的远期汇率买卖一定金额的某种外汇的合约。交易双方在签订合同时,就确定好将来进行交割的远期汇率,到时不论汇价如何变化,都应按此汇率交割。在交割时,名义本金并未交割,而只交割合同中规定的远期汇率与当时的即期汇率之间的差额。

3. 远期股票合约市场

远期股票合约是指在将来某一特定日期按特定价格交付一定数量单个股票或一揽子股票的协议。

二、期货市场

(一)期货市场的定义和交易特征

期货合约,是指由期货交易所统一制定的、规定在将来某一特定的时间和地点交割一定数量标的物的标准化合约。金融期货合约市场有以下几个交易特征:

1. 约标准化

除交割价格外,期货合约的所有条款(包括合约规模,交割日期,交割地点等)都是预先由期货交易所规定好的,具有标准化的特点,无须双方在商定。合约的标准化使交易双方只需把焦点放在合约的选择上和价格的确定上。交易双方只要交割价格达成一致期货合约就可以生效,极大地增强了期货合约的成功率。标准化是期货合约与远期合约最本质的区别。

2. 杠杆机制

传统的金融工具采用的是现货交易的方式,而期货交易则是采用远期交易的方式,也就是说期货交易双方在达成交易意向时,不需要全额付款,只需要在保证金账户当中存入大约合约价值 5%～10% 的保证金即可，以作为双方到期能够按时履约的保证。在交割的时候，才需要全额付款。期货交易所具有的以少量资金就可以进行较大价值额的投资的特点，被称为"杠杆机制"。期货交易的杠杆机制使期货交易具有高收益高风险的特点。保证金比率越低，期货交易的杠杆作用就越大，高收益高风险的特点就越明显。

我们可以用下述例子解释一下杠杆机制。假如有两名投资者甲和乙分别拥有 100 元资金，并且假设期货市场的保证金比例是合约价值的 10%。假如投资者甲把 100 元投资与股票市场，而投资者乙把 100 元投资与期货市场，甲只可以购买 100 元股票，而乙可以购买 1 000 元钱的期货合约。

第一种情况：假如今天股票市场和期货市场同时上涨了 10%，那么甲赚了 10 元，占到了投资额的 10%；而乙则赚了 100 元，则占到了投资额的 100%。保证金交易使乙的收益扩大了 10 倍。

第二种情况：假如今天股票市场和期货市场同时下跌了 10%，那么甲赚了 10 元，占到了投资额的 10%；而乙则赚了 100 元，则占到了投资额的 100%。对于乙来说，也就再无翻身机会了。那么可以看出，杠杆性带来的不仅是高收益，还是高风险。

3. 双向交易

期货合约的买方之所以通过期货合约的方式来购买标的物，是因为买方预计未来标的物价格要上涨，所以提前用期货合约锁定了未来的交易价格。卖方则正好相反，卖方则因为预计标的物价格要下跌，所以才会通过期货合约的方式来卖出标的物。正是由于买卖双方这种相反的预测，才会致使期货合约的顺利签约。否则，期货合约市场将不会存在。通过以上分析我们可以看出，当期货合约的价格上涨的时候，买方则处在盈利的状态，卖方则处在亏损的状态；反之则亦然。换句话说，在期货市场上，无论价格上涨还是下跌，总有一方是可以盈利的。这就改变了传统金融市场"单边市"的特点，即只有价格上涨的时候才能赚钱，而在价格下跌的时候所有的投资者都是亏损的。

所谓双向交易就是说，投资者既可以以买方的身份进入期货市场，通过买入期货合约作为期货交易的开端，以赚取期货市场价格上涨所带来的收益，也可以以卖方的身份进入期货市场，通过卖出期货合约作为期货交易的开端，来赚取期货市场价格下跌所带来的收益。

4. 对冲机制

期货市场上的交割有两种交易方式：一是实物交割，即到期以后采用一手交钱一手交货的方式来履行期货交易的责任；二是采用对冲平仓的方式，就是在期货交割日之前，买卖双方都可以采用相反的操作来了结交易，原来买入的就卖出，原来卖出的就买入。后一种交易方式与实物交割相比既省事又灵活，并且无须最后的实物交割，这就吸引了众多的投机者加入到了期货市场的交易行列中，极大地增强了期货交易的流动性。因此，大多数的期货交易都是通过对冲来完成交易的，据统计，进行实物交割的期货合约不到 2%。

5. 当日无负债结算制度

期货交易是每天进行结算的，而不是到期一次性进行的。买卖双方在交易之前都要首先在经纪公司开立专门的保证金账户。经纪公司通常要求交易者在交易之前必须存入一定数量的保证金，这个保证金叫作初始保证金。在每天交易结束时，保证金账户都要根据期货价格的升跌而进行调整，以反映交易者的浮动盈亏，这就是所谓的盯市。如果今天价格上涨，则高出部分就是买方的浮动盈利和卖方的浮动亏损。这些浮动盈利和亏损就在当天晚上分别加入买方的保证金账户和从卖方的保证金账户中扣除。如果价格下跌，则操作流程正好相反。当保证金账户的余额超过初始保证金水平时，交易者可随时把多余的现金取走。而当保证金账户的余额低于交易所规定的维持保证金水平时，经纪公司就会通知交易者必须在下一个交易日开市之前追加保证金，否则就会被强制平仓。维持保证金水平通常是初始保证金水平的 75%。

6. 交易集中化

期货合约均在期货交易所进行交易，交易双方不直接接触，而是各自跟交易所的清算部或专设的清算公司结算。清算公司充当所有期货买者的卖者和所有卖者的买者，因此交易双方无须担心对方违约。由于所有买者和卖者都集中在交易所交易，因此也大大降低了交易双方的搜索成本，提高了期货市场交易的效率。

期货交易所是一个高度组织化的市场，并且实行严格的管理制度。目前，我国有四大期货交易所：大连商品交易所、郑州商品交易所、上海期货交易所和金融期货交易所。

中国股指期货合约——沪深 300 股指期货

2010 年 4 月 19 日中国第一个金融期货合约诞生了，就是沪深 300 股指期货合约。

沪深 300 股指期货是以沪深 300 指数作为标的物，由中证指数公司编制的沪深 300 指数于 2005 年 4 月 8 日正式发布。沪深 300 指数以 2004 年 12 月 31 日为基日，基日点位 1 000 点。沪深 300 指数是由上海和深圳证券市场中选取 300 只 A 股作为样本，其中沪市有 179 只，深市 121 只。样本选择标准为规模大，流动性好的股票。沪深 300 指数样本覆盖了沪深市场六成左右的市值，具有良好的市场代表性。

表 5-2　　　　　　　　沪深 300 股指期货合约

合约标的	沪深 300 指数
合约乘数	每点 300 元
合约价值	沪深 300 指数点 ×300 元
报价单位	指数点
最小变动价位	0.2 点
合约月份	当月、下月及随后两个季月
交易时间	9:15~11:30, 13:00~15:15
最后交易日交易时间	9:15~11:30, 13:00~15:00
价格限制	上一个交易日结算价的正负 10%
合约交易保证金	合约价值的 12%
交割方式	现金交割
最后交易日	合约到期月份的第三个周五，遇法定节假日顺延
最后结算日	同最后交易日
交易代码	IF

资料来源：中国金融期货交易所。

（二）期货合约市场的作用

1. 规避现货市场价格波动的风险

举例来说，农场主的命运往往掌握在他的农产品收割时农产品价格的手中，而在种植的时候农场主是无法预知自己的命运的。如果价格下跌，农场主就会完全亏损，没有挽回的余地了，这就是现货市场价格波动带来的风险。其实，这种风险在金融市场里随处可见，利率风险、汇率风险、股票价格波动的风险等，应如何规避这些风险呢？期货市场的存在就为我们提供了这么一个规避现货市场价格波动的场所。通过事先签订期货合约，我们可以在种植农产品的时候，在购买债券股票的时候提前锁定价格，以使我们置身于风险之外，获得稳定的收益。

2. 价格发现功能

期货市场的杠杆机制和对冲机制等制度，吸引了大量的投资者和投机者进入到这个市场，每一个参与期货交易的人，都有一个对未来价格的预测。这个预测是通过其所掌握的市场讯息，并对过去的价格表现加以研究后做出的，这些信息再通过期货交易所众多交易人的互相竞价，而最终实现的期货交易价格，可以说代表了大多数人对期货市场的一个平均看法，这样形成的价格也代表了此种期货合约的均衡价格。市场参与者可以利用期货市场的价格发现功能进行相关决策，以提高自己适应市场的能力。

三、金融期权市场

期权交易场所不仅有正规的交易所,还有一个规模庞大的场外交易市场。交易所交易的是标准化的期权合约,场外交易的则是非标准化的期权合约。

对于场内交易的期权来说,其合约有效期一般不超过 9 个月,以 3 个月和 6 个月最为常见。

下面我们以看涨期权为例,来了解金融期权的交易流程。

假定某投资者预期某种股票价格将会上升,于是以 1 元每股的期权费购买了一份标的物为 5 000 股该种股票,执行价格为 10 元钱,期限为 6 个月的欧式看涨期权。

由于是欧式看涨期权,所以只有到期后才能行权。我们分以下几种情况来考虑:

(1) 到期时,股票的市场价格低于执行价格,也就是说股票的价格在 10 元以下。此时买方就会行使其拥有的选择权,放弃行权,而是选择在现货市场上以低价买入股票。此时买方的最大亏损,就是损失其所支付的期权费 5 000 元;相反,卖方就可以赚取这 5 000 元。

(2) 到期时,股票的市场价格等于执行价格,也就是说股票的价格等于 10 元。此时买方会选择行权,此时的收益与低于执行价格时的收益是一样的。此处不再赘述。

(3) 到期时,股票的市场价格高于执行价格。

①当股票的市场价格为 10 元~11 元。买方可以以低于市场价格的执行价格 10 元买入股票,赚取股票差价收益,以弥补一些期权费。所以此时,买方会选择行权。当股票价格正好等于 11 元时,买方的价差收入正好弥补期权费,净收益为 0 元。

②当股票的市场价格高于 11 元时,此种情况下,买方可以获得净收益。股价越高,买方的收益就越多;卖方则为净损失,股价越高,其亏损就越多。

四、金融互换市场

(一) 利率互换市场交易

利率互换是指双方同意在未来的一定期限内根据同种货币的同样的名义本金交换现金流,其中一方的现金流根据浮动利率计算出来,而另一方的现金流根据固定利率计算。互换的期限通常在两年以上,有时甚至在 15 年以上。

双方进行利率互换的主要原因是双方在固定利率和浮动利率市场上具有比较优势。假定 A、B 公司都想借入 10 年期的 100 万美元的借款,A 想借入浮动利率借款,B 想借入固定利率借款。但两家公司信用等级不同,故市场向它们提供的利率也不同(如表 5-3 所示)。

表 5-3　　　　　　A、B 公司在金融市场上的借款利率

公司名称	固定利率	浮动利率
A 公司	8%	LIBOR + 0.2%
B 公司	10%	LIBOR + 1%

从表 5-3 可以看出，A 公司的借款利率均比 B 公司低，即 A 公司在两个市场都具有绝对优势。但在固定利率市场上，A 公司比 B 公司的绝对优势为 2%，而在浮动利率市场上，A 公司比 B 公司的绝对优势为 0.8%。这就是说，A 公司在固定利率市场上有比较优势，而 B 公司在浮动利率市场上有比较优势。这样，双方就可以利用各自的比较优势为对方借款，然后互换，从而达到共同降低筹资成本的目的。即 A 公司以 8% 的固定利率借入 100 万美元，而 B 公司以 LIBOR + 1% 的浮动利率借入 100 万美元。由于本金相同，故双方不必交换本金，而只交换利息的现金流。即 A 公司向 B 公司支付浮动利息，B 公司向 A 公司支付固定利息。通过发挥各自的比较优势并互换，双方总的筹资成本降低了 1.2%（即 10% + LIBOR + 0.2% − 8% − LIBOR − 1%），这就是互换利益。互换利益是双方合作的结果，理应由双方分享，具体的分享比例由双方谈判决定。

（二）货币互换市场交易

货币互换是将一种货币的本金和固定利息与另一货币的等价本金和固定利息进行交换。

货币互换的主要原因是双方在各自国家中的金融市场上具有比较优势。假定美元和人民币汇率为 1USD = 7CNY。A 公司想借入 5 年期的 500 万美元借款，B 公司想借入 5 年期的 3 500 万元人民币借款。但由于 A 公司的信用等级高于 B 公司，且两国金融市场对 A、B 两公司的熟悉状况不同，因此市场向它们提供的固定利率也不同。

表 5-4　　　　　　A、B 公司在金融市场上的借款利率

公司名称	美元	人民币
A 公司	8%	10%
B 公司	9%	12%

从表 5-4 可以看出，A 公司的借款利率均比 B 公司低，即 A 公司在两个市场都具有绝对优势，但绝对优势大小不同。A 公司在美元市场上的绝对优势为 1%，在人民币市场上为 2%。这就是说，A 公司在人民币市场上有比较优势，而 B 公司在美元市场上有比较优势。这样，双方就可利用各自的比较优势借款，然后通过互换得到自己想要的资金，并通过分享互换收益降低筹资成本。

于是，A 公司以 10% 的利率借入五年期的 3 500 万元人民币借款，B 公

司以 9% 利率借入五年期的 100 万美元借款。然后，双方先进行本金的交换，即 A 公司向 B 公司支付 3 500 万元人民币，B 公司向 A 公司支付 100 万美元。这样，总的筹资成本就降低了 1%。互换利益是双方合作的结果，理应由双方分享，具体的分享比例由双方谈判决定。

本章小结

1. 金融市场是指以金融资产为交易对象而形成的供求关系及其机制的总和。金融资产是指一切代表未来收益或资产合法要求权的凭证，亦称为金融工具或证券。

2. 金融市场的构成要素主要有四个，即交易主体、交易对象、交易媒体及交易价格。

3. 金融市场有聚敛功能、配置功能、调节功能和反映功能。金融市场的发展趋势有金融全球化、金融自由化、资产证券化和金融工程化。

4. 货币市场是融资期限在一年以内的短期资金交易市场。按照交易的内容和方式的不同，货币市场可分为同业拆借市场、国库券市场、票据市场、回购协议市场、可转让大额定期存单市场及银行短期信贷市场等子市场。

5. 资本市场是指金融工具的交易期限在一年以上的中长期金融市场。资本市场按照金融工具进行划分，主要包括股票市场、债券市场和投资基金市场。

6. 金融衍生工具市场包括金融远期市场、期货市场、期权市场和互换市场。

任务检测

一、单项选择题

1. 目前一些经济发达国家以证券交易方式实现的金融交易，已占有越来越大的份额。人们把这种趋势称为（　　）。
   A. 资本化　　　　　　　　B. 市场化
   C. 证券化　　　　　　　　D. 电子化
2. 金融市场上的交易主体指金融市场的（　　）。
   A. 供给者　　　　　　　　B. 需求者
   C. 管理者　　　　　　　　D. 参加者
3. 长期资金市场又称为（　　）。
   A. 初级市场　　　　　　　B. 货币市场
   C. 资本市场　　　　　　　D. 次级市场
4. 下列不属于货币市场的是（　　）。

A. 银行同业拆借市场　　　　　B. 大额可转让定期存单市场
C. 短期债券市场　　　　　　　D. 股票市场

5. 现货市场的交割期限一般为（　　）。
A. 1~2日　　　　　　　　　　B. 1~5日
C. 1周　　　　　　　　　　　D. 1个月

6. 下列属于短期资金市场的是（　　）。
A. 回购市场　　　　　　　　　B. 债券市场
C. 基金市场　　　　　　　　　D. 股票市场

7. 在代销方式中，证券销售的风险由（　　）承担。
A. 经销商　　　　　　　　　　B. 发行人
C. 监管者　　　　　　　　　　D. 购买者

8. 金融期货通过在现货市场与期货市场建立相反的头寸，从而锁定未来现金流的功能称为（　　）。
A. 套期保值功能　　　　　　　B. 价格发现功能
C. 投机功能　　　　　　　　　D. 套利功能

9. （　　），又称柜台市场，是指银行与客户、金融机构之间关于利率、外汇、股票及其指数方面为了套期保值、规避风险或投机而进行的衍生产品交易。
A. 场外市场　　　　　　　　　B. 场内市场
C. 中间市场　　　　　　　　　D. 银行间市场

10. 目前我国有（　　）家证券交易所。
A. 1　　　　　　　　　　　　B. 2
C. 3　　　　　　　　　　　　D. 4

二、多项选择题

1. 按金融交易的交割期限可以把金融市场划分为（　　）。
A. 长期市场　　　　　　　　　B. 现货市场
C. 长期存货市场　　　　　　　D. 短期市场
E. 期货市场

2. 金融市场的构成要素有（　　）。
A. 交易主体　　　　　　　　　B. 交易对象
C. 交易场所　　　　　　　　　D. 交易组织形式
E. 交易价格

3. 下列属于货币市场特点的是（　　）。
A. 交易期限短　　　　　　　　B. 交易期限长
C. 流动性强，风险小　　　　　D. 货币市场是一个批发市场
E. 货币市场是一个零售市场

4. 下列属于长期资金市场的是（　　）。
A. 股票市场　　　　　　　　　B. 票据市场

C. 拆借市场 D. 大额定期存单市场

E. 金融衍生市场

5. 期货市场的基本特征包括以下哪几个方面（　　）。

A. 期货市场具有专门的交易场所

B. 期货市场的交易对象是标准化的期货合约

C. 期货市场实行保证金制度

D. 期货交易是一种不以实物交割为目的的交易

E. 期货市场是一种高风险高回报的市场

三、判断题

1. 股票发行属于二级市场。　　　　　　　　　　　　　　　（　　）
2. 物价上涨会引起股票价格下跌。　　　　　　　　　　　　（　　）
3. 金融市场是有形的市场，即人们在一定的建筑内从事资金的融通活动。　　　　　　　　　　　　　　　　　　　　　　　　（　　）
4. 按照交易对象不同，金融市场包括货币市场和资本市场。　（　　）
5. 证券交易的基本原则是价格优先、时间优先。　　　　　　（　　）

四、简答题

1. 金融市场的发展趋势有哪一些？
2. 同业拆借市场的特点？
3. 公募和私募的主要区别是什么？
4. 简述我国股票市场的层次。
5. 期货的交易规则有哪些？

五、案例分析

【资料】

2018年2月28日上午，360公司重组更名仪式在上海召开。该公司于2月27日晚间公告，本次发行股份的新增股份已于2月26日，在中国证券登记结算有限责任公司上海分公司办理完毕股份登记手续。360科技有限公司100%股权已过户至江南嘉捷电梯股份有限公司（其后更名为三六零安全科技股份有限公司）。

同时，变更证券简称后，公司还迎来新的高管团队。公告中披露，金志峰不再担任原公司董事长和总经理职务，由360集团创始人兼CEO周鸿祎接替，任期三年。据悉，本次交易完成后，周鸿祎合计直接和间接持有上市公司15.835亿股，以昨日收盘价计算，其身家达到1001亿元人民币，一举超越身家880亿元人民币的百度公司董事长李彦宏。

资料显示，360科技有限公司（以下简称360）创建于2005年11月，并于2011年登陆美国纽交所。其创始人兼CEO周鸿祎在2015年6月宣布启动360私有化战略计划。2016年7月，360私有化交易完成，从纽交所摘牌。

2017年3月21日，360完成股份制改造。经过数月沉寂，于2017年11月2日，360宣布重组江南嘉捷以实现A股上市。

2018年1月29日，360收到中国证券监督管理委员会出具的核准重组的批复。2018年2月28日，360在上交所敲响上市的锣声，这也意味着360重组一事尘埃落定，正式回归A股。当天，周鸿祎在自己微博发出了九宫格照片，称感谢合作伙伴，感谢团队。

360开盘股价报65.67元，按照360借壳后的总股本67.64亿股计算，公司总市值一度超过4 000亿元。不过，360股价高开低走，一度涨幅为3.84%，后一路下滑，一度触及跌停，截至上午收盘，跌幅为8.36%。

即便如此，360总市值已经上涨了数倍。2015年6月，360启动私有化时，在纽交所的估值只有约80亿美元。2016年7月，360退市时估值为93亿美元。可以说，360应该是中国概念股回A浪潮中，迄今为止体量最大的一家互联网公司。

随着360市值的增长，"红衣教主"周鸿祎的身家也是水涨船高。

资料显示，目前周鸿祎直接持有360的12.14%股份，还持有天津奇信17.38%的股份，天津奇信则持有360的48.24%股份，因此周鸿祎通过天津奇信间接持有360的8.38%股份；此外，周鸿祎还通过天津众信间接持有360的2.79%股份。所以，周鸿祎总计持有借壳前360的23.31%股份，对应总股数为15.835亿股。

资料来源：中国商报。

【要求】

根据以上案例分析股票上市的流程。请分析公司上市会给公司带来哪一些好处？

实训项目

训练一

随着金融经济的日益发达，金融市场也越来越多，你身边有哪些金融市场？这些金融市场是如何组织的？

【要求】

几个同学一组，调研一下本市有哪些金融市场？

训练二

股票交易已经成为现在投资的主要渠道之一，中国股票市场也日常火爆。证券公司是进行股票交易的主要中介机构，请找一家证券公司了解一下如何开立股票账户。

【要求】

到证券公司与客户经理进行交流，了解开户的流程。

第六章 国际金融

学习目标

知识目标

1. 掌握外汇的含义和特点,以及汇率的定义、标价方法和对一国经济的影响。
2. 掌握国际收支的概念和内容,以及收支平衡的概念和测算方法。
3. 掌握国际储备的概念和构成以及国际储备的管理。

技能目标

1. 能看懂外汇牌价,会进行不同货币之间的汇率换算。
2. 能对汇率变动对一国经济产生的影响进行分析。
3. 能看懂国际收支平衡表,并进行相关的分析。

双向波动越发明显,汇率市场化逐步深入

2018 年 5 月 29 日,中国金融四十人论坛高级研究员管涛在利率、汇率衍生品论坛上表示,2018 年人民币汇率受内外部经济基本面变化影响,双向波动越发明显,汇率市场化逐步深入,管理人民币汇率波动风险正当其时。

今年以来,人民币汇率双向波动明显增强。1 月份,在美元下跌 3.4% 的情况下,人民币升值近 3%。4 月 17 日以来,在美元升值 5% 以上的同时,人民币下跌近 2%。整体呈现先涨后跌的状态。与此同时,市场却出现了一些不同的变化。比如,在 2018 年一季度人民币升值 3.9% 的情况下,企业和个人不但没有像以往一样抛售外汇,反而增持,分别为外汇储蓄增加了 40 亿和 140 亿美元的外汇存款。在 2018 年一季度出现经常项目逆差 282 亿元的情况下,外汇储备不但没有减少,还增加了 266 亿元。

2018 年 4 月底以来,虽然人民币兑美元出现了一定程度的回调，但银行即远期结售汇出现了 200 多亿美元的顺差。在他看来，汇率走向双向波动后，不仅政府的调控策略会对其产生影响，市场本身也会发生变化。

总体来说，当前我国外汇市场整体运行良好，货币政策稳健中性，市场化进程逐步加深，人民币受市场影响呈现双向波动。长远来看，我国将形成经常项目与资本项目差额互为镜像关系的国际收支自主平衡格局，而资本内外流也将不再等同于人民币的升值或贬值。

汇率市场化改革是我国外汇市场发展的既定方向，而人民币走向"清洁浮动"是大势所趋。

资料来源：东方财富网。

请思考：我国采用的是哪种汇率制度？人民币汇率上涨会给中国经济带来什么影响？

第一节 外汇与汇率

一、外汇

（一）外汇的概念

国际货币基金组织（IMF）对外汇的定义是："货币行政部门（如中央银行、货币机构、财政部等）以银行存款、财政部库券、长短期政府证券等形式所持有的在国际收支逆差时可以使用的债券。"

外汇是一个国家涉外金融领域中最普遍、最常见的概念，它有动态和静态两种含义。

动态的外汇是国际汇兑的简称，指人们为了清偿国家间的债权债务关系，将一种货币兑换成另一种货币的行为。这种兑换由外汇银行办理，通过银行间的往来账户划拨资金来完成，通常不需要现钞支付和现钞运输。在这个意义上，外汇就是国际结算。

静态外汇有广义和狭义两种含义。狭义的静态外汇主要指以外币表示的用于国际结算的支付手段和工具。广义的静态外汇泛指可以清偿对外债务的一切以外国货币表示的资产或债权。

我国于 2008 年 8 月 5 日颁布的《中华人民共和国外汇管理条例》（修订版）规定，外汇是指以外币表示的可以用作国际清偿的支付手段和资产，具体包括以下 5 项内容。

（1）外国货币，包括纸币、铸币；

（2）外币有价证券，包括政府债券、公司债券、股票等；

(3) 外币支付凭证，包括票据、银行存款凭证、银行卡等；
(4) 特别提款权；
(5) 其他外汇资产。

（二）外汇的特征

在现在的信用经济体制下，每一个国家都有专属于自己国家的货币，也就是本币。不同国家的本币是不同的，例如美国的本币是美元，英国的本币是英镑，欧盟国家的本币是欧元等。这些本币都能够满足其本国的货币结算。但是如果是国与国之间进行贸易往来的时候，并不是每一种货币都能够承担起世界货币的职责，广泛应用于国际结算当中的。要想使一国的货币"走出去"，必须要满足以下几点：

(1) 国际性。外汇是以外币表示的金融资产，不能是用本币表示的金融资产。

(2) 可偿性。外汇必须是在国外能够得到补偿的债权，具有物质保证。所以，空头支票和银行拒付的汇票，均不能被视为外汇。因为这两种凭证在国外都不能得到偿付，持有国也不能将其作为对第三国债务的清偿手段。

(3) 普遍接受性。外汇必须是各国普遍接受的支付手段，但并不是所有的以外币表示的资产都能被视为外汇。能够被大家接受的外汇，首先要有稳定的币值，其次要有一个经济实力强大的发行国作为支撑，并且要能与世界经济体系融合在一起。

(4) 可自由兑换。外汇必须能够无条件的兑换成其他国家的货币或资产。如果一国的货币不能够自由兑换，它就不能正常履行进行国际结算的职责，其可接受性和可偿付性就会受到影响。

（三）外汇的分类

1. 根据可否自由兑换，外汇分为自由外汇与记账外汇两类

自由外汇是指无须货币发行国批准便可以自由兑换成为其他国家的货币，可以用来向第三国办理支付的外汇。目前世界上可以称得上可自由兑换外汇的有五十多种，如美元、英镑、日元、瑞士法郎等。这些国家基本上取消了外汇管制或外汇管制较轻。自由外汇是世界各国普遍都能接受的支付手段。

记账外汇又称协定外汇或清算外汇，是指未经货币发行国批准不能自由兑换成其他货币或对第三国进行支付的外汇，是根据国际协定进行国际结算时指定用作计价单位的外汇。列举部分国家和地区的货币名称和简称，如表6-1所示。

想一想：
所有的外币都是外汇吗

表 6-1　　　　　　部分国家和地区货币名称和货币简称

货币名称	货币简称	货币名称	货币简称
人民币	RMB	美元	USD
日元	JPY	欧元	EUR
英镑	GBP	澳大利亚元	AUD
瑞士法郎	CHF	菲律宾比索	PHP
加拿大元	CAD	新加坡元	SGD
港币	HKD	泰铢	THB
瑞士法郎	CHF	俄罗斯卢布	SUR
新西兰元	NZD	韩国元	KRW
丹麦克朗	DKK	澳门元	MOP

2. 根据来源和用途，外汇可分为贸易外汇和非贸易外汇

贸易外汇是指伴随着商品的进出口而取得或者支出的外汇。贸易外汇包括货款及运费、保险费、仓储费、佣金等贸易从属费用。

非贸易外汇是指由于非贸易业务而取得或支出的外汇。非贸易外汇主要包括侨汇，旅游外汇，劳务外汇，对外投资收益而获得的外汇，非贸易外汇是外汇收支的主要部分。

3. 根据交割期限不同，外汇可划分为即期外汇和远期外汇。

即期外汇又称现汇，是指在交易完成后 2 个交易日内办理交割的外汇。

远期外汇又称期汇，是指买卖的双方先按商定的汇率和数量签订买卖合同，约定到将来（如 30、60、90 天等）办理交割手续的外汇。买卖期汇可以防止外汇汇率变动的风险。

二、汇率

汇率又称汇价或外汇行市，就是两种货币的兑换比率，或者说是一国货币以另一国货币表示的相对价格。

（一）汇率的标价方法

1. 直接标价法

直接标价法是指以一定单位的外国货币（1 100 或者 1 000）作为标准，折成若干数量的本国货币来表示汇率的方法。也就是说，是以本国货币表示外国货币的价格。

目前，世界上除英国和美国外，绝大多数国家都采用直接标价法。在直接标价法下，汇率越高，说明外国货币币值上升，或本国货币币值下降，称为外币升值，或称本币贬值。反之，汇率越低，称为外币贬值，或称为本币升值。因此，在直接标价法下，外币币值的上升或下跌的方向和汇率值的增加或减少的方向正好相同。

例如，2018 年 5 月 31 日外汇管理局公布的外汇牌价是 100 美元 =

知识链接：
了解我国结售汇相关规章制度

640.9660 元人民币；2018 年 6 月 1 日外汇管理局公布的外汇牌价是 100 美元 = 641.9100 人民币。这说明 6 月 1 日，美元出现了升值的现象，人民币出现了贬值的现象。

2. 间接标价法

间接标价法是指以一定单位的本国货币为标准，折算成若干数额的外国货币来表示汇率的方法。也就是说，在间接标价法下，以外国货币间接表示本国货币的价格。

目前，世界上采用间接标价法的主要有英国和美国。英国一直沿用此法。美国在 1978 年后除了美元兑英镑的汇率采用直接标价法以外，美元兑其他货币的汇率都改用间接标价法。

在间接标价法下，汇率上升，称为外币贬值，或本币升值。反之，汇率下降，称为外币升值，或本币贬值。因此，在间接标价法下，外币币值的上升或下跌的方向和汇率值的增加或减少的方向相反。

例如，伦敦外汇市场汇率为：2018 年 12 月 21 日：GBP1 = EUR1.121。

因此，月末时欧元汇率上升，英镑汇率下跌。

表 6-2　　　　　　　　　　　　人民币汇率中间价

日期	美元	欧元	日元	港元	英镑	韩元	澳元	加元	新西兰元
2018 年 6 月 1 日	640.78	749.61	5.8906	81.672	851.73	16 819.0	484.82	495.11	449.1
2018 年 5 月 31 日	641.44	748.14	5.8986	81.754	852.1	16 807.0	485.67	497.83	447.91
2018 年 5 月 30 日	642.07	740.74	5.9234	81.839	851.01	16 836.0	481.03	492.9	442.69
2018 年 5 月 29 日	640.21	744.25	5.8509	81.605	852.1	16 780.0	483.12	492.75	444.27
2018 年 5 月 28 日	639.62	747.53	5.8334	81.53	851.14	16 815.0	483.49	492.9	442.76
2018 年 5 月 25 日	638.67	748.3	5.841	81.386	854.39	16 916.0	483.59	495.65	442.53
2018 年 5 月 24 日	638.16	747.17	5.805	81.316	853.17	16 917.0	482.85	497.22	441.91
2018 年 5 月 23 日	637.73	751.3	5.7531	81.242	856.62	16 902.0	483.08	497.43	442.41
2018 年 5 月 22 日	637.99	752.02	5.7459	81.288	856.64	16 962.0	483.46	499.14	443.21
2018 年 5 月 21 日	638.52	750.7	5.7551	81.342	859.93	16 941.0	479.96	495.53	440.87

注：①人民币对上述货币汇率中间价仍采取直接标价法，即 100 外币折合多少人民币。

②汇率中间价 =（现汇买入价 + 卖出价）/2。它是衡量一国货币价值的重要指标。中国人民银行于每个工作日闭市后公布当日银行间外汇市场美元等交易货币对人民币的收盘价，作为下一个工作日该货币对人民币交易的中间价。

资料来源：国家外汇管理局网站。

3. 美元标价法

美元标价法是指以一定单位的美元折成若干数量的各国货币来表示各国货币汇率的方法。第二次世界大战以后，由于纽约外汇市场外汇交易量的迅速扩大和美元国际货币地位的确定，西方各国银行在报出各种货币买卖价格时大多都采用了美元标价法，目的是为了简化报价并广泛的比较各种货币的汇价。

例如，瑞士苏黎世某银行面对其他银行的询价，报出的各种货币汇

价为:

USD1 = CHF0.9563

USD1 = EUR0.7961

USD1 = CAD1.0246

直接标价法、间接标价法主要用于客户市场,美元标价法主要用于同业市场。

(二) 汇率的种类

1. 根据确定汇率的方法划分,汇率可以划分为基本汇率和套算汇率

(1) 基本汇率,是指一国货币对某一关键货币的比率。所谓关键货币是指在本国国际收支中使用最多的、外汇储备中占比重大的,且可以自由兑换的和国际上普遍接受的货币。确定基本汇率的目的是为了方便汇率之间的换算,因为世界上的外汇太多了,一国不可能制定出本币对所有货币的比价,基本汇率确定好以后,就可以进行不同的货币之间的比率换算了。目前,世界各国都把美元当作关键货币,本币与美元的汇率视为基本汇率。当然,关键货币的选择也不是一成不变的。

(2) 套算汇率,又称为交叉汇率,是根据基本汇率和国际金融市场行情套算出来的汇率。各国在制定出基本汇率后,再参考主要外汇市场行情,推算出的本国货币与非关键货币之间的汇率。套算汇率的计算方法如下:

①两种汇率的关键货币相同时,采用相除法。

例如:

香港汇市某日的标价为 1USD = 7.8012HKD

日本汇市同日的标价为 1USD = 109.5100JPY

港币对日元的套算汇率为:

$$1HKD = \frac{109.5100}{7.8012}JPY = 14.0376JPY$$

②两种汇率的关键货币不同时,采用相乘法。

例如:

香港汇市某日的标价为:1USD = 7.7972HKD

美国汇市同日的标价为:1GBP = 1.7678USD

英镑对港币的套算汇率为:

$$1GBP = 7.7972 \times 1.7678HKD = 13.7839HKD$$

2. 从银行买卖外汇的角度,汇率可划分为买入汇率、卖出汇率、中间汇率和现钞汇率

买入汇率或买入价是外汇银行低价从客户手中买进外汇时所采用的汇率。卖出汇率或卖出价是外汇银行高价卖给客户外汇时所采用的汇率。

一般情况下,外汇银行都会低价买入外汇,高价卖出外汇,所以买入汇率要比卖出汇率低,两者的差价便构成外汇银行的盈利。

中间汇率又称中间价,是买入汇率和卖出汇率的算术平均数,是居民

用来分析汇率走势的指标。

$$中间价 =（买入价 + 卖出价）/2$$

一般情况下，外汇银行采用双边报价法，即同时报出买卖汇率，前一个数值较小，后一个数值较大。例如，某日上海外汇市场某外汇银行报价为：USD100 = CNY617.32 – 617.97，那么，在直接标价法下，较小的数值为银行买入外汇的汇率，较大的数值为银行卖出外汇的汇率；在间接标价法下，较小的数值为银行卖出外汇的汇率，较大的数值为银行买入外汇的汇率。

此外，银行在对外挂牌公布汇率时，还另注明外币现钞汇率，由于外币现钞在本国不能流通，需要把它们运至国外才能使用，在运输现钞过程中需要花费一定的保险费、运费，所以银行购买外币现钞的价格要略低于购买外汇票据的价格，而卖出外币现钞的价格一般和外汇卖出价相同。

3. 按国际货币制度的不同，汇率可划分为固定汇率和浮动汇率

固定汇率是指一国货币同另一国货币的汇率保持基本固定，汇率的波动限制在一个较小的范围之内。固定汇率不是永远不变的，在纸币流通条件下以及经济形势发生较大变化的时候，就需要对汇率水平进行调整。实际上，纸币流通条件下的固定汇率制是一种可调整的固定汇率制，或称为可调整的钉住制。如果政府因为特殊情况而无法维持原来的汇率时，就会对汇率做出一定的调整。在直接标价法下，如果上调汇率，则称为法定升值；如果下调汇率，则称为法定贬值。

浮动汇率是指一国货币当局不规定一国货币与另一国货币的固定比价，完全由外汇市场的供求关系决定的汇率制度。当外汇供不应求时，外汇就会升值，本币就会贬值；反之，当外汇供过于求时，外汇就会贬值，本币就会升值。

4. 按外汇交易交割日不同，汇率可划分为即期汇率和远期汇率

即期汇率，也称现汇汇率，是指买卖双方达成交易意向后，在两个营业日以内办理交割所使用的汇率。

远期汇率，也称期汇汇率，是指买卖双方达成交易意向后，在约定的日期办理交割时采用的汇率。

远期汇率与即期汇率之间有差价，被称为远期差价。当远期差价大于零时，即远期汇率高于即期汇率，叫作升水；当远期差价小于零时，即远期汇率低于即期汇率，叫作贴水；当远期差价等于零时，即远期汇率等于即期汇率，叫作平价。

（三）影响汇率变动的因素

汇率作为外币的价格，主要受汇率市场供求因素的影响，围绕着汇率的决定基础而上下波动。影响汇率供求的因素非常的多，下面我们逐一来介绍。

1. 国际收支

国际收支是指一国或者地区对外经济状况的一个综合反应，所以国际

知识链接：

我国某银行公布的外汇报价

想一想：

如果现在你和家人想去澳大利亚旅游，需要兑换1万澳元，请问需要支付多少人民币？旅游回国后，如果手里剩余500澳元现钞，请问可以兑换多少人民币

收支对于一国汇率的影响是最重要、最直接的。当一国出现国际收支顺差时，也就是出口大于进口的时候，对于外汇的需求就会减少，就会出现外币贬值，本币升值的现象；当一国出现贸易逆差时，也就是进口大于出口的时候，对于外汇的需求就会增加，就会出现外币升值，本币贬值的现象。

2. 通货膨胀

当一国产生通货膨胀时，也就意味着一国的本币的商品购买力降低了，也就是出现了对内贬值的现象。货币的"对内"价格的降低不会直接影响其"对外"价格，但是间接地引发本币贬值。①通货膨胀产生，也就意味着国内的商品价格上涨，会通过出口把这个高价格传送到国际商品市场上去，价格的提高，就会影响其在国际市场上的竞争力。同时，会增加其他国家商品的进口，这样就会增加对外币的需求来购买更加低廉的进口商品。会导致外币升值，本币贬值。②通货膨胀的产生会引起一国实际利率的下跌，当国外利率不变的情况下，就会出现套利现象，会促使资本外流，就会出现本币换外币的现象，就会促使本币贬值。

3. 经济增长

当一国经济处于长期增长的周期时，会给一国货币的汇率带来错综复杂的影响。其原因是：①当经济增长的时候，会增加一个国家的国民收入，收入的增加，会增大对进口商品的需求，从而带来对外汇的需求，促使本币贬值。②经济的增长，也会创造出更多的商品，并且伴随着劳动效率的提高，会提高本国商品在国际商品市场上的竞争力，从而加大国际市场对本币的需求，促使本币升值。③一国经济的增长，也意味着投资需求的增加，对资本的需求也加大，也会吸引国外的资本流入国内，从而引起本币的升值。通过以上分析，一国经济增长会带来不同的影响，但是总的说来，在短期内会出现本币贬值的现象；但从长期来看，持续高速的经济增长会对本国币值起到强有力的支撑作用。

4. 利率因素

国与国之间利率的相对高低是影响资本流动的一个主要因素。在其他国家的利率不变时，当一国提高利率的时候，会导致国外资本的流入，从而会增加对本国货币的需求，会出现本币升值、外币贬值的现象；当一国降低利率的时候，会导致国内资本的外流，从而加大对外国货币的需求，会出现本币贬值的现象。

5. 中央银行的干预

为了保持一国的汇率稳定，各国货币当局都会通过在外汇市场上直接买卖外汇的方式来干预汇率的变动。或者利用其在本国经济市场的影响力，通过如发声明的方式来影响人们对外汇市场的预期，以此来干预外汇市场。

6. 心理预期

在外汇市场上，人们买入外汇或者卖出外汇都受到自己对外汇市场未来预期的影响。如果交易者预期未来某种货币的汇率会下跌，他们为了获得收益或者避免损失，就会大量抛售该种货币，从而导致汇率降低；相反，如果交易者预期未来某种货币的汇率会上涨,他们会大量买入该种外汇,从而导致该种汇率上升。心里预期直接影响了人们的操作,很多大的投机商就是通过左右人们对未来的预期,从而从中渔利。但是人们的心里预期对于外汇市场的影响不会改变其内在规律,只是在短期内产生了影响。

课堂讨论

根据我国的实情,讨论一下可能影响人民币升值的因素有哪些?

(四)汇率变动对于一国经济的影响

下面就以本币贬值为例进行介绍,升值所带来的影响正好相反。

1. 对贸易收支的影响

一国货币贬值,首先会增加出口,减少进口。假设一件衣服的出口价格为100元,汇率为1USD=7CNY,约为14.3美元;如果人民币贬值,汇率为1USD=8CNY,约为12.5美元。这样就增强了该商品在美国的竞争力,从而增加了出口。

一国货币贬值是否必然会改善贸易条件呢?

马歇尔—勒纳条件(Marshall – Lerner condition)

该理论由英国经济学家 A. 马歇尔和美国经济学家 A. P. 勒纳揭示的关于一国货币的贬值与该国贸易收支改善程度的关系。

一国货币相对于他国货币贬值,能否改善该国的贸易收支状况,主要取决于贸易商品的需求和供给弹性,这里要考虑4个弹性:①他国对该国出口商品的需求弹性;②出口商品的供给弹性;③进口商品的需求弹性;④进口商品的供给弹性(指他国对贬值国出口的商品的供给弹性)。在假定一国非充分就业,因而拥有足够的闲置生产资源使出口商品的供给具有完全弹性的前提下,贬值效果便取决于需求弹性。需求弹性是指价格变动所引起的进出口需求数量的变动程度。如果数量变动大于价格变动,需求弹性便大于1;反之,数量变动小于价格变动,需求弹性便小于1。只有当贬值国进口需求弹性大于0(进口减少)与出口需求弹性大于1(出口增加)时,贬值才能改善贸易收支。如果用 D_x 表示他国对贬值国的出口商品的需求弹性,D_m 表示进口需求弹性,则当 $D_x + D_m > 1$ 时,即出口需求弹性与进口需求弹性的总和大于1时贬值可以改善贸易收支。此即马歇尔-勒纳条件。

举例来说，假设一国出口的需求弹性为1/4，即出口数量的增加率只有价格下降率的1/4，如果出口价格下降4%，出口数量仅增加1%，结果是出口总值将减少3%。再假设进口商品的需求弹性为3/4，即国内价格上涨4%，进口数量就会减少3%，进口总值也会减少3%。由于这两种弹性之和等于1，进出口值按同一方向同一数量变动，贸易差额保持不变，即该国的贸易收支状况得不到改善。如果 $D_x + D_m > 1$，贸易收支可以改善；如果 $D_x + D_m < 1$，贸易收支反而恶化。

工业发达国家的进出口多是高弹性的工业制成品，所以在一般情况下，货币贬值的作用较大。相反，发展中国家的进出口多是低弹性的商品，所以货币贬值的作用不大。这就是说，发展中国家只有改变进出口的商品结构，由出口低弹性的初级产品转为出口高弹性的制成品，才能通过汇率的变化来改善国际收支的状况。

资料来源：搜狗百科。

2. 对物价水平的影响

本国商品出口的增加、进口的减少，会导致一国商品的减少、货币的增加，会带来本币对内贬值，从而引发物价上涨。同时，由于进口原材料的价格上涨，也会带动与进口原材料有关的商品价格上涨，导致输入型通货膨胀的产生。

3. 对就业率的影响

在一国货币贬值，出口增加的情况下会促进出口产业的发展，增加就业岗位，提高一国的就业率，促进该国经济的增长。

课堂讨论

根据我国的实情，讨论一下人民币的升值对我国经济发展有何影响？

第二节 国际收支

一、国际收支的概念

根据国际货币基金组织（IMF）的解释，国际收支是指一个国家或者一个地区的居民在一定时期内（1个月、1个季度或1年）与非居民之间的经济交易的系统记录。

（一）国际收支是由一国居民与非居民之间的贸易往来产生

同一经济体居民之间的各种经济交易是国内交易，不属于国际收支范畴。一国的居民是指在一个国家中具有经济利益的经济单位，包括个人、政府、非营利团体和企业四类。居民和公民是两个不同的概念。公民是一个法律概念，而居民则是一个经济概念。根据 IMF 的规定：①自然人居民，是指那些在本国居住长达一年以上的个人，但官方外交使节、驻外军事人员等一律是所在国的非居民。②法人居民，是指在本国从事经济活动的各级政府机构、非营利团体和企业。按照这个概念，跨国公司的母公司和子公司分别是所在国居民，但国际性机构如联合国、国际货币基金组织等是任何国家的非居民。所以，他国公民如果在本国长期从事生产、消费行为，也可能属于本国居民。

（二）国际收支是一个流量的事后的概念

流量是指在一定时期内发生的变量变动的数值，国际收支一般是对一年内的交易进行总结，所以是流量概念。事后是指定义中"一定时期"是已经过去的一个会计年度，所以国际收支是对已发生事实的记录。

（三）国际收支是特定时期内经济交易的系统的货币记录

国际收支统计的经济交易所包含的内容十分丰富，只要发生了财产所有权转移的都要计入国际收支的统计范围，不管是否进行了现金支付。

二、国际收支平衡表

（一）国际收支平衡表的概念

国际收支平衡表是集中反映一国或者某一地区在一定时期内国际收支情况的统计报表，是国际收支核算的重要工具。

国际收支平衡表是按照复式记账原理来编制的。其中贷方主要是记录商品与服务的收入，资本的流入，外国对本国金融资产投资增加、负债的减少，储备资产的减少；借方主要记录商品与服务的支出，资本流出，本国对外金融资产投资增加、负债减少，储备资产增加。每一笔对外经济交易都会产生相等的借方和贷方的记录，从会计理论的角度来讲，借贷双方最终应该是平衡的，净差额为零。

（二）国际收支平衡表的基本内容

根据 IMF 的规定，各会员国都要定期向 IMF 报送国际收支平衡表，国际收支平衡表所包括的内容十分复杂，各国都根据自己的不同需要和具体情况来编制。所以各国的国际收支平衡表在格式和描述上有很大的差异，但是主要项目和内容都差不多。下面是根据 IMF 出版的《国际收支与国际投资头寸手册（第六版）》中所要求的标准格式制定的一个简表（如表

6-3 所示)。

表 6-3　　　　　　　　　　国际收支平衡表简表

	贷方（+）	借方（-）
一、经常账户 1. 商品与服务 （1）商品 （2）服务 2. 初次收入 3. 二次收入	（经常账户收入）	（经常账户支出）
二、资本账户 1. 获得或处置非生产性非金融资产 2. 资本转移	（资本流入）	（资本流出）
三、金融账户 1. 直接投资 2. 证券投资 3. 金融衍生品和雇员股票期权 4. 其他投资	（外国对本国金融资产投资增加、负债减少）	（本国对外金融资产投资增加、负债减少）
5. 储备资产 （1）货币性黄金 （2）特别提款权 （3）在 IMF 的储备头寸 （4）外汇储备 （5）其他债权	（储备资产减少）	（储备资产增加）
四、错误与遗漏账户		

资料来源：马君潞，陈平，范小云主编，《国际金融》，高等教育出版社。

1. 经常账户

经常账户又称作经常项目，是国际收支平衡表中最基本、最重要的账户，是本国居民与非居民之间商品、服务、初次收入和二次收入的流量。它反映了一国与他国之间真实资源的转移状况，在整个国际收支中占有主导地位，往往会影响和制约国际收支的其他项目。它包括商品与服务项目、初次收入、二次收入三个科目。

（1）商品与服务科目。商品科目主要记录一国居民与非居民之间涉及商品的交易而产生的国际收支，又称为贸易收支或者有形收支。其中贷方记录出口收入，借方记录进口支出。按照 IMF 的规定，商品分为两大类：一般商品和其他商品。其中，一般商品包括除中介贸易品、非货币黄金、旅行携带品、建筑物和政府商品与服务以外的，经济所有权在居民与非居民之间发生了交易的商品；其他商品主要包括中介贸易品和非货币黄金。

服务科目主要记录一国居民与非居民之间服务的输入与输出，又称无形贸易。其主要包括运输、旅行、通讯服务、建筑服务、保险服务、金融服务（除保险外）、电脑和信息服务、专利费和手续费、其他商业服务、其他私人服务、政府服务等细目。值得注意的是进口商品的保险费和运输费从进口支出中剔除，在服务项下进行记录，而不是在商品项下进行记录。贷方记录服务输出值，借方记录服务输入值。

（2）初次收入。初次收入表示居民与非居民机构单位之间的初次收入流量，主要包括雇员报酬、利息、股息、再投资收益、租金等科目。

（3）二次收入。二次收入指通过当期转移支付（如政府或慈善机构）的收入再分配而获得的收入。二次收入项下主要记录居民与非居民间的不发生对等偿付的单方面支付，即经常转移。经常转移分为政府和私人单方转移两个方面。政府单方面转移主要有债务豁免、政府间经济和军事援助、战争赔款、捐款等，私人单方面转移主要有侨民汇款、年金、赠予等。二次收入的贷方记录本国从外国取得的单方转移收入，借方记录本国向外国的单方转移支出。

2. 资本账户

资本账户反映了资产所有权在一国居民与非居民之间的转移，包括资本流出和资本流入。资本流出是指本国对外资产的增加，即本国居民对非居民债权的增加，或指本国对外负债的减少；资本流入则是指本国对外资产的减少或本国对外负债的增加。资本账户的贷方记录的是资本流入，借方记录的是资本流出。资本账户包括资本转移和非生产、非金融资产的收买或放弃。

（1）资本转移是指一国的居民实体向非居民实体无偿提供了金融产品或服务。例如，债权人对债务人进行豁免且不要求任何补偿。

（2）非生产、非金融资产的收买或放弃是指各种无形资产如专利、版权、商标、经销权、租赁及其他转移。

需要注意的是，转移分为经常转移和资本转移。经常转移记录在经常账户中，即二次收入；而记录固定资产所有权的转移、同固定资产的收买或者放弃相联系的或以其为条件的资本转移记录在资本账户下。

3. 金融账户

金融账户是指一国居民对非居民资产和负债所有权变更的所有权交易，可以划分为直接投资、证券投资、金融衍生品和雇员股票期权、其他投资、储备资产五大类。

（1）直接投资。直接投资的特征是作为投资者的居民实体对非居民企业的经营管理拥有有效的控制权，有永久利益。它可以采取直接在国外投资建立企业的形式，也可以采取购买非居民企业一定比例股票（10%以上）的形式，或采取将直接投资利润进行再投资的形式。

（2）证券投资。证券投资是指居民实体购买非居民政府的长期债券、非居民公司的股票和债券等跨国投资业务。需要指出的是，在证券投资中，如果居民实体拥有非居民企业股权达到一定比例以上时（如 IMF 规定 10%

以上，我国则规定25%以上），就作为直接投资。

（3）金融衍生品和雇员股票期权。金融衍生品合约，指与其他特定的金融工具、指标或商品相联系，并通过其特定的金融风险（如利率风险、汇率风险、商品价格风险、信用风险等）可以在金融市场交易的金融工具。雇员股票期权，指企业给予其雇员在将来某一段时间内按照一定价格购买其股票的选择权，以此作为对职工的报酬。

（4）储备资产，又叫国际储备，是一国货币当局所拥有的，可用于弥补国际收支失衡时所需要的对外资产，包括货币性黄金、特别提款权、在IMF的储备头寸和外汇储备等官方对外资产。按照借贷记账法的原理，国际储备的增加额被记入借方，国际储备的减少额被记入贷方。这样，国际储备的借方净额表示国际储备的净增加额，国际储备的贷方净额表示国际储备的净减少额。

（5）其他投资。这是一个剩余项目，凡不包括在以上四项的一切资本交易均在此记录。这些资本交易除政府贷款、银行贷款和贸易融资等长短期贷款外，还包括货币、存款、短期票据等。

课堂讨论

1. 一国居民在美国投资购买了10万美元的证券的行为应该记入国际收支平衡表中哪个科目？
2. 该居民投资的证券获取了收益5 000美元，请问应该记入哪个科目？

4. 错误与遗漏账户

根据复式记账原理，所有账户的借方总额和贷方总额应该是相等的，最终的净额应该为零。但在实际中，国际收支平衡表不可避免地会出现借方余额或者是贷方余额的现象，其原因主要有：①统计资料来源不一。如一国在编制国际收支平衡表时所汇集和应用的原始资料来自不同的渠道，如海关统计、银行报告、企业报表等。②统计资料不完整。如未包括走私、资本外逃等。③资料本身的错误。统计数据的过程本身就可能会因为工作人员的失误，而造成很多错误，并且有的数据甚至是估算出来的。如果借方总额大于贷方总额，错误和遗漏这一项则放在贷方；反之，如果贷方总额大于借方总额，错误和遗漏这一项则放在借方。

2017年，我国经常账户顺差为11 090亿元人民币，资本和金融账户顺差为3 883亿元人民币，其中，非储备性质的金融账户顺差为10 026亿元人民币，储备资产增加了6 136亿元人民币。

2017年我国国际收支平衡表如表6-4所示。

表 6-4　　　　　　　　2017 年我国国际收支平衡表（概览表）

项目	行次	亿元人民币	亿美元	亿 SDR
1. 经常账户	1	11 090	1 649	1 183
贷方	2	182 723	27 089	19 514
借方	3	-171 634	-25 440	-18 332
1.A 货物和服务	4	14 155	2 107	1 511
贷方	5	163 418	24 229	17 452
借方	6	-149 263	-22 122	-15 942
1.A.a 货物	7	32 090	4 761	3 425
贷方	8	149 486	22 165	15 964
借方	9	-117 396	-17 403	-12 539
1.A.b 服务	10	-17 935	-2 654	-1 915
贷方	11	13 931	2 065	1 488
借方	12	-31 867	-4 719	-3 403
1.B 初次收入	13	-2 293	-344	-246
贷方	14	17 372	2 573	1 855
借方	15	-19 666	-2 918	-2 101
1.C 二次收入	16	-772	-114	-82
贷方	17	1 933	286	206
借方	18	-2 705	-400	-289
2. 资本和金融账户	19	3 883	570	417
2.1 资本账户	20	-6	-1	-1
贷方	21	16	2	2
借方	22	-22	-3	-2
2.2 金融账户	23	3 890	571	417
资产	24	-25 478	-3 782	-2719
负债	25	29 368	4 353	3136
2.2.1 非储备性质的金融账户	26	10 026	1 486	1 072
2.2.1.1 直接投资	27	4 426	663	474
资产	28	-6 857	-1 019	-733
负债	29	11 283	1 682	1 207
2.2.1.2 证券投资	30	463	74	52
资产	31	-7 346	-1 094	-785
负债	32	7 809	1 168	836
2.2.1.3 金融衍生工具	33	32	5	3
资产	34	100	15	11
负债	35	-67	-10	-7
2.2.1.4 其他投资	36	5 105	744	542
资产	37	-5 239	-769	-558
负债	38	10 344	1 513	1 101
2.2.2 储备资产	39	-6 136	-915	-654
3. 净误差与遗漏	40	-14 973	-2 219	-1 599

注：本表计数采用四舍五入原则。
资料来源：国家外汇管理局网站。

三、国际收支平衡表的分析

对于国际收支平衡表的分析,关键是看其借贷方是否平衡,从会计意义的角度来看,借方总额肯定等于贷方总额,但这个平衡没有任何经济意义。从经济意义上来考虑,国际收支平衡表上的每一个账户都代表了一定的国际收支项目,其借贷方的差额,就非常有现实意义。所以,我们把国际收支平衡表的每个具体账户或者几个具体账户的借方额和贷方额的差额称为局部差额,如贸易差额、经常账户差额等。国际收支平衡表上有几个局部差额是非常重要的,当某一个局部差额为零时,那就表明国际收支平衡;当不为零时,我们就说国际收支不平衡。

知识链接:
中国贸易收支差额数据

(一) 贸易差额

贸易收支差额是指一国商品和劳务进出口收支差额。对许多国家来说,贸易收支在全部国际收支中占据很大的比重,所以我们可以把贸易差额作为国际收支的近似代表。贸易收支差额分析可以综合反映一国的产业结构、产品质量和劳动生产率状况,反映一国在国际市场上的竞争力,所以,即使是对于资本与金融账户比重很大的国家(如美国),都十分重视贸易收支的差额分析。

货物出口等于进口,称为贸易收支平衡;如果出口小于进口,则称为贸易收支逆差;如果出口大于进口,则称为贸易收支顺差。

(二) 经常项目差额

经常项目包括贸易收支、服务收支、收入和经常性转移收支,前两项构成经常项目收支的主体。虽然经常项目的收支也不能代表全部国际收支,但它综合反映了一个国家的进出口状况(包括服务贸易),而被各国广泛使用,并被当作是制定国际收支政策和产业政策的重要依据。同时,国际经济协调组织也经常采用这一指标对成员国经济进行衡量,例如国际货币基金组织就特别重视各国经常项目的收支状况。

如果出现经常账户顺差,意味着由于货物、服务、初次收入和二次收入的贷款净额,是本国让渡给他国的可支配本国的物质资源,形成的外汇收入出口国拥有绝对支配权。

(三) 资本和金融项目差额

资本和金融项目差额反映该项目下直接投资、证券投资和其他投资交易及储备资产交易等的差额,它记录了世界其他国家对本国的投资净额或贷款借款净额。资本和金融项目具有两个方面的分析作用:首先,通过资本和金融项目规模可以看出一个国家资本市场的开放程度和金融市场的发达程度,一般而言,资本市场越开放,金融市场越发达,资本与金融项目的流量总额就越大。其次,资本与金融项目和经常项目之间具有融资关系,所以,资本与金融项目的余额可以折射出一国经常项目的状况。根据复式簿记法原则,在国际收支中一笔贸易流量通常对应一笔金融流量,可以说,经常项目中实际资源的流动与资本和金融项目中资产所有权的流动是一个活动的两个方面。因此,如果不考虑错误与遗漏,经常项目的余额与资本和金融项目的余额必然数量相等,符号相反。也就是说,经常项目的余额与资本和金融项目的余额之和等于零。

(四) 综合差额

综合差额也称为总差额,是指经常账户与资本金融账户中剔除了官方储备后所构成的余额。分析综合账户差额,可以综合反映自主性国际收支状况,也是一国官方通过变动官方储备来弥补的国际收支不平衡。

当综合差额为盈余或赤字时,就要通过增加或减少官方储备来平衡。对于实行固定汇率制的国家来说,综合差额的状况直接影响该国的汇率是否稳定,因为动用官方储备弥补国际收支不平衡、维持汇率稳定的措施会影响一国的货币发行量。对于实行浮动汇率制的国家来说,这个差额在现代的分析意义上有所弱化,但是这个差额能综合反映自主性国际收支的状况,是全面衡量和分析国际收支的指标,因此,综合差额是非常重要的。在没有特别说明的情况下,人们所说的国际收支盈余或赤字,通常指的是综合差额盈余或赤字。

四、国际收支失衡的调节

(一) 国际收支失衡的含义

国际收支平衡表的复式记账原则使得每一笔国际经济交易都会产生相同借贷记录,因此国际收支平衡表总是平衡的。国际收支不平衡应从经济意义上理解。

根据交易的性质可分为自主性交易和补偿性交易。所谓自主性交易,是指经济主体为某种自主性目的(比如追逐利润、追求市场、旅游、汇款赡养亲友等)而独立进行的交易,由于其自主性质,必然经常地出现差额;补偿性交易是为了弥补自主性交易差额或缺口而进行的各种交易活动,如分期付款、商业信用、动用官方储备等等。

一国的收支是否平衡,关键是看自主性交易是否平衡,如果自主性交易的借贷差额为零,就无须补偿性交易对其进行调节,一国国际收支自然就平衡了。如果自主性交易收支不能相抵:当借方大于贷方,就是逆差;当贷方大于借方,就是顺差。但不管是顺差还是逆差,都代表国际收支的不平衡,此时必须用补偿性交易来轧平,这样达到的平衡是形式上的平衡,被动的平衡,其实质就是国际收支的不平衡。

(二) 国际收支失衡的原因

1. 周期性失衡

在经济发展过程当中,各国经济会不同程度地处于周期波动之中,周而复始出现繁荣、衰退、萧条、复苏四个阶段。不同的经济发展阶段，会给国际收支带来不同的影响。当一国经济处于繁荣的时候，同时贸易伙伴国处于衰退或者是萧条期的时候，本国国民收入就会增加，从而增加对商品的需求，物价就会上涨，从而进口增加，出口减少，带来贸易逆差；当一国处于经济衰退期的时候，国民收入就会减少，总需求就会下降，物价下跌，会促使出口增长，进口减少，从而出现顺差。

2. 货币性失衡

货币性失衡是指与一国的货币性因素有关的失衡，例如两国之间由于成本、物价、利率、汇率等价格因素的不同而导致的差异。例如，当一国处于通货膨胀的时候，就会导致本国商品价格上涨，从而降低其在国际商品市场上的影响力，最终会降低出口，扩大进口，导致贸易逆差。同时高通胀也会带来实际利率的降低，从而导致资本外逃，使逆差加剧。

3. 结构性失衡

结构性失衡是指当国际分工结构或者国际需求结构发生变化时，一国经济结构的变动不能适应这种变化而产生的国际收支不平衡。如果一国经济结构调整比较快，可以降低这种失衡的存在。但是在一般情况下，一国的经济结构是由于地理环境、资源分布、技术水平、劳动生产率差异等经济条件和历史条件形成的，不可能很快地进行转变，所以一旦出现结构性失衡，就会给本国的国际收支带来一段时间的阵痛。其解决的方法只能是重新组织生产，并对生产要素的使用进行重新组合，以适应需求和供给的新结构，这种调整会面临着很大的阻力，这种失衡主要发生在发展中国家。

4. 收入性失衡

收入性失衡是指由于经济增长率的变化而产生的不平衡，它具有长期性。一般来说，一国国民收入增加，全社会总的消费水平就会提高，社会总需求也会扩大。在开放型经济下，社会总需求的扩大，通常不一定会表现为价格上涨，而是表现为增加进口、减少出口，从而导致国际收支出现逆差。反之当经济增长率较低、国民收入减少时，国际收支出现顺差。

5. 偶发性失衡

偶发性失衡是指由于不确定的因素所导致的国际收支的暂时性失衡，如战争、自然灾害等都会对一国的商品市场或者是金融市场造成很大的影响。例如，2011年3月20日利比亚战争爆发，最终导致欧盟对利比亚经济制裁，影响了利比亚的石油出口，对其国际收支带来严重影响。

（三）国际收支失衡对经济的影响

从一国GDP的构成来看，由出口和进口决定的净出口对于一国经济的增长的贡献也是不可低估的，特别是伴随着世界经济一体化的到来，国际收支已经成为影响一国经济好坏的主要因素，其影响越来越大，涉及的不仅是经济，还可能引起政治上的争端。

1. 国际收支顺差所产生的影响

（1）引起本国货币汇率上升。持续性顺差即本国出口大于进口，会使外汇市场上外汇的供给大于需求，造成外币贬值、本币升值，导致本国出口减少。

（2）引发通货膨胀。持续顺差也就是本国商品大量出口，会造成本国商品减少，同时由于出口会带回很多外汇，这些外汇会换成本币在国内进行流通，会导致本国货币增多的现象，容易诱发通货膨胀，导致本币在国内的购买力下降，给本国经济带来危害。

（3）引起国际经济摩擦。持续的顺差，会给其他进口国（逆差国）的经济带来损害，会给两国的政治交往带来影响。在这种情况下，逆差国会设法对本国经济进行保护。

2. 国际收支逆差所产生的影响

（1）不利于本国经济的发展。国际收支逆差过大，会带来很大的外汇需求，就会引起一国外汇的汇率上升、本币贬值，本币的国际地位就会受到影响，会引起本国资本的外逃。同时对进口商品的需求过大，就会削弱本国商品的竞争力，从而使本国企业利润下降，会造成失业过多，从而给一国带来经济和政治的危机。

（2）如果一国长期处于逆差状态，不仅会严重消耗一国的储备资产，影响其金融实力，而且还会使该国的偿债能力降低，进一步影响本国的经济和金融实力，减弱其国际信誉。如20世纪80年代初期爆发的国际债务危机在很大程度上就是因为债务国出现长期国际收支逆差，不具备足够的偿债能力所致。

（四）国际收支失衡的调节

1. 国际收支的市场调节机制

一国的国际收支不管是顺差或者逆差，都会给其经济带来不利的影响。当出现收支不平衡的现象时，各国政府都会积极应对以解决失衡所带来的不利影响。其实，对于国际收支来言，市场本身也存在自我调节机制。

（1）金本位制下的自动调节机制。当一国的国际收支出现逆差的时候，外汇就会供不应求，外汇汇率上升，从而导致黄金大量流出。黄金外流导致该国流通中货币量减少，从而促使物价下跌。当物价下跌时，该国出口成本降低，其出口商品的竞争力增强，出口增加、进口减少，直至国际收支改善。这样，国际收支的不平衡完全能够自我调节，不需要人为的干预。如果一国国际收支出现顺差，其自我调节过程完全一样，只是各经济变量的变动方向相反而已。

（2）实行固定汇率的纸币制度调节机制。当一国国际收支逆差时，就会出现外汇升值的现象。此时，该国监管当局就会在市场上买入外汇以稳定汇率，就会造成本币增加的现象。货币的增加一方面会提高物价水平，导致本国商品价格上升从而影响其出口，另一方面又会导致利率下跌，从而导致资本外流。两方面的因素就会从经常交易账户和资本账户两方面同时改观国际收支状况，以达到平衡。顺差时的调节机制正好相反。

（3）实行浮动汇率的纸币制度调节机制。当一国国际收支逆差的时候，本币升值，就会导致商品的出口价格上涨，从而降低出口，提高进口，改善国际收支状况。顺差时的调节机制正好相反。

2. 国际收支的政策调节

国际收支的政策调节是指国际收支不平衡的国家通过改变其宏观经济政策和加强国家间的经济合作，主动地对本国的国际收支进行调节，以使其恢复平衡。国际收支市场调节速度比较慢且滞后。国家政府主动采取措施，会促进市场调节机制的进行，当然，如果措施不当，也会带来负面影响。

（1）外汇缓冲政策。外汇缓冲政策是指一国政府为了应对国际收支不平衡，把外汇储备（黄金和外汇）作为缓冲体，通过中央银行在外汇市场上买卖外汇来消除国际收支不平衡所造成的影响。外汇缓冲政策简便易行，但也受到各国对于外汇储备数量的限制。

（2）财政政策。财政政策是指一国政府通过调整税收或者政府支出，从而达到国际收支平衡的政策。当一国国际收支逆差时，政府就会通过紧缩性的财政政策来削减开支，增加税收，从而降低个人的可支配收入，最终达到抑制总需求、降低物价的效果。这样就会减少进口，加大出口，从而达到国际收支平衡。

（3）货币政策。货币政策主要是通过调整利率来达到平衡国际收支的目的。调整利率主要是通过改变再贴现率、调整法定存款准备金和公开市场业务来完成的。当一国国际收支出现逆差时，政府就会通过紧缩性的货币政策来进行调节，市场利率就会提高，一方面控制货币的供给量，降低物价，提高本国商品的出口；另一方面利率的提高会吸引外资流入，从而改变国际收支状况。

（4）汇率政策。汇率政策是一国通过汇率的调整来调节国际收支的不平衡。这里所谓的"调整汇率"是指一国货币金融当局公开宣布的货币法定升值与法定贬值，而不包括金融市场上一般性的汇率变动。当一国国际收支出现逆差时，固定汇率制的国家可以通过汇率的法定贬值来降低本国商品相对于外国商品的价格，从而改善出口，恢复收支平衡；实行浮动汇率制度的国家，可以通过在市场上大量买入外汇，促使外汇升值、本币贬值，从而促进该国出口并抑制进口。

（5）直接管制。直接管制政策包括外汇管制和贸易管制两个方面。外汇管制主要是通过对外汇的买卖直接加以管制以控制外汇市场的供求，维持本国货币对外汇率的稳定。如政府通过对外汇的买卖、国际结算、资本国际流动所规定的一系列限制性措施来平衡国际收支。贸易管制方面的主要是政府直接干预进出口所采取的各项政策措施，包括关税政策、进口配额、出口信贷政策等。直接管制政策有立竿见影的效果。

（6）国际经济合作。国际经济合作是指通过各国经济政策的协调、经济一体化的推行、国家间金融合作的加强以及国际金融机构在平衡国际收支作用的发挥来促进各国的国际收支平衡。

第三节 国际储备

一、国际储备的概念

国际储备是指一国货币当局所实际持有的，用于国际支付、平衡国际收支和维持其货币汇率的国家间可以接受的一切资产。一国国际储备的多少，是一国金融实力强弱的重要标志，也在一定程度上体现了该国国际清偿能力的强弱。国际储备的概念可以从以下三点把握：

（一）官方持有

该资产必须是该国货币当局所持有，一国货币当局必须具有无条件地获得该资产的能力。从这个意义上来讲，商业银行等非官方金融机构、企业以及私人所持有的黄金和外汇不能算做该国的国际储备。

（二）可兑换性

国际储备必须是国际上可以普遍接受的资产，能够自由地与其他国家的货币相兑换，以实现国家间的支付结算。

（三）流动性

作为国际储备的资产，必须具有高度的流动性，必须可以随时动用，并且其在国家间的流动与调拨不应受到任何限制，从而确保其能够起到世界货币的作用。

二、国际储备的构成

（一）黄金储备

黄金储备是指一国货币当局作为金融资产持有的货币黄金。某种程度上可以说黄金是最适合作为世界货币的资产了，即使现在的美元也无法代替黄金在国际贸易当中的特殊地位。从金本位制开始，黄金就是最主要的国际储备形式了，因为在当时，黄金是财富的象征，拥有了黄金，也就拥有了购买世界上一切商品的权利，也就拥有了和任何国家的银行券兑换的权利。虽然信用经济下，黄金的非货币化趋势越来越明显，但是黄金其所特有的属性使其永远都是国际储备不可替代的一部分。

知识链接：
国际清偿能力的含义

想一想：
国际清偿能力和国际储备的关系

课堂讨论

2018年11月16日，中国黄金协会会长、中国黄金集团有限公司董事长宋鑫在第四届黄金产融结合论坛上表示，截至2018年10月，我国央行持有官方黄金储备1842.6吨，全球排名第六，但仅占外汇储备比例约2.2%，而美国这一比例为73.4%，德国为68.8%，意大利为65.1%，法国为59.1%。此外，我国黄金产量连续11年保持世界第一，黄金消费量连续五年保持世界第一。

资料来源：凤凰财经。

讨论：为什么我国黄金产量很高，但黄金储备却较少呢？

（二）外汇储备

外汇储备指一国货币当局持有的以国际货币表示的流动资产的总称，主要以国外银行存款和外国政府债券等形式存在。布雷顿森林体系解体以后，美元等信用货币就代替了黄金承担起了世界货币的职能，解决了黄金储量有限和世界经济无限发展之间的矛盾。这些货币所共有的特点是币值稳定，本国经济比较强大，可以自由兑换，并且适用范围比较广泛，被多数国家所接受，完全具备了成为国际储备的条件，因此成为现代国际储备的主要形式。

知识链接：
我国2017年外汇储备量变化

（三）国际货币基金组织的储备头寸

当一个国家要加入国际货币基金组织的时候，必须要缴纳一定的"会费"才行，所缴纳的资金称之为份额。按该组织现在的规定，认缴份额的25%须以可兑换货币缴纳，其余75%以本国货币缴纳。当一国需要外汇储备的时候，可以以本国货币作为抵押向国际货币基金组织申请提用可兑换货币。储备头寸就是指会员国在国际货币基金组织中可自由提取使用的那部分可兑换资金。其数额的大小主要取决于该国在基金组织中认缴的份额，最高限额是份额的125%，最低为零。

（四）特别提款权

特别提款权是国际货币基金组织于1969年设立的，按照份额无偿分配给各成员国的一种账面资产。特别提款权是一国国际储备的重要组成部分，当一国国际收支逆差时，该国就可以动用其在国际货币基金组织的特别提款权，把它兑换成其他成员国的可兑换货币，用以弥补逆差。

三、国际储备的来源

（一）中央银行收购的黄金

黄金作为国际储备的主要构成之一，其主要来源于中央银行在国内和国外市场的收购。在国内用本币收购黄金，可以直接增加国际储备的数量；

在国外是用外汇收购黄金,只能改变国际储备的结构,不会增加外汇储备的规模。

(二)国际收支顺差

国际收支顺差包括两个方面:经常收支的顺差和资本项目的顺差。其中,经常项目收支顺差是一国外汇收入的主要来源。资本项目的顺差一般体现了债权债务关系,需要到期偿还的,在偿还之前,也构成了国际储备的一部分。

(三)中央银行对外汇市场的干预

为了稳定一国的汇率,各国政府都要对其进行必要的干预,当一国政府以本币购入外币的方式来稳定汇市的时候,就会增加一国的国际储备。相反,则会减少一国的外汇储备。

除此之外,各国的外汇来源还有其他几种:政府或中央银行对外借款净额;以国际信贷方式收购的外汇资金;成员国按规定运用普通提款所得到的贷款和分配的特别提款权;储备资产收益和储备资产由于汇率变动而形成的溢价。

四、国际储备的作用

(一)调节国际收支的缓冲器

在国际收支逆差的情况下,如果一国出现了支付困难,此时最有效、最能解"燃眉之急"的做法就是动用国际储备先进行支付,再采取其他宏观经济政策进行调节。由于宏观经济政策都需要市场机制发挥作用,其发挥效力需要一定的时间,这样国际储备就起到了一个"缓冲器"的作用,保证了政策的连续性。

(二)本国货币汇率的稳定器

稳定的汇率,对于一国对外贸易的顺利发展,起到了至关重要的作用。在现在动荡的国际金融局势下,影响汇率波动的不稳定因素也越来越多,特别是一些投机性资金所引发的汇率风险更是来势凶猛。如果一国没有一个庞大的国际储备作为后盾,保持一个稳定的汇率就只能变成一个奢望。1994年波及全球的墨西哥金融危机,1996年美元与日元汇率的波动,1997年爆发的东南亚金融危机等,都向我们证明了这一点。当一国本币贬值时,就可以通过在外汇市场上买入本币,抛售外汇的方式来稳定汇率;当一国本币处于升值状态时,就可以通过在外汇市场上卖出本币,买入外汇的方式来稳定汇率。除此之外,一国政府可以依托其强大的国际储备,在一定的国际国内经济形势下,通过本币的适当升值或者贬值来为自己带来一定的利益。

(三) 对外借款的信用保证

一国持有的国际储备资产状况是国际银行对其贷款时评估信用风险的重要指标之一。一国的国际储备实力，标明了该国的国际信誉和偿债能力，是一国对外举债和还本付息的物质保证及信用保证。

但是，国际储备也有其局限性，就是国际储备的数量是有限的，不能够长期地依赖国际储备来进行国际储备的调节和汇率的稳定。国际储备作用的发挥离不开一国宏观经济政策的配合。

五、国际储备的管理

国际储备是一国金融实力的象征，特别是现在信用经济条件下，随着金融开放程度的日益提高，国与国之间的交往日益频繁，国际储备的作用也越来越不可低估。一个国家没有一定规模的国际储备，就会在国际贸易中失去"威信"，就会在国际金融市场上失去"话语权"，就会受到诸多限制。但是，外汇储备过多也会加大一国持有国际储备的机会成本，如果管理不当，也会给一国经济带来严重的危害。如何管理好庞大的国际储备，取其利而避其害，对一国经济来讲也是非常重要的。

(一) 国际储备管理的原则

1. 安全性原则

安全性原则即确保储备资产不能因存放不当而遭受损失，这是国际储备资产发挥作用的基础。

2. 流动性原则

储备资产能根据需要随时提取、灵活调拨，随时确保对外支付的需要。流动性原则是国际储备最重要的原则，如果国际储备丧失了流动性，就会毫无存在的意义。一国在权衡得失时，一方面应保持较多的一级储备，以便于日常国际支付；另一方面把流动性强弱不同的各种储备用于不同期限的投资，使各种资产的期限与对外支付的日期衔接，保证资产充分流动。

3. 保值性原则

国际储备中外汇储备占有相当重要的地位，外汇储备大多是可兑换货币，并且发行这些货币的国家大多采用浮动汇率制度，并且随着经济的发展，汇率的波动也越来越大，单一币值的稳定是很难维持的，所以，保值性也就成了一项重要原则。

4. 营利性原则

在保证国际储备安全和流动的情况下，可以将其投资于一些安全性较高的金融工具，以保证国际储备的保值和增值。

上述原则看似相互矛盾，如活期存款盈利性较差，但其流动性较好；国债的安全性较好，但其流动性较差等。但长期来看，这个原则是相辅相成的，各国在管理储备资产时，应坚持以上原则，处理好各原则之间的矛盾关系，在实现安全性和流动性的前提下尽量保证资产的保值和增值。

（二）国际储备管理的内容

国际储备管理的内容主要涉及两个方面：一是数量的管理，即国际储备要保持在一个合理适度的规模上，保证其安全性和流动性；二是结构管理，即要通过维持一个合理的比例和结构，从而提高国际储备的保值增值能力。

1. 国际储备的规模管理

影响一国国际储备规模的因素主要有以下几个方面。

（1）经济发展规模的大小。一国的经济发展越迅速，其所创造的社会财富就越大，所需要的货币就越多，从而所需要的国际储备就越多。

（2）经济开放程度。对一个国家来讲，其开放程度越高，其经济发展的对外依赖性就越强，就需要有一个强大的国际储备作为支撑来发展其对外经济；相反，如果一个国家封闭性程度比较高，那么外汇的规模就比较小。

（3）汇率制度的选择。外汇需要量的多少，与其汇率制度是紧密联系在一起的。如果一个国家实行的是固定汇率制度，那么可能需要更多的国际储备来维持汇率的稳定，如果是浮动的，那么可能就不需要经常用国际储备对汇率的波动进行干预。

（4）对外融资能力的强弱。如果一个国家的信用较高，当面临支付困难的时候，可以迅速在国际资本市场上融通到资金，其国际储备可以少一点。反之，则需要充足的国际储备来应付国际收支困境。

（5）国际金融环境的影响。国际金融市场的发达程度，以及国际金融环境都可能对一国的国际储备带来深远的影响。例如，当金融危机爆发时或者是国际资本流动较频繁时，一个国家来讲，随时都会面临支付困境，所以必须要有充足的国际储备，否则很难在国际市场上融得资金。

（6）持有国际储备的机会成本。机会成本就是由于持有国际储备而丧失的在其他方面的盈利性。一国持有过多的国际储备，就意味着丧失了其他的盈利和消费的机会。所以国际储备的多少要在其机会成本和盈利之间进行权衡决定。

2. 国际储备的结构管理

国际储备资产的机构管理是指一国如何合理分配储备资产，从而使得黄金储备、外汇储备、普通提款权和特别提款权的持有量之间保持适当的比例关系。

普通提款权和特别提款权的数量取决于一国向国际货币基金组织缴纳份额的多少，数量相对固定，这两项占储备资产的比重较小。由于持有黄金不但没有利息，还要支付保管费用，故黄金在储备中多占比重较小。外汇储备已经成为国际储备资产的主要形式。因此，国际储备的结构管理主要是指外汇储备结构管理。

（1）外汇储备货币的币种结构管理。储备货币币种结构及其优化是指根据外汇市场汇率变化调节各币种的储备货币在外汇储备中的比例。一般来说，应该以下几个因素：外贸结构、对外投资和外债情况、对外投资企业资金和收益的汇出、汇率和利率走势、外汇市场干预等因素。

（2）外汇储备货币的资产形式的结构管理。外汇储备货币资产形式的机构管理是指外币现金、外币存款、外币短期证券和长期证券等资产在外汇储备中的比重。根据流动性、安全性和盈利性的要求，通常将外汇储备进行分级管理，并确定各等级合理比例。

一级储备是指用于一国经常性或临时性对外支付所需要的外汇储备，包含外币现金、在国外银行的活期存款、短期存款、短期债券等。一级储备流动性高、风险较低，但收益较差。

二级储备主要是补充性的流动资产，二级储备主要以营利性为主，兼顾适当的流动性和风险性，这部分储备资产形式包括外国中期国债等金融资产。

三级储备主要是用于长期投资的国际储备资产，包括各种形式的具有高收益的外国长期有价证券。三级储备流动性弱，但收益较高。

总之，一国保持适度的外汇储备规模和优化外汇储备结构，对于保持国际收支平衡和汇率平稳、国内物价稳定和经济健康发展是至关重要的。

六、我国的国际储备管理

我国的国际储备的构成与其他国家一样，由黄金、外汇、储备头寸和特别提款权构成。1980 年我国正式恢复了在 IMF 和世界银行的合法席位，次年正式对外公布了国家黄金外汇储备，并逐步形成了我国的国际储备体系。1992 年以前，由国家外汇库存和中国银行外汇两部分组成，1992 年起启用新的外汇储备统计口径。按照新的外汇储备口径，外汇储备的增减仅包括国家外汇库存部分，中国银行外汇结存部分在资本项目中反映。影响我国国际储备管理的因素有：

（一）我国国际贸易的环境

我国所面临的国际贸易环境是影响中国外汇储备的最主要因素，凭借着廉价劳动力的优势，我国一直处于国际收支顺差，这也导致了我国的外汇储备一直居高不下。但是随着金融危机的爆发，现在国际上的贸易战大多针对我国的廉价商品，特别是中美之间的贸易大战，会改变中国现在的顺差状况，很可能会出现贸易逆差的现象，这就要求我国要有充足的外汇储备应付未来多变的局势。

（二）汇率制度和调节手段

自 1994 年 1 月 1 日起，人民币汇率并轨，实行以市场供求为基础的、有管理的浮动汇率制。中国人民银行通过向外汇交易市场吞吐外汇保持汇率的稳定。在这种制度下,中央银行必须拥有足以影响汇率变动的国际储备。

(三)偿还外债需要和对外融资能力

偿还外债的需要是确定国际储备规模的重要因素。我国的外债总额基本属于中等偿债率国家。

国际融资能力也会影响我国国际储备总量的因素。由于我国政治、经济地位的不断提高,国际权威评级机构对我国的评定级别较高;同时,我国较强的出口创汇能力和较强的国际信用,使我国在国际金融市场上有着较强的融资能力。

第四节 国际金融机构

国际金融机构(International Financial Institution)又称国际金融组织,是指世界上大多数国家的政府之间通过签署国际条约或协定而建立的从事国际金融业务、协调国际金融关系、维系国际货币和信用关系正常运作的超国家金融机构。这类金融机构大多以银行的形式出现,有的也采用了基金组织、协会、公司等名称。

一、全球性国际金融机构

目前,全球性的国际金融机构主要有国际货币基金组织、世界银行集团和国际清算银行。

(一)国际货币基金组织

国际货币基金组织(International Monetary Fund,IMF)是根据1944年7月在布雷顿森林会议签订的《国际货币基金协定》,于1945年12月27日在华盛顿成立的。与世界银行同时成立、并列为世界两大金融机构之一,其职责是监察货币汇率和各国贸易情况,提供技术和资金协助,确保全球金融制度运作正常。它与世界银行集团和关税与贸易总协定共同构成战后国际经济秩序的三大支柱。

1. 国际货币基金组织的组织机构

国际货币基金组织在成立之初只有39个成员国,目前发展至189个成员国,其中180个是具有独立主权的国家,9个是地区。

国际货币基金的最高权力机构是理事会,每位成员地区有正、副理事代表,通常是本国的财政部长或中央银行行长。理事会于每年9月举行一次会议,各成员的投票权按其缴纳基金多少来决定。

执行董事会是 IMF 负责处理日常业务工作的常设机构,由 24 名执行董事组成,任期两年。执行董事包括指定与选派两种形式。执行董事由持有基金份额最多的 5 个成员国即美、英、德、法、日各派一名;中国、俄罗斯与沙特阿拉伯各派一名。选派董事由其他成员国按选区轮流选派。

2. 国际货币基金组织的宗旨

国际货币基金组织的宗旨是:通过成员国共同研讨和协商国际货币问题,促进国际货币合作;促进国际贸易的扩大和平衡发展,开发成员国的生产资源;促进汇率稳定和成员国有条件的汇率安排,避免竞争性的货币贬值;协助成员国建立多边支付制度,消除妨碍世界贸易的外汇管制;协助成员国克服国际收支困难。

3. 基金组织的资金来源

国际货币基金组织是以成员国入股的方式组成的企业性金融机构,其资金来源主要有三个方面:

(1) 成员国的基金份额。这是主要资金来源。每个成员国所缴纳基本份额的多少,根据其外汇储备、对外贸易量和国民收入的大小而定。成员国缴纳的份额,除作为 IMF 发放短期信贷的资金来源外,份额的大小对成员国尚有以下两方面作用:①决定成员国从基金组织借款数额和定期分配特别权的数额;②决定成员国的投票权。由此可见,份额大小是十分重要的,它决定了基金组织的融资能力,决定了各成员国在基金组织的义务、权利和地位。这也是为什么发展中国家在国际货币改革过程中一再要求基金组织改变份额的确定方法,增加发展中国家的份额,扩大基金总份额的原因。截止到 2010 年年底,中国的投票权已经升至第三位,占到了总份额的 6.19%,位居美国和日本之后。

(2) 向成员国借款。IMF 的另一个资金来源是借款,它不仅可以向各会员国官方机构如财政部和中央银行借款,也可以向私人借款,包括向商业银行借款。基金组织的借款同它的其他业务一样,也以特别提款权计值,大部分期限为 4 年~7 年,小部分为 1 年~3 年,平均为 5 年左右。基金组织借款的一大特点是:贷款人除国际清算银行外,如果发生国际收支困难,可以提前收回贷款。因此,基金组织的借款具有很高的流动性,贷款国往往将这部分贷款视为储备的一部分。这一特点对基金组织自身流动性的管理也有较大的影响。

(3) 出售黄金。基金组织于 1976 年 1 月决定将其所持有黄金的 1/6,即 2500 万盎司分 4 年按市价出售,以获得的利润中的一部分,作为建立"信托基金"的资金来源。

4. 国际货币基金组织的主要业务

国际货币基金组织的活动主要有以下三个方面:

(1) 汇率监督。为了保证有秩序的汇兑安排和汇率体系的稳定,取消不利于国际贸易的外汇管制,防止成员国操纵汇率或采取歧视性的汇率政策以谋求竞争利益,IMF 对成员国的汇率政策进行监督。

（2）磋商与协调。为了能够履行监督成员国汇率政策的责任，了解成员国的经济发展状况和政策措施，迅速处理成员国申请贷款的要求，IMF按基金协定规定，每年原则上应与成员国进行一次磋商，对成员国的经济、金融形势和政策作出评价。这种磋商在 IMF 专家小组与成员国政府官员之间进行。

（3）融通资金。当成员国面临暂时性的国际收支失衡时，向其提供资金援助，以支持成员国进行必要的经济调节，恢复均衡的国际收支。IMF贷款的对象仅限于成员国政府；贷款的用途限于解决国际收支不平衡，用于贸易和非贸易的经常项目支付；贷款期限较短，一般为 3 年～5 年，成员国的借款额与其所认缴的份额成正比；贷款及贷款的偿还采取"购买"和"购回"的方式，即当贷款申请经基金组织批准后，成员国须以本国货币从基金组织购买外汇，在还款时，再用外汇购回本国货币。

（二）世界银行集团

世界银行集团是联合国系统下的多边发展机构，它包括五个机构：国际复兴开发银行、国际开发协会、国际金融公司、多边投资担保机构和国际投资争端解决中心。

1. 国际复兴开发银行

国际复兴开发银行又称世界银行，是一个政府间的金融机构，由联合国的各会员国以认股的方式组成。它成立于 1945 年 12 月 27 日，1946 年 6 月开始营业，从 1947 年起成为联合国的专门金融机构，总部设在美国的华盛顿，组织机构与国际货币基金组织类似，但世界银行历任行长都是美国人。

（1）资金构成。世界银行的资金来源主要包括会员国缴纳的股金、发行债券借入资金、业务净收益和债权转让。

（2）世界银行最主要的业务活动是向发展中国家提供长期生产性贷款，以帮助他们提高生产效率和加快经济发展。世界银行的贷款对象可以是成员国政府；国有企业和私有企业则要由政府担保。其贷款用途较广泛，主要有项目贷款、部门贷款、技术援助贷款、结构调整贷款、紧急复兴贷款和联合贷款等。其贷款期限较长，利率比较优惠。此外，世界银行还提供技术援助等业务。如为了提高借款国的资金使用效率，世界银行会向借款国派出专家，以帮助借款国进行项目的组织和管理；并且世界银行还通过自己下设的经济发展学院为发展中国家培养高级管理干部；世界银行还会帮助会员国制定其经济发展的规划，帮助他们解决一些特殊的问题。

2. 国际开发协会

国际开发协会成立于 1962 年 9 月 24 日，总部设在华盛顿，是专门对低收入发展中国家以较优惠条件提供长期贷款的国际金融机构。其活动宗旨是向最贫困的成员国提供无息贷款，促进其经济发展。我国曾是这类无息贷款的承受国，但随着综合国力的增强，于 1999 年 7 月 1 日不再接受国际开发协会的无息贷款。

国际开发协会的资金来源主要包括会员国认缴的股金、会员国提供的补充资金、世界银行的拨款及协会本身业务经营的净收入。

国际开发协会的贷款对象按规定是官方和公私营企业，但实际上都是较贫穷的成员国政府。贷款多用于农业、乡村发展项目、交通运输、能源等。贷款条件优惠，还款年限为 50 年，宽限期为 10 年，且不收利息，每笔贷款只支付 0.75% 的手续费。

3. 国际金融公司

国际金融公司成立于 1956 年 7 月 24 日，是世界银行的附属机构，总部设在华盛顿。其设立的宗旨是通过向其成员国，特别是发展中国家，尤其是欠发达地区的重点生产性企业提供无需政府担保的贷款与投资；鼓励国际私人资本流向发展中国家；支持当地资金市场的发展；推动私人企业的成长；促进成员国经济发展，从而补充世界银行的活动。其资金来源主要是成员国认缴的股金，另外还包括从世界银行和其他金融市场借入的资金及公司经营业务所得收益。其业务活动主要是通过向发展中国家的会员国提供贷款或者是入资的方式来支持其私有经济的发展。贷款主要用于制造业、加工业和开采业，如钢铁、建筑材料、纺织、采矿、肥料、化工以及公共事业和旅游等。

4. 多边投资担保机构

多边投资担保机构是世界银行集团最新的成员，创建于 1988 年，其宗旨是向外国私人投资者提供政治风险担保，包括征收风险、货币转移限制、违约、战争和内乱风险担保，并向成员国政府提供投资促进服务，加强成员国吸引外资的能力，从而推动外商直接投资流入发展中国家。

5. 国际投资争端处理中心

国际投资争端解决中心世界上是一个通过调解和仲裁方式专为解决政府与外国私人投资者之间争端提供便利而设立的机构。其宗旨是在国家和投资者之间培育一种相互信任的氛围，从而促进国外投资不断增加。

（三）国际清算银行

1930 年 5 月，为了处理第一次世界大战后德国的战争赔款问题，成立了世界上最早的国际性金融机构国际清算银行，总行设在瑞士的巴塞尔。国际货币基金组织成立后，国际清算银行主要办理国际结算，接受各国中央银行存款并代理买卖黄金、外汇和有价证券，办理国库券和其他债券的贴现、再贴现等。此外，还负责协调各成员国中央银行的关系，故有"央行的央行"之称。目前，国际清算银行的宗旨是促进各国中央银行之间的合作，为国际金融运作提供新的便利。

二、区域性金融机构

（一）亚洲基础设施投资银行

亚洲基础设施投资银行（Asian Infrastructure Investment Bank，AIIB，简称亚投行）成立于 2016 年 1 月，总部设在北京，法定资本为 1 000 亿美元。亚投行是一个政府间性质的亚洲区域多边开发机构；重点支持基础设施建设；成立宗旨是为了促进亚洲区域的建设互联互通化和经济一体化的进程，并且加强中国及其他亚洲国家和地区的合作，是首个由中国倡议设立的多边金融机构。

1. 主要宗旨

通过在基础设施及其他生产性领域的投资，促进亚洲经济可持续发展、创造财富并改善基础设施互联互通；与其他多边和双边开发机构紧密合作，推进区域合作和伙伴关系，应对发展挑战。

2. 主要职能

（1）推动区域内发展领域的公共和私营资本投资，尤其是基础设施和其他生产性领域的发展。

（2）利用其可支配资金为本区域发展事业提供融资支持，包括能最有效支持本区域整体经济和谐发展的项目和规划，并特别关注本区域欠发达成员的需求。

（3）鼓励私营资本参与投资有利于区域经济发展，尤其是基础设施和其他生产性领域发展的项目、企业和活动，并在无法以合理条件获取私营资本融资时，对私营投资进行补充。

（4）为强化这些职能开展的其他活动和提供的其他服务。

（二）亚洲开发银行

亚洲开发银行成立于 1966 年 12 月，是亚洲太平洋地区的一个区域性金融机构，是由联合国所属机构——亚洲太平洋经济委员会创办的，总部设在菲律宾的首都马尼拉。该行是亚洲、太平洋国家（地区）以及西方发达国家政府出资开办的多边官方金融机构。中国政府于 1986 年 3 月 10 日正式成为亚洲开发银行的成员国。亚洲开发银行的宗旨是向其会员国或地区成员提供贷款和技术援助，帮助协调会员国或地区成员在经济、贸易和发展方面的政策，同联合国及其专门机构进行合作，以促进亚在地区的经济发展。

亚洲开发银行的资金来源主要是成员国认缴的股本，其次还包括借款、某些国家捐赠的款项及营业收入所积累的资本。该行的主要业务活动是向成员国提供项目贷款和技术援助，参与股票投资和共同投资。亚洲开发银行的贷款主要分为普通贷款和特别基金贷款。普通贷款，又叫硬贷款，主要发放给高收入的发展中国家，一般用于基础设施项目，贷款期限为 10 年～40 年，含宽限期 2 年～7 年，利率采用浮动利率，每半年调整一次。

特别基金贷款，又称软贷款，划分为亚洲开发基金贷款和技术援助特别基金贷款，前者是向人均国民生产总值低于670美元（1983年价格标准）的低收入发展中成员国提供的长期无息贷款，期限长达40年，有10年的宽限期，每年只收1%的手续费。但该贷款往往要指定用途和限定由借款国提供商品或劳务。技术援助特别基金贷款又叫赠款，资金由技术援助特别基金提供，但赠款金额有限制。

（三）非洲开发银行

非洲开发银行（African Development Bank Group）成立于1964年，是非洲最大的地区性政府间开发金融机构，其宗旨是促进非洲地区成员的经济发展与社会进步。总部设在科特迪瓦的经济中心阿比让。2002年，因科特迪瓦政局不稳，临时搬迁至突尼斯至今。区内成员包括非洲所有53个国家；区外成员26个，包括美国、英国、加拿大、法国、德国、意大利、中国、日本、印度、韩国等国家。非洲开发银行的资金来源主要是成员国认缴的股本，主要任务是向成员国提供贷款（包括普通贷款和特别贷款），以发展公用事业、农业、工业项目以及交通运输项目。

（四）泛美开发银行

泛美开发银行是由美洲及美洲以外国家联合建立的向拉丁美洲国家提供贷款的区域性金融机构。成立于1959年4月，于1960年10月开始营业，总部设在华盛顿。该机构的设立宗旨是集中美洲内外的资金，向成员国政府及公私团体的经济、社会发展项目提供贷款，或对成员国提供技术援助，以促进拉丁美洲国家的经济发展与合作。资金来源主要是成员国认缴的股本和银行借款。资金运用主要是向成员国提供贷款，包括普通业务贷款和特种业务基金贷款。普通贷款向政府、公私团体的特定经济项目提供，贷款期限一般为10年～25年，用贷款使用的同种货币偿还。特种业务基金贷款对以公共工程为主的特别经济项目提供，贷款期限为10年～30年，利率低于普通贷款，并可全部或部分用借款货币偿还。

本章小结

1. 外汇是国际汇兑的简称，是指外国货币或以外国货币表示的资产。外汇具有国际性、可偿性、可自由兑换和普遍接受性四个特点。

2. 汇率又称汇价或外汇行市，就是两种货币的兑换比率，或者说是一国货币以另一国货币表示的相对价格。汇率主要有直接标价法、间接标价法、美元标价法三种标价方法。

3. 影响汇率变动的因素主要有国际收支、通货膨胀、经济增长、利率因素、心理预期和中央银行的干预几个因素。

4. 汇率对经济的影响主要体现在汇率的变动会影响一国的进出口、物价水平及经济发展水平方面。

5. 根据国际货币基金组织（IMF）的解释，国际收支是指一个国家或者一个地区的居民在一定时期内（1个月，1个季度或1年）与非居民之间的经济交易的系统记录。

6. 国际收支平衡表是集中反映一国或者某一地区在一定时期内国际收支情况的统计报表，是国际收支核算的重要工具。其主要由经常账户、资本金融账户、储备资产及净误差与遗漏部分组成。

7. 国际储备是指一国货币当局所实际持有的，用于国际支付、平衡国际收支和维持其货币汇率的国家间可以接受的一切资产。由黄金储备、外汇储备、国际货币基金组织的储备头寸和特别提款权及部分组成。

8. 国际金融机构主要包括国际货币基金组织、世界银行集团、国际清算银行；区域性金融机构主要包括亚洲基础设施投资银行、亚洲开发银行、非洲开发银行、泛美开发银行等。

任务检测

一、单项选择题

1. 本币汇率上升会引起（　　）。
   A. 出口减少、进口增加，形成贸易逆差
   B. 进出口不发生变化
   C. 出口增加、进口减少，形成贸易顺差
   D. 进出口同时增加

2. 在直接标价法下，汇率上升意味着（　　）。
   A. 本币升值、外币贬值　　　　B. 本币贬值、外币升值
   C. 本币升值、外币升值　　　　D. 本币贬值、外币贬值

3. 在国际债务清偿中使用的货币发挥的是货币（　　）职能。
   A. 价值尺度　　　　　　　　　B. 购买手段
   C. 支付手段　　　　　　　　　D. 价值储存手段

4. 国际收支出现大量逆差时会导致（　　）。
   A. 本币汇率上浮，出口增加　　B. 本币汇率上浮，出口减少
   C. 本币汇率下浮，出口增加　　D. 本币汇率下浮，出口减少

5. 特别提款权SDRS是一种记账单位，是国际货币基金组织于(　　)年创设的。
   A. 1943　　　　　　　　　　　B. 1960
   C. 1969　　　　　　　　　　　D. 1971

6. 负责协调各成员国中央银行的关系，故有"央行中的央行"之称的机构是（　　）。
   A. 世界银行　　　　　　　　　B. 国际货币基金组织

C. 欧洲中央银行　　　　　　D. 国际清算银行

7. 在国际货币基金组织中拥有最大表决权和否决权的国家是（　　）。

A. 美国　　　　　　　　　　B. 英国

C. 德国　　　　　　　　　　D. 中国

8. 一国出现持续性的国际收支顺差，则可能会导致或加剧（　　）。

A. 通胀　　　　　　　　　　B. 失业

C. 经济危机　　　　　　　　D. 货币贬值

9. 目前，我国人民币实施的汇率制度是（　　）。

A. 固定汇率制　　　　　　　B. 弹性汇率制

C. 有管理浮动汇率制　　　　D. 钉住汇率制

二、多项选择题

1. 按照《中华人民共和国外汇管理条例》规定的标准，下列（　　）外币资产属于广义外汇。

A. 1 000 美元现钞　　　　　B. 1 000 股 A 股

C. 10 000 朝鲜元支票　　　 D. 1 000 万元美国国债

E. 1 亿 SDRS

2. 影响汇率变动的因素有（　　）。

A. 国际收支　　　　　　　　B. 通货膨胀

C. 经济增长　　　　　　　　D. 利率因素

E. 心理预期

3. 下列属于国际收支经常项目的有（　　）。

A. 货物项目　　　　　　　　B. 服务项目

C. 收入项目　　　　　　　　D. 经常转移项目

E. 投资项目

4. 一国国际储备的主要构成项目有（　　）。

A. 黄金储备　　　　　　　　B. 外汇储备

C. 特别提款权　　　　　　　D. 普通提款权

E. 国际货币基金组织的储备头寸

5. 国际收支大量顺差时会出现下列（　　）经济现象。

A. 外汇供过于求，本币汇率上升　B. 出口增加

C. 进口增加　　　　　　　　D. 国内货币供应增加

E. 产生通货膨胀压力

三、判断题

1. 国际收支是一个存量概念。　　　　　　　　　　　　　　　　（　　）

2. 国际储备管理的原则是安全性和营利性。　　　　　　　　　　（　　）

3. 美元标价法适用于客户市场。　　　　　　　　　　　　　　　（　　）

4. 资本与金融账户是国际收支最重要、最基本的账户类别。　　　（　　）

5. 银行外汇的买卖价等于外汇现钞的外卖价格。　　　　　（　　）

四、简答题

1. 简述外汇的含义及特点。
2. 影响汇率变动的因素有哪些？
3. 汇率变动对一国经济有哪些影响？
4. 国际收支平衡表的内容有哪些？
5. 国际储备是怎样组成的？

五、案例分析

1. 2018年5月20日凌晨，中美两国在华盛顿就双边经贸磋商发表联合声明。这则仅有366个字的简短声明，为双方持续长达两个月的贸易大战画上了休止符。分析人士认为，本次联合声明不仅仅是终结了中美双方最为危急的一次贸易战，从更长远周期来观察，其对中国经济将产生深远的影响。

本轮中美贸易战始于2018年3月22日，美国总统当天宣布"301调查"决定，指示贸易代表署考虑对中国输美产品提高关税。中国于4月2日针锋相对提出加税措施。此后双方你来我往大战几个回合，直到4月16日美国商务部宣布对中兴通讯禁售达到高潮。

双方同意，将采取有效措施实质性减少美对华货物贸易逆差。为满足中国人民不断增长的消费需求和促进高质量经济发展，中方将大量增加自美购买商品和服务，这也有助于美国经济增长和就业。双方同意有意义地增加美国农产品和能源出口，美方将派团赴华讨论具体事项。双方就扩大制造业产品和服务贸易进行了讨论，就创造有利条件增加上述领域的贸易达成共识。双方高度重视知识产权保护，同意加强合作。中方将推进包括《专利法》在内的相关法律法规修订工作。双方同意鼓励双向投资，将努力创造公平竞争营商环境。双方同意继续就此保持高层沟通，积极寻求解决各自关注的经贸问题。

据新华社报道，正在对美国进行访问的习近平主席特使、中共中央政治局委员、国务院副总理、中美全面经济对话中方牵头人刘鹤表示，中美双方将在能源、农产品、医疗、高科技产品、金融等领域加强贸易合作。这既可以推动我国经济转向高质量发展，满足人民的需要，也有利于美方削减贸易赤字，是双赢的选择。同时，双方还将继续加强相互投资和深化知识产权保护领域的合作。这不仅有利于中美两国，也有利于全球经济贸易的稳定繁荣。

资料来源：都市快报。

【要求】

阅读资料并思考：美国对中国长期贸易逆差对美国经济的影响有哪些？我国采取减少对美国的贸易顺差将会对我国汇率产生怎么样的影响？

2. 【资料】

本章表 6-4：中国 2018 年国际收支平衡表。

【要求】

请结合所学内容，分析一下中国 2018 年的国际收支平衡状况。

纽约、法兰克福、伦敦三地的外汇行市如下：

纽约市场：1 美元 = 1.9100 ~ 1.9110 德国马克

法兰克福市场：1 英镑 = 3.0790 ~ 3.0800 德国马克

伦敦市场：1 英镑 = 1.7800 ~ 1.7810 美元

若一套汇者有 10 万美元，应如何套汇使其增值。

第七章 货币均衡与货币政策

 学习目标

知识目标

1. 理解货币需求的含义、动机、微观主体分析及货币需求量的影响因素。
2. 理解货币供给的含义、货币供给的过程。
3. 理解货币均衡的含义、货币均衡和社会供求均衡的关系。
4. 掌握通货膨胀定义、指标、原因以及影响。
5. 掌握货币政策的定义、三大政策工具的特点等。

技能目标

能运用货币需求和货币均衡的一般理论对实际情况进行分析。

从两头牛到1/5根油条

如果说数千年的世界文明史上有跨越不同国家、民族和历史时期反复出现的经济现象，通货膨胀毫无疑问应名列其中。作为全世界唯一拥有五千年不间断文明史的国家，中国人与通货膨胀的"交情"也堪称源远流长，关于"物重钱轻"的记载不绝于史，而且往往与社会动荡联系在一起。东汉末年董卓之乱，就曾经出现了"谷石数万""谷一斛数十万"的情形（见《后汉书·献帝纪》及《循汉书·董卓传》）。元朝和民国时期更发生了天文数字级的超级通货膨胀。

早在1941年，汪伪政府规定以2元法币换1元中储券。1945年抗战胜利后，国民党政府又规定以200元中储券换回1元法币。1948年8月19日，按蒋介石政府发行金圆券办法，规定以300万法币换金圆券1元，如此重重剥削，掠夺人民财富。在不到3个月的时间里，物价像断线的气球，扶摇直上。人们本来就不愿把这种迟早要贬值的金圆券留在身边，当时人们见物即买，像抛掉烫手的山芋一样。

从1937年到1947年，100元法币购买力的变化，可作如下形象的比拟（1948—1949年已无法比拟）：

1937年可买大牛两头；1938年可买大牛一头和小牛一头；1939年可买大牛一头；1940年可买小牛一头；1941年可买猪一头；1942年可买火腿一只；1943年可买鸡一只；1944年可买小鸭一只；1945年可买鱼一条；1946年可买鸡蛋一只；1947年可买五分之一根油条。1948年法币临终前，100元的购买力只合抗战前的0.00002元。到1949年5月，金圆券所谓的价值就还得在小数点后再加上几个零字。

第一节 货币供求

一、货币流通

货币流通是指货币作为流通手段和支付手段在经济活动中所形成的连续不断的收支运动。在商品流通过程中，货币不断在卖主和买主之间转手，这种连续不断的货币转手，便形成一个与商品流通 W－G－W 相伴随的货币流通 G－W－G。货币流通与商品流通的关系体现在以下几方面：

第一，货币流通实质上商品流通的实现形式和表现形式，商品流通是货币流通的基础和实质内容。在商品流通和货币流通的关系上，商品流通始终是第一位的，它不但决定货币流通的速度，也决定其流通的方向和速度。

第二，现实中商品流通和货币流通具有相对独立性，货币流通还能够反作用于商品流通，两者之间存在着差异性，主要表现为：一是商品与货币的互换不具有强制性，商品流通决定货币流通是有条件的；二是商品流通与货币流通在时间上有不一致性，商品转化为货币和货币再转化为商品是两个不同的过程，从而使商品流通与货币流通在时间上存在着差异；三是商品流通与货币流通在量上有不一致性，货币流通量总是小于商品流通量，商品流通与货币流通的决定因素也不相同。

第三，虽然从本质上说货币流通是由商品流通决定的，但在形式上商品流通却通过货币流通反映出来，并通过货币流通来实现，货币流通是否正常和稳定，直接影响着商品流通和国民经济运行。

(一) 货币流通的形式

货币流通的形式包括现金与非现金流通两种形式。

现金流通,又称现金结算,是直接以现金为流通手段和支付手段的货币运动,主要是同消费资料零售市场的商品流通、居民个人的小额支付相联系的货币流通,适用于小额、零星交易和支付。现金流通占整个货币流通的比重不大,随着现代化程度特别是电子化支付系统的发展,现金流通的范围和规模将越来越小。但现金流通对整个货币流通的影响却很大,它直接关系到商品经济的发展和市场物价的稳定,国家一直把加强现金管理作为宏观经济管理的一项内容。

非现金流通,又称转账结算,是指收付款双方通过各自的银行账户,用转账结算的办法完成货币收付的货币运动,主要是同生产资料市场和消费资料批发市场的商品流通、企事业单位的大额支付以及与金融交易相联系的货币流通。它的特点是不动用现金进行收付,通过开出支票等结算凭证完成存款划转。非现金流通一般适用于大额交易,如果在大额交易中采用现金结算则要增加大量印刷费用和流通费用且不安全,采用转账结算,既方便安全,又节约流通费用、缩短结算时间。在现代国民经济的总交易中,非现金流通所占的比重一般都超过90%,成为货币流通的主要形式。

瑞典将成纸币消失国度?现金使用率仅占 3%

瑞典是欧洲第一个引入纸币的国家,它于 1661 年发行纸币。但现在,现金在瑞典经济中的使用率仅占 3%。该国正在努力摆脱现金。由此,它很可能成为世界上第一个无现金的国家。事实上,在科技高度发达的国家瑞典,无钞化社会的雏形正在形成。

在瑞典大多数城市,公交车不接受现金;车票钱必须预付或用手机短信支付。由于一些小公司只接受银行卡,一些银行的分支机构已经完全停止处理现金业务,他们通过电子交易业务来赚钱。20 世纪 70 年代流行音乐团体 ABBA 的前成员、不用现金运动的提倡者波恩·乌尔瓦厄斯说,"我看不出我们为什么还要印刷钞票。"值得注意的是,连教堂也降低了现金使用率。比如在瑞典南部的卡尔·古斯塔夫教堂,约翰·提尔伯格牧师最近设置了一个读卡器以使礼拜者更方便提供捐献。提尔伯格说:"大家已跟我提了好几次,他们说他们没有现金,但是他们仍喜欢捐钱。"而在瑞典南部城市兰斯科罗纳开设保龄球馆的安德烈·沃拉姆菲特在 2010 年已停止接受现金。她在当时就提出了一个大胆的预测:硬币和钞票将在 20 年内在瑞典销声匿迹。她说,"我个人认为,这是人们在将来期望的东西。"

根据总部设在瑞士巴塞尔,被称为"央行的央行"的国际清算银行的一份报告,纸币和硬币只占瑞典货币量的3%,与之相比,它们在欧元区国家占9%,在美国占7%。

资料来源:http://www.nd.chinanews.com/Life/20120323/431037.html。

(二) 货币的层次划分

1. 货币层次划分依据

现金、银行里的存款都可以在购买商品时进行支付结算,它们都会对社会购买力产生影响,都可以被称为"货币"。但是现金和银行存款虽然都是货币,但它们的流动性有很大的不同。现金直接就是现实的购买力,而银行存款在必须满足一定的条件才能变成购买力。为了测算、掌握流通中货币供应量的情况,更有效地调控货币供应量,各国中央银行在确定货币供给的统计口径时,以金融资产流动性的大小作为标准,并根据自身政策目的的特点和需要,划分了货币层次。流动性程度不同的金融资产在流通中的交易成本不同、难易程度不同,从而对商品流通和各种经济活动的影响程度也就不同。

划分货币层次主要是为了便于中央银行控制货币供给。中央银行可以通过增加或减少货币供应量控制货币市场,实现对经济的干预。货币供应量的变动会影响利率,中央银行可以通过对货币供应量的管理来调节信贷供给和利率,从而影响货币需求并使其与货币供给相一致,以进一步影响宏观经济活动水平的经济政策。货币层次的划分对科学地分析货币流通状况,正确地制定、实施货币政策,及时有效地进行宏观调控具有非常重要的意义。

2. 国际货币基金组织货币层次的划分

各国的货币银行制度不同,在划分货币层次上也不尽相同。国际货币基金组织根据货币涵盖范围的大小和流动性的差别,把货币供应量家族划分成"三兄弟":

M0,又叫"现钞",是指流通于银行体系以外的现钞,也就是居民和企业手中的现钞。M0流动性最强,具有最强的购买力。需要说明的是西方国家的M0指的是流通于银行体系之外的现钞货币,而在我国,银行体系(不包括中央银行)的库存现钞也属于流通中的现钞货币。

M1,又叫"狭义货币",由流通于银行体系以外的现钞(M0)和银行的活期存款构成,其中活期存款由于随时可以变现(提取),所以流动性和购买力不亚于现钞。M1代表了一国经济中的现实购买力,对货币流通影响最大,因此,对社会经济生活有着最广泛和最直接的影响。在很多国家,M1是中央银行进行宏观调控的重要变量,是货币政策的中介目标。

M2，又叫"广义货币"，由流通于银行体系之外的现钞加上活期存款（M1），再加上定期存款、储蓄存款等构成。M2包括了一切可能成为现实购买力的货币形式。M2不仅反映现实的购买力，还反映潜在的购买力。定期存款、储蓄存款等不能直接变现，所以不能立即转变成现实的购买力，但经过一定的时间和手续后，也能够转变为购买力，因此，它们又叫作"准货币"。由于M2对研究货币流通的整体状况有着重要意义，近年来，很多国家开始把货币供应量的调控目标转向M2。若M1增速较快，则消费市场活跃；若M2增速较快，则投资市场活跃。中央银行和各商业银行可以据此判定货币政策。M2过高而M1过低，表明投资过热、需求不旺，有危机风险；M1过高而M2过低，表明需求强劲、投资不足，有涨价风险。

3. 我国货币层次的划分

在1994年12月27日颁布的《中国人民银行货币供应量统计和公布暂行办法》中，根据当时的实际情况，将我国货币供应量划分为M0、M1、M2以及M3等几个层次，各层次所涵盖的内容如下：

M0：流通中现金（货币供应量统计的机构范围之外的现金发行）

M1：M0＋企业存款（企业存款扣除单位定期存款和自筹基建存款）＋机关团体部队存款＋农村存款＋信用卡类存款（个人持有）

M2：M1＋城乡居民储蓄存款＋企业存款中具有定期性质的存款（单位定期存款和自筹基建存款）＋外币存款＋信托类存款

M3：M2＋金融债券＋商业票据＋大额可转让定期存单等

M1，即狭义货币；M2，即广义货币；M2－M1即准货币。

二、货币需求

（一）货币需求的定义

在现代高度货币化的经济社会里，社会各部门需要持有一定的货币去媒介交换、支付费用、偿还债务、从事投资或保存价值，因此便产生了货币需求。货币需求是指社会各部门在既定的收入或财富范围内能够而且愿意以货币形式持有的数量，通常表现为一国在既定时间上社会各部门所持有的货币量。

对于货币需求含义的理解，我们还需把握以下几点：（1）货币需求是一个存量的概念。它考察的是在某个时点和空间内，社会各部门在其拥有的全部资产中愿意以货币形式持有的数量或份额。而不是在某一段时间内，各部门所持有的货币数额的变化量。因此，货币需求是个存量概念，而非流量概念。（2）货币需求量是有条件限制的，它以收入或财富的存在为前提，在具备获得或持有货币的能力范围之内愿意持有的货币量。因此，构成货币需求需要同时具备两个条件：一是必须有能力获得或持有货币；二是必须愿意以货币形式保有其财产。（3）现实中的货币需求不仅包括对现金的需求，而且包括对存款货币的需求。因为货币需求是所有商品、劳务的流通以及有关一切货币支付所提出的需求。这种需求不仅现金可以满足，

知识链接：

了解近几年我国M0、M1、M2变动情况

存款货币也同样可以满足。如果把货币需求仅仅局限于现金，显然是片面的。(4) 人们对货币的需求既包括了执行流通手段和支付手段职能的货币需求，也包括了执行价值贮藏手段职能的货币需求。二者差别只在于持有货币的动机不同或货币发挥职能作用的不同，但都在货币需求的范畴之内。

> **想一想：**
> 你对货币的需求主要包括哪些

（二）货币需求的动机

现代经济生活中的经济主体分为三类，即居民个人、企业和政府。无论是居民、企业还是政府机构，产生对货币的需求的心理动机大致相同。凯恩斯认为，人们持有货币的心理动机大致可分为三类：一是交易动机，二是预防动机，三是投机动机。

1. 交易动机

交易动机指居民、企业和政府机构保证正常消费和购买行为的心理需求。任何一个居民、企业或政府机构都不能不购买，不在市场上交易。如企业需要为生产准备原材料、动力，要支付工人的工资；而政府为维持正常工作，也得购买办公用品、通信联络和支付雇员工资。购买或交易，就得有支付能力，即持有一定货币。这使居民、企业和政府机构产生保留一定量货币在手中的欲望。这种货币需求被称为"以交易为动机的货币需求"。

2. 预防动机

预防动机指居民、企业和政府机构为应付非正常情况而保留一定量货币的心理。人类社会以及自然界都存在着很大的不确定性。为了应付这种不确定性，人们不得不准备一些手段。现代社会，一定量的货币似乎是最好的预防手段之一。

以预防为动机的货币需求也受收入水平的影响。收入高以预防为动机的货币需求就多，反之则少。但是，以预防为动机的货币需求还受意外事件出现的概率影响。因此，社会动荡时，人们因预防动机而需求的货币量会增加，自然条件恶劣，容易出现意外事件地区的人们预防性货币需求也较多。

3. 投机动机

货币还有一个重要作用，就是能够带来投资收入。但是，货币一旦投入，就失去了再选择的机会。这在经济学上称为"机会成本"。考虑到机会成本后，人们将会保留一定货币在手边，寻找更高收益的投资机会。出于这样的动机而保留的货币称为"以投机为动机的货币需求"。

以投机为动机的货币需求当然也会受收入的影响。收入越高，参与投资的资本越多，保留在手边寻找机会的投机性货币也就会越多。

（三）货币需求的影响因素

货币总需求与物价水平和社会商品可供应量成正比，而与货币流通速度成反比。从货币需求的主体角度，货币需求取决于人们持有货币的动机

和财务约束,因此凡是影响和决定人们持有货币的动机和财务约束条件的因素,也就是决定和影响货币需求的因素,主要有以下方面:

1. 收入状况

收入状况是决定货币需求的主要因素之一,这一因素又可分解为收入水平和收入时间间隔两个方面。在一般情况下,货币需求与收入水平成正比,这是因为人们以货币形式持有的财富是其总财富的一部分,而收入的数量往往决定着总财富的规模及其增长速度。同时,收入的数量对支出数量也有决定性影响,收入多则支出多,而支出多则需要持有的货币量也多。如果人们取得收入时间间隔越长,则人们的货币需求量就会增大;反之则反是。因为在一般情况下,收入通常是定期地取得,而支出则是经常陆续地进行,在两次收入的间隔中,人们要持有随时用于支出的货币。两次收入的间隔越长,人们需要持有的货币越多。

2. 商品价格水平或价格指数

人们持有货币是为了购买商品,因此,人们需要的货币实际是需要货币具有的购买力,换言之是货币能买到的商品数量。如果某人原来持有1 000元货币,现在若所有商品价格上升了一倍,则现在他必须持有2 000元才能买到原先数量的商品,如果仍只有1 000元,则他只能买到原来商品数量的一半。可见,当价格水平提高时,为了保持原先持有货币的购买能力,他需要持有的名义货币量必须相应增加。

3. 市场利率

在正常情况下,货币需求与市场利率呈负相关关系。市场利率上升,货币需求减少;反之,市场利率下降,货币需求增加。当市场利率提高时,一方面会增加人们持有货币的成本,另一方面又会使有价证券价格下降,吸引投资者购买有价证券,以便在未来有价证券价格回升时,获取资本利得,所以人们将减少货币需求量。而当市场利率下降时,一方面会减少人们持有货币的机会成本;另一方面会使有价证券的价格上升,人们为避免将来证券价格下降而遭受损失,就会抛售有价证券,转而持有货币,从而使货币需求量增大。

4. 信用的发达程度

一般说来,货币需求量与信用的发达程度成负相关关系。如果在一个社会信用发达,信用制度健全,人们在需要货币的时候能容易地获得现金或贷款,那么人们所需要持有的货币就会少些,人们可以将暂时不用的货币先投资于其他金融资产,待需要使用货币时,再将其他金融资产出售以换回现金。另外,在信用制度发达的经济中,有相当一部分交易可通过债权债务的相互抵销来结算,这也减少了货币的需求量。而在信用制度不发达,融资不方便的经济中,人们要取得现金或贷款不太容易,于是人们宁愿在手头多持有些货币。

5. 其他因素

货币需求还受到其他因素的影响。比如,货币需求与消费倾向一般呈同方向变动关系，即消费倾向越大，所需要用作购买手段的货币持有量就越大，反之则反是；货币需求在很大程度上还受到人们的心理预期的影响，等等。

三、货币供给

（一）货币供给含义

货币供给是指货币供给主体在一定时期内通过银行体系向社会公众投入、创造、扩张（或收缩）货币的行为，是一个动态的流量概念。货币供给有名义和实际之分，名义货币供给是指一定时点上不考虑物价因素影响的货币存量；实际货币供给是指剔除了物价影响之后的一定时点上的货币存量。人们通常所使用的货币供给概念，一般都是名义货币供给。

货币供给量，是指一国在某一时期内为社会经济运转服务的货币存量，它由包括中央银行在内的金融机构供应的现金货币和存款货币两部分构成。

举个简单的例子：假定一国有 A、B、C 三人，A 向 B 购买价值一万元的商品，B 向 C 购买价值一万元的商品，C 又向 A 购买价值一万元的商品。没有现代银行和信用体系时，三个人都必须支付现金。即使他们的购买行为完全按时间顺序进行，该国至少也得有一万元货币供他们使用。但是当现代银行和信用体系产生后，不管他们怎样进行交易，时间顺序是否正确，他们的交易都可能在极少现金的情况下完成。A 向 B 购买时，由银行将一万元收入记入 B 的账户，A 账户中有存款时转账，否则，记贷款。B 向 C 购买时，直接转账。C 再向 A 购买时，也可以通过记账完成。这样，该国实际上只要供给足够偿还银行贷款利息的现金，便足够完成商品流通了。当然，以上是一种纯理论假设，在经济运行的现实过程中，交易不可能这样顺利进行，因此，在很多地方还是需要一定量现金货币的。然而，通过以上的例子，我们发现：在现代银行和信用体系已经形成的条件下，流通中实际需要的货币量已经不局限于现金，还包括信用货币。

（二）货币供给的过程

货币供给的过程就是银行系统向经济中注入货币的过程，即以中央银行创造的基础货币为起点，通过商业银行的存款创造作用以货币乘数的形式放大，从而实现货币创造，满足经济运行需要（见图 7-1）。

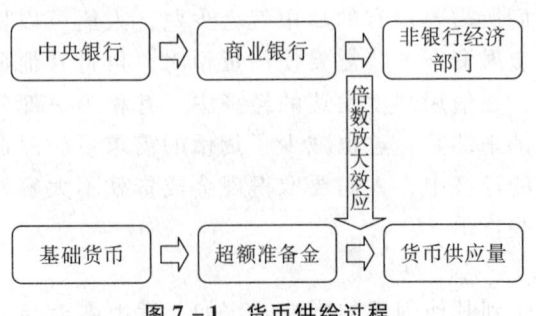

图 7-1　货币供给过程

1. 商业银行的存款创造过程

在货币供给机制中,商业银行因具有创造派生存款的能力而在金融机构体系中具有特别重要的地位。当中央银行将货币投入到经济中的时候,这些货币会通过商业银行派生出比投放的货币更多数量的存款货币。

(1) 原始存款和派生存款。原始存款是指银行吸收的现金存款或中央银行对商业银行贷款所形成的存款。这部分存款不会引起货币供给总量的变化,仅仅是流通中的现金变成了银行的活期存款,存款的增加正好抵销了流通中现金的减少。原始存款能够增加商业银行的准备金。商业银行的准备金以两种具体形式存在:一是商业银行持有的应付日常业务需要的库存现金,二是商业银行在中央银行的存款。派生存款是相对于原始存款而言,指由商业银行以原始存款为基础,通过发放贷款、贴现或投资而创造出来超过原始存款的存款。派生存款是商业银行为社会提供的存款货币,是以非现金形式增加的货币供给量。

(2) 存款创造的过程。存款创造的前提条件是部分准备金制和部分现金提取。在部分准备金制下,当客户在商业银行存入一笔现金后,商业银行不是将它们都放在保险柜里,或存入中央银行等着客户来提取,而是只保留一定比例做准备,把其余的贷款放出去或者用来购买证券。部分现金提取是指借款人获得商业银行贷款后,并不立即以现金形式将它们从银行全部提取,通常是由银行将该笔资金贷记入借款人的存款账户上,借款人利用这笔资金进行支付时,通常是通过票据清算把它转移到收款人的账户上,收款人的账户可以是同一家银行的,也可以是其他银行的。当然,借款人也可以把贷款提取出来以现金形式付款,但收款人收到现金后通常还要把它存入银行。因此,真正以现金形式游离于银行系统之外的只是贷款的一部分。

下面我们举例说明派生存款的形成过程,为了简化,我们假设:①客户将一切收入均存入商业银行体系,且不支取现金或归还贷款;②法定存款准备金率为20%,超额准备金率为0;③存款准备金由商业银行的库存现金及其在中央银行的存款组成;④暂不考虑其他因素。

假定某客户将10元现金作为活期存款存入甲银行,银行收到这10元之后,会留下2元作为法定准备金以应付提款需要,剩余的8元钱会贷放出去;得到这笔贷款的客户会将其存入乙银行,乙银行留下20%的法定存款准备金,将其余的继续贷款,形成一个循环,见表7-1。

最后我们发现,10元的原始存款,将导致银行存款增加5倍,准备金增加10元,贷款数量增加40元。

用 r_d 表示法定存款准备金率,K 表示货币乘数,即商业银行的存款创造倍数。

则,$K = \dfrac{1}{r_d}$,该公式表示每增加1元的原始存款,整个银行体系的存

表 7－1　　　　　　　　　　商业银行存款创造过程

银行	银行存款增加额	存款准备金增加额	贷款增加额
甲银行	10	2	8
乙银行	8	1.6	6.4
丙银行	6.4	1.28	5.12
丁银行	5.12	1.024	4.096
⋮	⋮	⋮	⋮
合计	10＋8＋6.4＋……＝50	1＋1.6＋1.28＋……＝10	8＋6.4＋5.12＋……＝40

款就会扩张 $\frac{1}{r_d}$ 倍。由此可见，法定存款准备金率越高，商业银行创造存款货币的能力越弱；反之，法定存款准备金率越低，商业银行创造存款货币的能力越强。

2. 中央银行与货币供给

中央银行作为货币供给的主体，主要通过调整、控制基础货币规模来实现其在货币供给过程中的作用。

基础货币，也称货币基数、强力货币、初始货币，因其具有使货币供应总量成倍放大或收缩的能力，又被称为高能货币。基础货币通常是指流通中的现金和商业银行在中央银行的准备金存款之和，可用公式表示为：

$$B = C + R$$

式中，B 代表基础货币，C 代表流通中的现金，R 代表商业银行在中央银行的准备金存款。从基础货币的构成看，C 和 R 都是中央银行的负债，中央银行对这两部分都具有直接的控制能力。

现金的发行权由中央银行垄断，其发行程序、管理技术等均由中央银行掌握。商业银行的准备金存款，中央银行对其有较强的控制力。中央银行可以通过调整法定存款准备率，强制改变商业银行的准备金结构，影响其信贷能力；也可以通过改变再贴现率、再贷款条件等来改变商业银行的准备金数量；还可以通过公开市场业务操作，买进或卖出有价证券和外汇来改变商业银行的准备金量。如果没有现金的发行和中央银行对商业银行的信贷供应，商业银行的准备金存款便难以形成，其用以创造派生存款的原始存款的来源就不存在。从这个意义上说，中央银行控制的基础货币是商业银行借以创造存款货币的源泉。

中央银行供应基础货币，是整个货币供应过程中的最初环节。货币供应的全过程，就是由中央银行供应基础货币，基础货币形成商业银行的原始存款，商业银行在原始存款基础上创造派生存款（现金漏损的部分形成流通中现金），最终形成货币供应总量的过程。因此，基础货币是中央银行调节货币供给量的一个重要目标。

（三）货币供给的影响因素

通过银行业务操作实现的货币供应及其调整，归根结底取决于社会各

部门对货币的需求,货币需求对于货币供给的决定作用可以从以下几个方面进行分析:

1. 中央银行控制基础货币的直接程度受制于货币需求

中央银行对基础货币控制的直接程度是相对的。在基础货币中,中央银行控制流通中现金部分的能力,最终还要受制于社会各部门的现金需求;至于商业银行的准备金存款部分,也体现了中央银行控制的相对性。中央银行在调节商业银行准备金存款时,除法定存款准备金率以外,其他手段对准备金存款的影响都不十分直接。中央银行通过调整再贴现率、再贷款规模,进行公开市场业务来调节资金供给量,其效果受商业银行决策的影响。在经济萧条期,如果商业银行对前期预期悲观,即使中央银行降低放款利率、扩大贷款额度,货币供给量终究还会因商业银行较低的筹资愿望和贷款愿望而迟迟不能扩大。

2. 商业银行扩大信贷规模受制于社会的信贷资金需求

贷款的形成取决于借贷双方的共同意愿。如果商业银行在中央银行实施扩张性货币政策后终于增加了存款准备金额,货币供给量是否会相应扩大,仍是一个未知数,它还进一步取决于借贷双方的意愿。如果商业银行愿意保存较多的超额准备金,这时即使借款人有贷款需求,货币供给量也无法扩大;反之,如果银行信贷资金宽松,但客户借款需求较低,货币供给量也无法扩大。这种情况在经济萧条时期尤其容易出现,货币供给的扩张会因需求不足而受到阻碍。

3. 社会公众持有现金的意愿影响货币供给总量

流通中现金存入银行,可以成倍创造派生存款,扩大货币供给量。但现金被存款客户从银行中取出,则会大幅度减少存款货币量。因此,非银行部分持有现金数量的大小,直接影响到货币供应总量。社会持有现金的数量主要受经济运行的影响,在经济繁荣期,利率上升,人们愿意放弃现金,将其转换为存款及各种有价证券以获得收益;在经济萧条期,对金融资产的不安全感使人们纷纷从银行提取现金以求安全,从而影响货币供给量。

第二节 货币均衡与通货膨胀

一、货币均衡

(一)含义

货币均衡也叫货币供求均衡,是指在一定时期经济运行中的货币需求与货币供给在动态上保持一致的状态。货币非均衡即货币失衡,指在一定时期经济运行中的货币需求与货币供给在动态上不一致的状态，表现为货币需求大于货币供给，或者货币供给大于货币需求。

对货币均衡的理解注意以下几点：①货币均衡是货币供求作用的一种状态，使货币供给与货币需求的大体一致，而非货币供给与货币需求在价值上的完全相等。②货币均衡是一个动态过程，在短期内货币供求可能不一致，但在长期内是大体一致的。③货币均衡在一定程度上反映了国民经济的平衡状况。在现代商品经济条件下，货币不仅是商品交换的媒介，而且是国民经济发展的内在要素。货币收入的运动制约和反映着社会生产的全过程，货币收支把整个经济过程有机地联系在一起，一定时期内的国民经济状况必然要通过货币的均衡状况反映出来。

货币需求所对应的主要是商品和劳务的实际交易，货币供给主要为这种交易提供购买和支付手段。因此，货币均衡的状态就表现为在市场上既不存在实际交易量大而购买力或支付能力不足所导致的商品滞销，也不存在实际交易量小而购买力或支付能力过多而导致商品短缺或价格上涨。货币均衡的状态表现为物价相对稳定、经济稳定增长的长期趋势。货币均衡是用来说明货币供给与货币需求的关系，货币供给符合经济生活对货币的需求则达到均衡。货币的需求与供给既相互对立，又相互依存，货币的均衡状况是这两者对立统一的结果。

(二) 货币均衡的标志

货币均衡和非均衡体现为物价的变化和利率的变化，货币均衡的判别标志就是物价和利率。

1. 物价

如果价格水平提高，则名义收入增加，名义货币需求增加；价格水平下降，名义收入减少，名义货币需求减少。如果名义货币供应不能随之调整，必然带来货币供求的非均衡。当货币供给大于货币需求时，货币购买力下降，物价水平上升，物价水平上升后，名义货币需求增加，货币供求实现均衡。货币供给小于货币需求时，货币购买力提高，物价水平下降，名义货币需求减少，货币供求实现均衡。由此可见，货币的非均衡表现为物价的变化，物价变化又会使其在新的水平上达到均衡。

2. 利率

在市场经济条件下，货币的均衡和非均衡更重要的表现为利率的变化。在市场经济条件下，货币均衡是货币供给和货币需求对比关系自发调节和适应的结果，在均衡实现的过程中，起决定作用的是利率。货币供给者总想以较高的利率供应货币，以期取得最大收益；货币需求者总想以较低的利率接受货币，以求使用货币的成本最低。因此，货币供给是利率的增函数，货币需求是利率的减函数。在完全竞争的市场条件下，均衡的市场利率是货币供求均衡的显示指标。

（三）货币供求与社会总供求的均衡

1. 社会总需求与社会总供给

社会总需求是指一国在一定的支付能力条件下，全社会对生产出来供最终消费和使用的商品和劳务的需求的总和，包括消费需求和投资需求。社会总供给是指一国在一定时期内生产部门提供的全部供最终消费和使用的商品和劳务的总和。如果社会总需求大于社会总供给，意味着市场上处于供求紧张状态，物价上涨和社会不稳定；反之，社会总供给大于社会总需求，意味着市场疲软，失业率上升，经济萧条。

2. 货币供求均衡与社会总供求均衡的关系

货币均衡是国民经济总体均衡的一个前提条件，而国民经济均衡具体表现为社会总供求均衡，因此，货币均衡是实现社会总供求平衡的重要条件。货币供求与社会总供求的关系如下（见图7-2）。

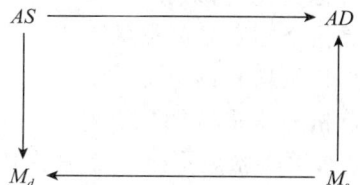

图7-2 社会总供求与货币需求的关系

第一，社会总供给 AS 决定货币需求 M_d。社会总供给具体体现为商品供给，在商品经济条件下，任何商品都需要用货币来体现和衡量其价值的大小，因此，有多少商品供给，就需要有多少货币与之相适应。

第二，货币需求 M_d 决定货币供应量 M_s。就货币的供求关系而言，客观经济过程的货币需求是基本的前提条件，货币的供给必须以货币的需求为基础，才能保证物价稳定。中央银行控制货币供应量的目的，就是要使货币供应与货币需求相适应，以维持货币的均衡。

第三，货币供给 M_s 形成社会总需求 AD。社会总需求是以一定的货币量作为载体的，总需求指的是有效需求，即有支付能力的需求，如果没有货币供给，有效需求就无从产生。因此，货币供给决定并制约社会总需求。货币供给增加，社会总需求增大；货币供给减少，社会总需求减少。货币供给量的变化在保持国民经济持续、稳定发展和社会总供给与社会总需求的平衡中起重要作用。如果货币供给过多，就会造成消费需求和投资需求的膨胀，从而导致通货膨胀；如果货币供给不足，则消费需求和投资需求就不能实现，致使经济萎缩。

第四，社会总需求 AD 客观上要求社会总供给 AS 与其保持平衡，总需求制约总供给的变化。商品的需求必须与商品的供应保持平衡，这是宏观经济平衡的出发点和复归点。

由于货币需求反映了社会总供给的需要，而货币供给又直接影响社会总需求，所以货币供求的均衡直接影响着社会总供求的均衡。如果货币供给大于货币需求，会造成总需求大于总供给，进而引发物价上涨——通货膨胀；如果货币供给小于货币需求，会造成总需求小于总供给，进而引发物价下跌——通货紧缩。出现上述现象，要求运用货币政策调节货币供应量，调节社会总需求，达到平衡。

二、通货膨胀

（一）通货膨胀的定义

通货膨胀是指商品和服务的货币价格总水平的持续明显地上涨的现象。对于这个定义，还有必要增加几点说明：

第一，通货膨胀不是指一次性或短期的价格总水平的上升，而是一个持续的过程。同样，也不能把经济周期性的萧条，价格下跌以后出现的周期性复苏阶段的价格上升贴上通货膨胀的标签。只有当价格持续地上涨作为趋势不可逆转时，才可称为通货膨胀。

第二，通货膨胀不是指个别商品价格的上涨，而是指价格总水平（即所有商品和劳务价格的加权平均）的上涨。

第三，通货膨胀是价格总水平的明显上升，轻微的价格水平上升，比如说 0.3%，就很难说是通货膨胀。不过，能够称作"通货膨胀"的价格总水平增长率的标准到底是多少，取决于人们对通货膨胀的敏感程度，是一个主观性的概念。

知识链接：
委内瑞拉成为世界物价最贵的国家

（二）通货膨胀的度量

通货膨胀是物价总水平的持续明显上涨，通货膨胀的程度可以用物价上涨的幅度来衡量。一般采用以下一种或一种以上的物价指数。

1. 消费者物价指数（CPI）

消费者物价指数，通常被称为"居民消费价格指数"，是根据家庭消费的有代表性的商品和劳务的价格变动状况而编制的物价指数，反映消费者为购买消费品而付出的价格的变动情况。我国现行的 CPI 指数统一执行国家统计局规定的"八大类"体系，即指数的构成包括食品、烟酒及用品、衣着、家庭设备用品及服务、医疗保健及个人用品、交通和通信、娱乐教育文化用品及服务、居住等八大类，每个大类中又包含若干个具体项目，总共有 300 多项。其构成权重分别是食品 34%；娱乐教育文化用品及服务 14%；居住 13%；交通通讯 10%；医疗保健个人用品 10%；衣着 9%；家庭设备及维修服务 6%；烟酒及用品 4%。从 2001 年起，我国采用国际通用做法，逐月编制并公布以 2000 年价格水平为基期的居民消费价格定基指数，作为反映我国通货膨胀（或通货紧缩）程度的主要指标。

消费者物价指数的优点是能及时反映消费品供给与需求的对比关系，资料容易搜集，公布次数较为频密（通常每月一次），能够迅速直接地反映影响居民生活的价格趋势。缺点是范围较窄，只包括社会最终产品中的居民消费品这一部分，不包括公共部门的消费、生产资料和资本产品以及进出口商品，从而不足以说明全面的情况。一部分消费品价格的提高，可能是由于品质的改善，消费者物价指数不能准确地表明这一点，因而有夸大物价上涨幅度的可能（见图7-3）。

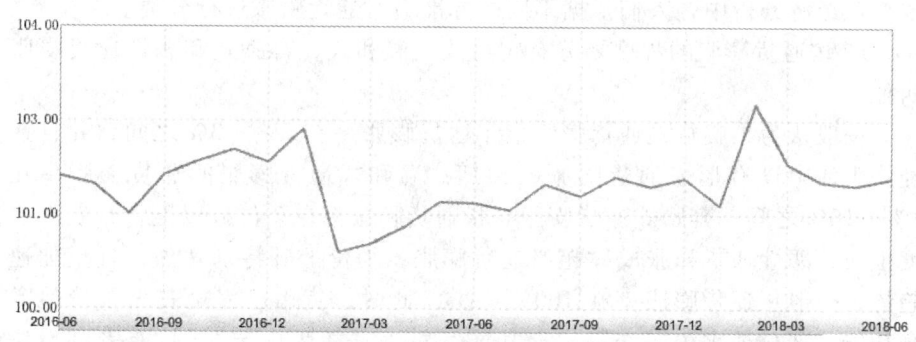

图7-3　2016年6月—2018年6月我国CPI

2. 批发物价指数（WPI）

批发物价指数是根据制成品和原材料的批发价格编制的指数，反映商品批发价格上升或下降的幅度。这一指数的优点是对商业周期反应敏感，缺点是不包括劳务产品在内，同时它只计算了商业在生产环节和批发环节上的价格变动，没有包括商品最终销售时的价格变动，其波动幅度常常小于零售商品的价格波动幅度。因而，在用它判断总供给与总需求的对比关系时，可能会出现信号失真的现象（见图7-4）。

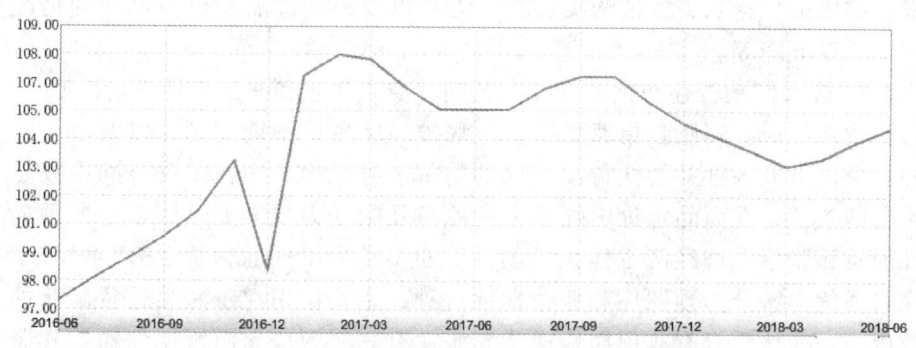

图7-4　2016年6月—2018年6月我国PPI

3. GNP平减指数

GNP平减指数是按当年价格计算的国民生产总值与按不变价格计算的国民生产总值的比率，其计算公式为：

$$GNP\text{平减指数} = \frac{\text{报告期价格计算的}GNP}{\text{不变价格计算的}GNP}$$

所谓按不变价格计算，实际上是按照某一基期年份的价格进行计算。GNP平减指数的优点是范围广泛，除了居民消费品外，还包括公共部门的消费、生产资料和资本产品以及进出口商品，因此能较准确地反映一般物价水平的趋向。缺点是资料较难搜集，需要对不在市场上发生交易的商品和劳务进行换算，因此公布次数不如消费指数频密。

（三）通货膨胀的分类

在经济分析中，人们根据不同的标准，对通货膨胀进行分类。

1. 按通货膨胀的程度划分有爬行式、温和式、奔腾式和恶性通货膨胀四种

一般认为，爬行式通货膨胀指年通货膨胀率在2%~3%之间，并且在经济生活中没有形成通货膨胀的预期；温和式通货膨胀的通货膨胀率在3%~10%之间；奔腾式通货膨胀是指通货膨胀率在2位数以上，且发展速度很快；恶性通货膨胀或称超级通货膨胀，物价上升特别猛烈，且呈加速趋势，一般年通货膨胀率在100%以上。此时，货币已完全丧失了价值贮藏功能，部分地丧失了交易媒介功能，成为"烫手山芋"，持有者都设法尽快将其花费出去。当局如不采取断然措施，货币制度将完全崩溃。

2. 按市场机制的作用划分有公开型通货膨胀和隐蔽型通货膨胀

公开型通货膨胀的前提是市场功能完全发挥，价格对供求反应灵敏，过度需求通过价格的变动得以消除，价格总水平明显地、直接地上涨。隐蔽型通货膨胀则是表面上货币工资没有下降，物价总水平也未提高，但居民实际消费水准却下降的现象。其前提是，在经济中已积累了难以消除的过度需求压力，但由于政府对商品价格和货币工资进行严格控制，过度需求不能通过物价上涨而吸收，商品供不应求的现实通过准价格形式表现出来：如黑市、排队、凭证购买、有价无货以及一些产品在价格不变的情况下，质量下降等。

3. 按人们是否存在预期划分有预期性通货膨胀和非预期性通货膨胀

预期性通货膨胀是指通货膨胀过程被经济主体预期到了，以及由于这种预期而采取各种补偿性行动引发的物价上升运动。如在工资合同中规定价格的条款，在商品定价中加进未来原料及劳动力成本上升因素。非预期性通货膨胀指未被经济主体预见的，不知不觉中出现的物价上升。经济学家将通货膨胀分为预期性和非预期性两种，主要作用在于考察通货膨胀的效应。一般认为只有非预期性通货膨胀才有真实效应，而预期性通货膨胀没有实在性的效果，因为经济主体已采取相应对策抵消其影响了。

4. 按成因划分有需求拉上型通货膨胀、成本推进型通货膨胀以及结构型通货膨胀

（1）需求拉上型通货膨胀。需求拉上型通货膨胀是指总需求过度增长所引起的通货膨胀，即"太多的货币追逐太少的商品"。按照凯恩斯的理论，如果总需求上升到大于总供给的地步，此时，由于劳动和设备已经充分利用，因而要使产量再增加已经不可能，过渡的需求引起物价水平的普遍上升。所以，任何总需求增加的任何因素都可以是造成需求拉动的通货膨胀的具体原因。

（2）成本推进型通货膨胀。成本推进型通货膨胀是指由成本提高而引起的通货膨胀，即是由厂商生产成本增加而引起的一般价格总水平的上涨。造成成本向上移动的原因大致有：工资推进的通货膨胀、利润推进的通货膨胀、进口成本推进的通货膨胀。

（3）结构型通货膨胀。结构型通货膨胀是指在总需求和总供给基本处于平衡状态时，由于一国经济结构发生变化而引起的通货膨胀。在通货膨胀期间，需求、成本以及结构这三种因素同时起作用。

（4）输入型通货膨胀。输入型通货膨胀是指由于国外商品或生产要素价格的上涨，引起国内物价的持续上涨现象（汇率所致）。输入型通货膨胀与经济开放有密切的关系，开放的程度越大，发生的概率越大。

（四）通货膨胀的影响

1. 通货膨胀对生产的影响

通货膨胀在生产方面的影响是多方面的，其中最突出的表现在下面两点：首先，通货膨胀破坏社会再生产的正常进行，导致生产过程紊乱；其次，通货膨胀使生产性投资减少，不利于生产的长期稳定发展。因为商品价格的上涨会使企业的生产成本迅速上升，资金利润率下降，同样的资本投资于生产领域比投资于流通领域特别是投资于金融市场获利要少得多，而后者获利的机会和数量要多得多。

2. 通货膨胀对流通的影响

首先，通货膨胀打破流通领域原来的平衡，使正常的流通受阻；其次，通货膨胀还会在流通领域制造或加剧供给与需求之间的矛盾，因为在通货膨胀情况下，人们抢购惜售，投机者大搞囤积居奇，使本来供需平衡的市场状况变成不平衡；另外，在通货膨胀时期，由于物价大幅度上涨，币值降低，潜在的货币购买力就会转化为现实的购买力，同时，人们由于对货币不信任而不断转手，使货币流通速度加快，这将进一步加剧通货膨胀。

3. 通货膨胀对分配的影响

主要是改变了原有收入和财富占有的比例。在通货膨胀改变收入分配比例过程中，依靠固定工资收入生活的成员是受害者，而从事商业活动的单位和个人，特别是在流通领域哄抬物价、变相涨价、"搭车"提价的不法单位和个人得到好处。通货膨胀还改变原有财富占有比例，如社会成员的财富是以实物资产保存的，当其所持有的资产物价上涨率大于物价总水平上涨率时，那么就是受益者；对于那些以货币持有财富的人，是受损者；而以货币形式负债的人，是受益者；债权人是利益受损者。

4. 通货膨胀对消费的影响

通货膨胀对生产性消费的影响与之对生产的影响类似。对生活性消费的影响有三：一是减少了居民的实际收入，意味着居民消费水平的下降，从而限制下一阶段生产的发展；二是由于物价上涨的不平衡性，高收入阶层和低收入阶层所受的损失不一样，加剧了社会成员之间的矛盾；三是造成市场混乱,加剧了市场供求之间的矛盾,使一般消费者的损失更大。

(五)通货膨胀的治理

通货膨胀破坏正常的经济秩序,增加不确定性,一般民众对它都持反对态度,有时将其视为需要解决的头号问题。在发生严重通货膨胀时,货币功能丧失,经济面临崩溃,危及政府统治,各国政府都要加以治理。

1. 紧缩需求

如果通货膨胀主要是由于总需求过度膨胀引起的,那么紧缩需求就能取得明显的效果。减少总需求的途径主要有紧缩财政和紧缩货币两种措施。

紧缩的财政政策有:①削减政府支出,包括减少军费开支和政府在市场上的采购;②限制公共事业投资和公共福利支出;③增加赋税,以抑制私人企业投资和个人消费支出。总之是紧缩财政支出,提高赋税,一方面压缩政府支出形成的需求;另一方面抑制私人部门的需求。但是,财政支出有很大的刚性,教育、国防、社会福利的削减都是阻力重重,有时并非能由政府完全控制。增加税收更会遭到公众的强烈反对,政府轻易不敢尝试。

紧缩的货币政策有:①通过提供法定存款准备金率、公开市场业务、道义劝告等方法,降低货币供应量的增长速度,从而导致总需求减少,在总供给不变的前提下,价格下降。②提高利率,以抑制投资需求,刺激储蓄增加,对投资品的购买减少,而对投资品的供给增加,从而导致投资品的价格下降。

2. 控制收入

收入政策是指通过工资和物价的管制政策,是指政府制定一套关于物价和工资的制度,由价格决定者共同遵守,其目的在于限制物价和工资的上涨,以降低通货膨胀率,同时又不造成大规模失业。

收入政策主要治理成本推进型通货膨胀。由于供给方面成本的提高,特别是工资的提高,会导致物价水平的上升,在这种情况下,通过限制工资和物价过分上升能够用较小的代价遏制通货膨胀。

3. 增加供给

以拉弗等(CA. Laffer et al)。为首的供给学派认为,通货膨胀是与供给紧密地联系在一起的。通货膨胀的主要危害在于损伤经济的供给能力,而供给不足,需求相对过剩又是引起通货膨胀的主要原因。他们认为,虽然通货膨胀的直接原因是货币量过多,但从根本上说,需求膨胀,货币过多是相对于商品供给过少而言的。

供应学派认为,治理通货膨胀,摆脱滞胀困境,治本的方法在于着力增加生产和供给。增加生产意味着经济增长,这样可以避免单纯依靠紧缩总需求引起衰退的负面效应。增加供给就满足了过剩的需求,从而克服通货膨胀。

要增加生产和供给,一个最关键的措施就是减税。减税可以提高人们的储蓄和投资能力与积极性。同时配以其他政策措施,一是削减政府开支增长幅度,争取平衡预算,消灭财政赤字,并缓解对私人部门的挤出效应;二是限制货币增长率,稳定物价,排除对市场机制的干扰,保证人们储蓄与投资的实际效益,增强其信心与预期的乐观性。

4. 结构调整

考虑到通货膨胀的结构性,一些经济学家建议应使各产业部门之间保持一定的比例,从而避免某些产品供求因结构性失调而推动物价上涨,特别是某些关键性产品,如食品、原材料,这一点尤其重要。

实行微观财政、货币政策,影响需求和供给的结构,以缓和结构失调而引起的物价上涨。所谓"微观政策",是指政府针对单个经济个体的具体情况制订不同的经济政策。这种经济政策主要包括实行不同的税收方案、制订不同的税率、个别地调整征税范围,调整财政支出的项目和各种项目的数额;以及采取差别利率,控制对不同行业和部门的信贷条件和借款数量等。经济政策的微观化,可以避免宏观经济政策在实行总量控制中给经济带来较大的震动,使政府的经济调节和干预更加灵活有效。

第三节 货币政策

所谓货币政策,是指货币当局为实现一定的宏观经济目标而采取的各种控制和调节货币供应量或信用方针、政策和措施的总和。包括宏观经济目标、政策工具、操作目标、中间目标及货币政策操作技巧等内容。货币政策是国家经济政策的重要组成部分,是为经济政策服务的。

一、货币政策的目标

货币政策目标是货币当局制定和实施货币政策所要达到的目的。一般分为最终目标和中间目标(亦称"中介指标")两个层次。货币政策最终目标指的是货币政策制定者期望货币政策运行的结果,对宏观经济总体目标所能发挥的实际效应。一般包括充分就业、稳定物价、经济增长和国际收支平衡四项内容,具体含义阐述如下:

1. 稳定物价

所谓稳定物价,就是指在某一时期,设法使一般物价水平保持大体稳定。也即在某一时期,平均的价格是相对不变的,但这并不意味着个别商品的价格是绝对稳定的。在动态经济中,整个价格的稳定与个别市场的价格变动并不矛盾。在实际生活中,整个社会物价稳定的同时,会出现某种商品价格上涨或下跌的情形。因为当社会对某种商品的需求增加时,该商品的价格就会上涨,促使这种商品的产量增加,以满足对这种商品需求的增加，价格机制自动发挥了作用。这种价格变动，往往会促使全社会资源得以有效地分配，提高整个社会的经济效益。所以货币政策目标不是简单地抑制物价水平的上升，而是维持物价总水平的基本稳定。物价上涨与通货膨胀并不是同义词，但稳定物价的实质是控制通货膨胀，防止物价总水平普遍、持续、大幅度的上涨。

2. 充分就业

充分就业并不意味着每个人都有工作，或每个劳动力在现行工资率下都能有一个职位。实际上，充分就业是同某种数量的失业同时存在的。在动态经济中，社会总存在某种最低限度的失业。失业有两种情况：一是摩擦性失业，即由于经济制度的动态结构调整、技术、季节等原因造成的短期内劳动力供求失调而形成的失业；二是自愿失业，即劳动者不愿意接受现行的工资水平或嫌工作条件不好而造成的失业。这两种失业在任何社会经济制度下都是难以避免的。

除了自愿失业和摩擦性失业之外，任何社会都还存在一个可承受的非自愿失业幅度，即劳动者愿意接受现行的工资水平和工资条件，但是仍然找不到工作，也就是对劳动力需求不足而造成的失业。所以，充分就业并不意味着失业率等于零。

通常以失业率，即失业人数与愿意就业的劳动力的比率来表示就业状况。那么，失业率为多少就可称之为充分就业呢？或者说一国的可容忍失业程度为多大呢？有的经济学家认为，3%的失业率就是充分就业；也有的认为，失业率长期维持在4%~5%算充分就业；在美国，大多数经济学家则认为，失业率在5%左右就是充分就业。因此，究竟失业率为多少才是充分就业只能根据各国不同的经济发展状况来判断。要想制定一个精确的指标，作为合理的失业水平，是很难办到的。

3. 经济增长

经济增长是指一国人力和物质资源的增长。经济增长的目的是为了增强国家实力，提高人民生活水平。经济增长常常带来一些社会问题，如环境污染。靠破坏生态平衡、污染环境带来的经济增长，不能算是真正的经济增长；价格上涨常常会引起国民生产总值的增加，这也并不表示经济增长。衡量经济增长最常用的方法是以剔除价格因素后的国民生产总值增长率来衡量一国的经济增长状况。

4. 国际收支平衡

国际收支状况是一个国家向世界其他国家之间的经济关系，反映一国在一定时期对外经济往来的综合情况。一国国际收支会出现三种情况：国际收支逆差、国际收支顺差或国际收支平衡。一般情况下，很难实现绝对国际收支均衡，短期的逆差或顺差却很常见。在一定条件下，逆差不一定是坏事，它意味着得到了所需要的外国商品、服务或必要的援助，有利于吸收国内市场偏多的货币，增加商品供应。在国际经济交往中，要想所有国家的国际收支都保持顺差是不可能的，这意味着经济关系无法维持下去。

因此，各国中央银行货币政策中的国际收支平衡目标，就是要努力实现本国对外经济往来中的全部货币收入和货币支出大体平衡或略有顺差、略有逆差，避免长期出现大量的顺差或逆差。因此，各国在决定货币政策时，不能单纯考虑通货膨胀、失业和经济增长等国内经济目标，国际收支均衡也必须是货币政策的主要目标之一。

在经济发展中，货币政策要同时满足四项目标的要求，事实上是不可能的，所以各国都以其中一项作为主要目标，经济发展比较快速稳健的国家，都把稳定物价作为货币政策的首要目标或唯一目标。1990年，新西兰率先提出，货币政策应当以控制通货膨胀为唯一目标，其后，有美国、英国、加拿大、澳大利亚等十几个国家接受了反通货膨胀的货币政策。德国则一贯奉行"保卫马克"的政策。1995年颁布并经2003年修改的《中国人民银行法》明确规定，我国货币政策的目标是：保持货币币值稳定，并以此促进经济增长。币值稳定包括货币对内币值稳定和对外币值稳定两个方面。货币对内币值稳定是指国内物价的稳定，对外币值的稳定是指汇率的稳定。

▶ **课堂讨论**

为什么四个政策目标不能同时实现？
"十三五"现代金融体系规划落地：优化货币政策目标体系

二、货币政策工具

货币政策工具是中央银行为实现货币政策目标而使用的各种手段。货币政策工具必须是中央银行可以直接控制的，其运用可对货币供给量、利率以及金融机构的信贷活动产生直接或间接的影响，从而实现中央银行货币政策目标。可供货币当局选择的货币政策工具通常有三大类：一是，一般性货币政策工具；二是，选择性货币政策工具；三是，其他补充性货币政策工具。

知识链接：
"十三五"现代金融体系规划落地：优化货币政策目标体系

（一）一般性政策工具

一般性货币政策工具即传统的三大货币政策工具，也就是我们通常所说的"三大法宝"再贴现政策、存款准备金政策和公开市场政策。一般性政策工具是从收缩和放松两个方向调整银行体系的准备金和货币乘数，从而改变货币供应量，属宏观性措施。其特点是：对金融活动的影响是普遍的，没有特殊的针对性和选择性，实施对象是整体经济而非个别部门或个别企业。

1. 再贴现政策

再贴现政策是中央银行传统的货币政策工具。所谓再贴现政策，是指中央银行通过直接调整或制订对合格票据的贴现利率,来干预和影响市场利率以及货币市场的供给和需求,从而调节市场货币供应量的一种货币政策。

当商业银行急需资金时,可以以其对工商企业贴现的票据向中央银行进行再贴现。再贴现率实质上就是中央银行向商业银行的放款利率。中央银行提高再贴现率,就是不鼓励商业银行向中央银行借款,限制商业银行的借款愿望,这就影响到商业银行的资金成本和超额准备金的持有量,从而影响商业银行的融资决策。同时,商业银行就会因融资成本上升而提高对企业放款的利率,从而减少社会对借款的需求,达到收缩信贷规模和货币供给量的目的。反之,中央银行降低再贴现率,则会出现相反的效果。调整再贴现率还有一种所谓的"告示性效应",即再贴现率的变动,可以作为向银行和公众宣布中央银行政策意向的有效办法。

但再贴现政策有一定的局限性。一方面,中央银行处于被动地位,往往不能达到预期的效果。因为尽管中央银行可以通过变动再贴现率,使商业银行的融资成本发生变化,并影响其准备金数量,但不能强迫或阻止商业银行向中央银行申请再贴现,商业银行还可以通过其他渠道获得资金。并且通过对借款成本和放款收益之间的比较以及对流动性资产需求的机会成本高低等因素的综合考虑,商业银行未必会增加或减少向中央银行的借款量。另一方面,由于货币市场的发展和效率提高,商业银行对中央银行贴现窗口的依赖性大大降低,再贴现政策只能影响到前来贴现的银行,对其他银行只是间接地发生作用。另外,再贴现政策缺乏弹性,中央银行若经常调整再贴现率。会引起市场利率的经常性波动,使企业或商业银行无所适从。

2. 存款准备金政策

存款准备金政策是指中央银行在法律所赋予的权力范围内,通过调整商业银行交存中央银行的存款准备金比率,以改变货币乘数,控制商业银行的信用创造能力,间接地控制社会货币供应量的活动。目前凡是实行中央银行制度的国家,一般都实行存款准备金制度。

存款准备金政策是威力较大的政策工具,法定准备金的调整一般会产生很大的影响:一是对货币乘数的影响。根据信用创造原理,准备率越高,银行存款创造信用的规模就越小,存款准备金所能支持的派生存款数量就越小;二是对超额准备金的影响,表现为决定超额准备的多少,影响商业银行创造信用的基础。调整准备率,若基础货币和准备金总额不变,则超额准备金发生变化,货币乘数扩张或缩小。假定商业银行吸收存款 100 万元,如果法定准备率为 12%,则商业银行应交存中央银行 12 万元作为法定准备金,其余 88 万元才可以发放贷款。若中央银行要抽紧银根,将法定准备率提高到 13%,货币乘数变小,这就迫使商业银行削减它们的放款和投资量 1 万元。反之,若中央银行放松银根,可将法定准备率降至 11%,货币乘数变大,商业银行就可提供的万元贷款,比原来可多发放 1 万元贷款。由于货币乘数的效应，商业银行可以派生发放相当于初始存款金额的若干倍的贷款，并维持相当于初始存款金额若干倍的存款。因此，降低法定准备率，导致货币乘数提高，就能放松银根，扩张经济；而提高法定准备率，货币乘数缩小，就可紧缩银根，收缩经济。这一工具操作简单，对于信用制度不很发达的发展中国家来说，比采用其他两种政策工具要简便得多。

但是这一政策工具也会产生较大的负面影响。一方面，中央银行难以确定调整准备率的时机和调整幅度；另一方面，许多商业银行也难以迅速调整准备金以符合变动了的法定限额。由于商业银行一般只保留少量超额准备金。因此，即使法定准备金率略有提高，也会把超额准备金一笔勾销，贷款贷足了的银行必须在市价疲软的情况下大量抛售有价证券，大蚀其本，陷入资本严重周转不灵的困境。

相关链接

我国 2007—2018 年存款准备金率的调整

资料来源：东方财富网。

3. 公开市场政策

所谓公开市场政策是指中央银行在证券市场上公开买卖各种政府证券以控制货币供给量及影响利率水平的行为。公开市场政策主要是通过影响商业银行体系的实有准备金来进一步影响商业银行信贷量的扩大和收缩，进而影响货币供应量的变动。同时，通过影响证券市场价格的变动，来影响市场利率水平。公开市场政策的基本操作过程是中央银行根据经济形势的变化，当需要收缩银根时，就卖出证券；反之，则买进证券。

中央银行在出售证券时，购买者无论是商业银行还是社会其他部门或个人，经过票据交换和清算后，必然会导致银行体系的准备金减少，通过货币乘数的作用，使商业银行的放款规模缩小，银根紧缩，货币供给量减少，抑制过度的需求。同时，中央银行大量出售证券，会使证券价格下跌，

想一想：
近几年我国调整法定存款准备金率的原因是什么？法定存款准备金率的调整对我国经济、证券市场有何影响

市场利率提高，提高借入资金的成本，减少社会投资，抑制国民经济发展过程中投资过热和消费过热的势头。反之，中央银行购进证券，就会出现与上面相反的经济过程，表现为信贷规模扩张，货币供给量增加，市场利率下降，刺激投资和消费的扩张，刺激经济的扩展。

公开市场政策也可用来调节长期证券市场和短期证券市场的利率结构和水平。例如，中央银行在抛售短期证券的同时，购进长期证券，则可压低短期市场利率，提高长期利率，从而影响投资结构。如果购进长期证券和售出短期证券在数量上相等，那么在长短期利率发生变化的同时，货币供给量则保持稳定。这种活动亦称为调期业务。

公开市场政策作为中央银行最重要的货币政策工具之一，其优点在于：第一，通过公开市场业务可以左右整个银行体系的基础货币量，使它符合政策目标的需要；第二，中央银行的公开市场政策具有"主动权"，可以根据不同情况和需要，随时"主动出击"，而不是"被动等待"，这就比贴现政策优越；第三，公开市场政策可以适时适量地进行调节，中央银行既可大量买卖有价证券，又可以在很小程度上买进卖出，这就比威力较大的法定准备金政策灵活；第四，中央银行可以根据金融市场的信息不断调整其业务，万一经济形势发生改变，能迅速作反方向操作，还可以及时改正在货币政策执行过程中可能发生的错误，因而能产生一种连续性的效果，这种效果使社会对货币政策不易做出激烈反映。

知识链接：
央行如何与市场沟通

2. 选择性政策工具

选择性货币政策工具是指能影响银行系统的资金运用方向和不同信用的资金利率的各种措施。这些措施旨在不影响货币供应总量的情况下，用各种方式干预信贷市场的资金配置，有目的地调整某些经济部门的货币信贷供应量，从而引起货币结构变化。它们主要包括：证券信用交易的法定保证金比率、消费信用控制、不动产信用控制等。

（1）证券信用交易的法定保证金比率。证券信用交易的法定保证金比率是中央银行对以信用方式购买股票和证券所实施的一种管理措施。中央银行通过规定保证金比率（按百分比表示的，购买人对所购证券支付的最低现款比率）来控制以信用方式购买股票或证券的交易规模。比如说，中央银行规定信用交易保证金比率为30%，则交易额为20万美元的证券购买者，必须至少将6万美元以现金一次性交付来进行此项交易，其余资金由金融机构贷款解决。

在一般情况下，中央银行可根据金融市场的状况随时调高或调低法定保证金比率。

证券信用交易的法定保证金比率工具，间接地控制了流入证券市场的信用量，即控制了证券市场的最高放款额。它既能使中央银行遏制过度的证券投机活动，又不贸然采取紧缩和放松货币供应量的政策，有助于避免金融市场的剧烈波动和促进信贷资金的合理运用。

（2）消费信用控制。消费信用控制是中央银行对消费者在购买不动产以外的耐用消费品时发生的分期付款信用所采用的管制措施。包括规定分期付款的第一次最低付款金额、分期付款的最长期限和适合于采用分期付款的耐用消费品的种类。

中央银行提高法定的第一次最低付现额就等于降低了最大放款额，势必减少社会对此种商品的需求。缩短偿还期就增大了按期支付额，也会减少对此类商品和贷款的需求。

（3）不动产信用控制。不动产信用控制是中央银行对商业银行或其他金融机构不动产贷款的额度和分期付款的期限等规定的各种限制性措施。包括法定商业银行不动产贷款的最高限额、最长期限、第一次付款的最低金额和对分期还款的最低金额进行管制。

3. 其他货币政策工具

（1）直接信用控制。直接信用控制是指中央银行根据有关法令，对银行系统创造信用的活动施以各种直接的干预。主要的干预措施有信用分配、利率最高限额、流动性比率等。

①信用分配。信用分配是指中央银行根据金融市场的状况和宏观经济形势，权衡客观经济需要的轻重缓急，对银行系统的信用加以合理分配和限制。主要表现为在限制银行系统对某个领域的信贷时，对银行系统的该项贷款申请，中央银行用各种理由加以拒绝；在支持银行对某个领域的信贷时，中央银行可以设立专门信贷基金以保证某项事业的特殊需要。

②利率最高限额。西方国家中央银行有时依据法律规定商业银行和储蓄机构的定期及储蓄存款所能支付的最高利率。如美国从1934年到1980年实施的"Q条例"。利率最高限额的主要作用在于影响利率结构。由于这项规定会改变银行资金来源及去向，进而影响银行信用供给能力和货币供应量。同时，利率高限有利于防止金融机构之间争夺存款的过度竞争，避免造成资本成本过高而使银行风险增大。因此，利率高限也是中央银行控制信用数量的主要途径之一。

③流动性比率。有些国家的中央银行为了保障金融机构的支付能力，除规定法定存款准备金比率外，还规定金融机构对其资产维持某种程度的流动性，即规定金融机构的全部资产中流动性资产所占的比重。一般来说，资产的流动性比率与收益率成反比。金融机构为了保持中央银行规定的流动性比率，一方面必须缩减长期性放款所占的比重，扩大短期性放款的比重；另一方面，还必须持有一部分随时应付提现的资产。

（2）间接信用控制。间接信用控制是指中央银行采用一般性货币政策工具和选样性货币政策工具以外的其他各种控制方法。主要有道义劝告、金融检查和公开宣传等。

①道义劝告。道义劝告也称"君子协议"或"窗口指导"，是指中央银行运用自己在金融体系的特殊地位和威望，通过对商业银行及其他金融机构的劝告，以影响其放款的数量和投资的方向。这一手段的优点在于对信贷的质和量控制并存，具有较大的伸缩性，但无法律强制。尽管它对商

业银行和其他金融机构没有法律的约束力，但由于中央银行的地位，一般说来，它或多或少会产生效力。

如日本银行对各商业银行进行的"窗口指导"就是典型的道义劝告。"窗口指导"是日本银行根据产业政策、物价趋势、金融市场动向和前一年度同期的都市银行贷款情况，非正式要求每家都市银行和较大的地方银行等金融机构每季度应有的贷款的增加额（或减少额），在民间银行不按日本银行的规定去做，日本银行保留削减向该银行贷款的额度，甚至采取停止提供信用等制裁措施的权力。

②金融检查。它是指中央银行利用自己"银行的银行"的身份不定期地对商业银行和其他金融机构的业务经营情况进行检查，看其是否符合法律规定，并将检查结果予以公开，以监督商业银行的金融活动。

③公开宣传。公开宣传是中央银行通过各种宣传媒介公布自己的政策方针和各种经济金融信息，引导各商业银行和金融机构及公众按自己的意图行事。

知识链接：

央行重申货币政策保持中性

三、货币政策和财政政策

（一）货币政策类型

货币政策可以分为三种类型：宽松的货币政策、紧缩性货币政策和中性货币政策。

宽松的货币政策，能够增加货币供应量，通过投资需求和消费需求规模的扩大来增加社会总需求，刺激经济恢复增长，但容易引发通货膨胀。宽松的货币政策主要表现为扩大信贷规模、降低利率、降低存款准备金率和再贴现率、在公开市场上回购有价证券。

紧缩性货币政策，能够减少货币供应量，抑制社会总需求，缓解通货膨胀的压力。紧缩性货币政策主要表现为适当提高再贷款利率、再贴现率以及商业银行的存款利率，适当压缩再贷款及再贴现限额，提高存款准备金率，在公开市场上应大量出售有价证券，以便回笼资金。

中性货币政策，表现为货币投放量适度，基本上能够满足经济发展和消费需要，利率、汇率基本不变，存款准备金率和再贴现率维持正常水平，既不调高也不降低。当社会总供求基本平衡、物价稳定、经济增长以正常速度递增时，中央银行应采取中性货币政策。

（二）财政政策类型

中央银行的货币政策者想获得最大效果，则必须与政府其他部门特别是财政部门进行充分合作和协调。财政政策是指政府通过对财政收入和支出总量的调节来影响总需求，使之与总供给相适应的经济政策。财政政策可以分为三种类型：扩张性财政政策、紧缩性财政政策、中性财政政策。

扩张性财政政策（松的财政政策），能够增加和刺激社会总需求的相关政策，主要措施是减税和增加财政支出。一般来说，减税可以增加民间的可支配收入，在财政支出规模不变的情况下，可以扩大社会总需求。财政支出是社会总需求的直接构成因素，扩大财政支出规模会直接增加社会总需求。

紧缩性财政政策，能够减少和抑制社会的总需求的相关政策，主要措施是增税和减少财政支出。一般来说，增加税收可以减少民间的可支配收入，降低他们的消费和投资需求。而减少财政支出可以降低政府的消费需求和投资需求，直接减少社会总需求。

中性财政政策是指财政的分配活动对社会总需求的影响保持中性的政策，既不抑制减少社会总需求，也不扩张增加社会总需求。在一般情况下，这种政策要求财政收支基本平衡。

（三）货币政策与财政政策的搭配

货币政策和财政政策的共同点在于通过影响总需求来影响产出，在调控经济活动时，为了避免相互抵消作用，增强调控力度，这就需要货币政策与财政政策相互协调配合。

1. 松的财政政策和松的货币政策配合

这种配套产生的政策效应是财政和银行都向社会注入货币，使社会的总需求在短时间内迅速得到扩展，对经济活动具有强烈的刺激作用。但是，运用这种配合要在一定条件下才是可取的，即只有在经济中存在大量尚未被利用的资源时才可采用。如果没有足够的闲置资源，那将会导致通货膨胀的后果。

2. 紧的财政政策和紧的货币政策配合

在这种政策配套下，货币当局加强回收贷款，压缩新贷款，紧缩银根，压缩社会总需求；财政部则压缩财政支出，增加其在中央银行的存款，减少社会货币量。这种双重压缩，会使社会上的货币供应量明显减少，社会总需求得以迅速收缩。这种政策能有效刹住恶性通货膨胀，但要付出经济萎缩的代价。

3. 紧的财政政策和松的货币政策配合

这种配套中，财政收支严加控制，年度收支保持平衡，甚至有盈余；银行则根据经济发展需要，采取适当放松的货币政策。这种政策配套适合于在财政赤字较大，而经济处于萎缩的状态时采用。

4. 松的财政政策和紧的货币政策配合。

在这种配合中，银行严格控制货币供应量，同时国家可动用历年结余，也可用赤字办法来适当扩大支出。这种配套适合在经济比较繁荣，而投资支出不足时采用。

货币政策与财政政策相配合运用，才能达到政策的最佳效果，这已为许多国家的实践所证实。但是，如何配合、采取哪种模式，应视经济情况需要而灵活运用。

知识链接：

年度大戏——财政政策与货币政策

本章小结

1. 货币需求是在一定时间和空间范围内，商品流通对货币的客观的需求。人们持有货币的心理动机可分交易动机、预防动机、投机动机。影响货币需求的因素是收入状况、商品价格、市场利率、信用发达程度及其他因素。

2. 货币供给是指货币供给主体在一定时期内通过银行体系向社会公众投入、创造、扩张（或收缩）货币的行为；货币供给量，是指一国在某一时期内为社会经济运转服务的货币存量。货币供给过程是以中央银行创造的基础货币为起点，通过商业银行的存款创造作用以货币乘数的形式放大，从而实现货币创造，满足经济运行需要。货币供给受货币需求、社会的信贷资金需求和社会公众持有现金的意愿影响。

3. 货币均衡，是指在一定时期经济运行中的货币需求与货币供给在动态上保持一致的状态；货币失衡会引发通货膨胀或通货紧缩。货币均衡的判别标志是物价和利率。货币均衡是实现社会总供求平衡的重要条件。

4. 通货膨胀是商品和劳务的货币价格总水平持续明显上涨的过程，通常用来衡量通货膨胀程度的指标有消费者物价指数、批发物价指数、GNP平减指数。按不同标准，通货膨胀可以分为许多类型。通货膨胀的治理一般采取紧缩需求的政策，包括紧缩财政和紧缩货币，这是治理通货膨胀的正统方法，其他还包括收入政策、供给政策和结构政策。

5. 货币政策是货币当局为实现一定的宏观经济目标而采取的各种控制和调节货币供应量或信用方针、政策和措施的总和。包括货币政策目标、政策工具、中间目标、传导机制及货币政策效果等内容。货币政策是国家经济政策的重要组成部分，是为经济政策服务的。

任务检测

一、单项选择题

1. 货币供应量一般是指（　　）。
   A. 流通中的现金量　　　　　　B. 流通中的存款量
   C. 流通中的现金量与存款量之和　D. 流通中的现金量与存款量之差

2. 货币需求与货币供给的实质关系是（　　）。
   A. 货币需求服从货币供给　　　B. 货币需求决定货币供给
   C. 货币需求与货币供给负相关　D. 两者相关性不大

3. 如果实际货币需求增加而名义货币供给不变，则货币和物价的变化是（　　）。
   A. 货币升值，物价下降　　　　B. 货币升值，物价上涨

C. 货币贬值，物价下降　　　　D. 货币贬值，物价上涨

4. 在以下几种情况中，可称为通货膨胀的是（　　）。
A. 物价总水平的上升持续了一个星期又下降了
B. 物价总水平上升且持续上涨
C. 一种物品或几种物品价格水平上升且持续了一年
D. 一般物价水平稍有波动

5. 需求拉上型通货膨胀是社会总供求出现（　　）。
A. 供不应求　　　　　　　　B. 供过于求
C. 供求均衡　　　　　　　　D. 供给侧变化

6. 治理通货膨胀一般采取的货币政策为（　　）。
A. 紧缩　　　　　　　　　　B. 中性
C. 扩张　　　　　　　　　　D. 不变化

7. 货币政策诸目标之间呈一致性关系的是（　　）。
A. 物价稳定与经济增长　　　B. 经济增长与充分就业
C. 充分就业与国际收支平衡　D. 物价稳定与充分就业

8. 对经济运行影响强烈而不常使用的货币政策工具是（　　）。
A. 信用配额　　　　　　　　B. 公开市场业务
C. 再贴现政策　　　　　　　D. 存款准备金政策

9. 中央银行在金融市场上大量购进有价证券，意味着货币政策（　　）。
A. 放松　　　　　　　　　　B. 紧缩
C. 不变　　　　　　　　　　D. 不确定

10. 最具有强制性的货币政策工具是（　　）。
A. 法定存款准备率　　　　　B. 再贴现率
C. 公开市场业务　　　　　　D. 窗口指导

二、多项选择题

1. 人们持有货币的心理动机包括（　　）。
A. 交易动机　　　　　　　　B. 预防动机
C. 收入动机　　　　　　　　D. 投机动机
E. 储蓄动机

2. 基础货币包括（　　）。
A. 商业银行的存款准备金　　B. 流通于银行体系外的现金
C. 银行的派生存款　　　　　D. 定期存款
E. 活期存款

3. 衡量社会就业充分与否不考虑（　　）。
A. 非自愿失业　　　　　　　B. 自愿失业
C. 摩擦性失业　　　　　　　D. 季节性临时失业
E. 岗位转换导致的临时失业

4. 中央银行调高利率的政策效果是（　　）。

A. 货币需求量下降 B. 货币供给量上升
C. 通货膨胀受到抑制 D. 居民收入水平上升
E. 股票价格指数下跌

5. 当经济发生衰退时，可采取的宏观调控措施有（　　　）。
A. 增加税收 B. 减少税收
C. 中央银行购进有价证券 D. 扩大政府公共支出
E. 降低利率

三、判断题

1. 治理通货膨胀的可采取紧缩的货币政策，主要手段包括提高再贴现利率。（　）
2. 中央银行在公开市场上购进有价证券可以减少货币供应量。（　）
3. 收入政策主要治理需求拉动型通货膨胀。（　）
4. 通货膨胀不是指一次性或短期的价格总水平的上升，而是一个持续的过程。（　）
5. M1，又叫"广义货币"，由流通于银行体系之外的现钞加上活期存款，再加上定期存款、储蓄存款等构成。（　）

四、简答题

1. 简述货币需求的影响因素。
2. 简述货币供给的过程。
3. 简述通货膨胀的成因与治理措施。
4. 简述货币政策的最终目标。
5. 简述一般性货币政策工具的内容。

五、案例分析

自2010年4月17日，"新国十条"出台后，各地根据其房地产现状逐渐出现"限购令"。到2015年各地分别取消限购令，2017年上半年各地又陆续出台了限制房地产过热的政策，综合我国经济形势的变化，分析预防通货膨胀和通货紧缩的重要性。

实训项目

1. 上网搜集2010年12月份~2011年1月份我国CPI数据。
2. 上网搜集2010年12月份~2011年1月份我国进出口变动情况及外汇储备增长情况。
3. 上网搜集2010年12月份~2011年1月份我国货币供应量M2数据及变动情况。

根据搜集资料绘制趋势图，分析我国通货膨胀的风险和预防办法。

第八章 金融创新与金融风险

 学习目标

知识目标

1. 了解金融创新的含义、动因、意义及内容。
2. 了解我国金融创新的内容及特点。
3. 理解金融风险的含义、特征、分类及成因。
4. 掌握我国金融的监管内容,分析影响我国金融安全的因素及维护我国金融安全的措施。

技能目标

1. 能够根据金融创新的动因理解分析我国的金融创新活动。
2. 能够根据金融风险管理的理论分析我国金融业的风险并能够提出可操作性的风险防范建议。

数字普惠金融是正在发生的未来

数字技术的快速普及也为普惠金融的规模化带来了真实的可能性。我们讲到普惠金融的"普"并不是在一个村里建一个标杆,而是指真正的规模化。但是在数字时代之前我还没有看到可以实现规模化的方式。肯尼亚只用了4年时间就覆盖了1 400万移动支付用户,印度的Paytm在两年多时间新增了2个多亿的移动支付用户。在今天的中国,移动支付不但非常普及,而且非常实惠。在美国这个金融比较发达的国家,收单费率高达3%,而中国的支付费率已经降到了千分之六甚至更低。移动支付也很安全,传统银行卡的资损率是万分之二,我们是百万分之几的水平。移动支付具有推广范围广、成本低、安全性高等特点,已经成为数亿老百姓的一种生活方式。

数字技术带来的不止是支付的便利,而且是史无前例的积累信用的速度。因为有了数字信用，共享单车的使用者可以不需要押金，用手机开锁，享受共享单车的便利。如果骑车摔伤了，可以拍照，马上得到赔偿。因为有了数字信用，消费者可以自由进入无人超市消费。这些千千万万的小微企业、营业者、创业者以及消费者，小而分散，聚集起来却规模巨大。他们是毛细血管，他们是追求美好生活的主体。好的数字普惠金融，不但能够解决难普难惠的问题，而且是长在场景中的金融，是和实体经济结合的金融。数字技术为解决金融的两个大难题带来了希望。

当然，推动金融创新，一定要平衡好风险和对社会的收益。这其中一个很有意思的安排是沙箱机制，就是在可控环境里面尝试金融创新。2017年6月，英国正式启动"沙箱监管"政策，让金融创新能够在可控的环境中去尝试。2017年6月英国金融行为监管局发布了《监管沙箱实践经验报告》，其中总结到，过去一年中有50多家企业参与到"沙箱监管"项目，整体达到预期效果，具体表现在三个方面。第一，大大降低了创意从孵化到产出的时间和成本。第二，产品能够在面向市场前得到充分的测试和改良。第三，允许监管机构与创新企业共同为新产品建立适当的消费者保护措施。

资料来源：摘自蚂蚁金服首席战略官陈龙在中国互联网金融论坛的专题报告，http://www.nifa.org.cn/nifa/2968570/2968802/index.html。

请思考：案例中提到的"移动支付""普惠金融"是金融创新的一种模式。什么是金融创新？为什么要金融创新？金融创新隐藏的风险又是什么？如何认识金融风险及进行有效监管来维护金融安全？

第一节
金融创新

金融创新始于20世纪60年代，发展于20世纪70年代，成熟于20世纪80年代以后，是世界金融业未来发展的一种趋势。大量金融创新产品的出现，各类金融机构的创立，以及计算机技术在全球金融领域的广泛应用，形成了当代金融创新的浪潮。那么，什么是金融创新？为什么要金融创新？我国目前金融创新的内容及特点又是什么？本节主要针对上述问题展开分析和讨论。

一、金融创新的含义

金融创新是熊彼特创新学说在金融领域的沿用。1912年美籍奥地利经济学家约瑟夫·阿罗斯·熊彼特出了《经济发展理论》一书。在该书中他提到了"创新"这一新概念。熊彼特认为：所谓创新就是建立一种新的函数，即企业家对生产要素和生产条件实行一种新的组合。具体地讲，创新包括五种情形：①新产品的出现；②新工艺的应用；③新资源的开发；④新市场的开拓；⑤新的生产组织与管理方式的确立，也称为组织创新。熊彼特的创新理论是各种创新流派的理论来源。把熊彼特的创新理论引用到金融领域就形成了金融创新的概念。

对金融创新概念的理解，目前尚无统一的定义。米尔顿·弗里德曼认为：金融创新实际上是一种国际货币制度的变革，国际货币制度的空前发展，使得金融市场上的各种金融创新层出不穷，创造出新的金融工具和结构。我国著名经济学家厉以宁教授认为："金融创新主要是指金融领域内的创新。在金融领域内存在着许多潜在的利润，但在现代体制和现代手段下无法得到。因此，在金融领域内就必须进行改革，包括金融体制方面的改革和金融手段方面的改革，这就叫金融创新。"

金融创新有狭义和广义之分。狭义的金融创新是指微观主体关于金融工具（或者说是金融业务）的创新，以1961年美国花旗银行首次推出的大额可转让定期存单为典型标志，特别是20世纪70年代西方发达国家在放松金融管制之后引发的一系列金融业务的创新，主要包括票据发行便利、货币和利率互换、外汇期权和利率期权、远期利率协议等。广义的金融创新是指金融领域内各种金融要素的重新组合，不仅包括微观意义上的金融创新，还包括宏观意义上的金融创新。具体来看，广义的金融创新具体是指金融机构和金融管理当局出于对微观利益和宏观利益考虑而对机构设置、业务品种、金融工具及制度安排所进行的金融业创造性变革和开发活动。这个定义包括四个方面内容：①金融创新的主体是金融机构和金融管理当局；②金融创新的根本目的是营利和提高金融业宏观效率；③金融创新的本质是金融要素的重新组合；④金融创新的表现形式是金融机构、金融业务、金融工具以及金融制度的创新。

从概念上看，整个金融业的发展史就是一部金融创新的历史。如货币的出现、商业银行的产生、支票制度的采用等都是金融史上极为重要的创新活动。但是，第二次世界大战结束后，金融创新的性质发生了根本变化，特别是20世纪60年代以来，金融创新的频率在不断加快，金融创新的品种在迅速增加，金融创新的领域在进一步拓宽，金融创新席卷了全球金融业，形成了金融创新的浪潮。由金融创新所带来的效应不仅改变了微观金融领域的服务方式、服务品种和服务范围，而且直接影响了各国宏观经济的运行。现实经济社中人们所说的金融创新一般是指20世纪60年代以来的广义的金融创新。

二、金融创新的动因

金融创新是个历史范畴，其产生和发展有着深刻的经济根源、广阔的国际背景和强烈的直接动因。

（一）金融创新的经济根源

马克思主义的货币金融理论表明，经济决定金融，金融服务于经济。商品经济的发展要求金融服务的种类、方式等与之相适应。第二次世界大战以后，世界经济处于不断发展变化之中，特别是层出不穷的技术进步，使得商品经济的发展不断突破时间、空间和社会传统的界限，涌现出更多、更新的为人类文明生存与发展所需要的行业、部门、模式和手段，经济生活中各种因素相互联系的格局及社会运行机制迅速演进。这就从不同角度、不同层次对于为之服务的金融行业再次提出新的要求，而原有的金融机构、金融工具、金融业务方式、金融市场组织形式和融资技巧等，已很难适应并满足商品经济发展的客观需要，因此导致金融创新。而且由于经济发展的客观要求是强烈和持久的，所以，金融创新的浪潮也就一浪接一浪地不断推进。

（二）金融创新的国际背景

1. 欧洲货币市场的建立和发展

欧洲货币市场是经营欧洲货币借贷业务的市场，始建于 20 世纪 50 年代末期。它是新型的离岸国际金融市场。传统的国际金融市场所借贷的货币限于贷款国的货币，借款国要受贷款国的金融法令管辖，而欧洲货币市场的借贷都以美元计算和表示，不受各国法令制约。它开创了当代金融创新的先河。此后一系列的金融创新，如金融工具、金融市场、金融机构以及金融监管制度创新等莫不与此相关，如欧洲债券、平行贷款等。

2. 全球性"石油危机"及"石油美元"的回流

20 世纪 70 年代石油大幅度提价后，石油供给与需求严重失衡，使得全世界范围出现了严重的"石油危机"。在"石油危机"中，石油输出国对外收支的巨额顺差成为一种世界性的流动性极高的资金力量，即"石油美元"。"石油美元"的形及其回流冲击着国际货币体系和国际金融市场，引起了 70 年代世界经济格局大大化。

3. 国际债务危机及其影响

20 世纪 80 年代早期，墨西哥、巴西、阿根廷先后宣布无力偿还外债，爆发了国际债务危机，对世界各国经济的发展产生极大影响，同时，加剧了国际金融的不稳定性。这一重大变化客观要求金融业务与其相适应，从而导致了大批新的融资工具和融资方式的诞生，使金融创新达到了高潮。首先，国际商业银行不再以 70 年代那样的规模和融资方式放款；其次，债

知识链接：
"石油危机"及
"石油美元"

权人和债务人采取自然风险分担的配套方法来改革旧的融资方式；再次，在处理和缓解债务危机的过程中，已经创造了许多解决债务问题的方法，如债务股权转移、购回旧债发行有抵押条件的新债、债务转换成债券等。虽然国际债务危机造成了国际金融业的动荡不安，但从某种意义上讲，却促进了金融工具和融资方式的创新。

进入20世纪90年代，金融创新又得到了进一步发展，一些新的金融工具又相继出现，特别是随着知识经济、信息经济和网络经济的发展以及东南亚金融危机的影响，金融创新

已经从金融工具、金融业务创新向金融制度创新进一步深化。在21世纪初，随着新《巴塞尔协议》的颁布与正式实施，金融监管创新又有新的发展。

美国次贷危机

次贷危机（subprime crisis）一场发生在美国，因次级抵押贷款机构破产、投资基金被迫关闭、股市剧烈震荡引起的风暴。美国"次贷危机"是从2006年春季开始逐步显现的。美国次级抵押贷款市场通常采用固定利率和浮动利率相结合的还款方式，即购房者在购房后头几年以固定利率偿还贷款，其后以浮动利率偿还贷款。

在2006年之前的5年里，由于美国住房市场持续繁荣，加上前几年美国利率水平较低，美国的次级抵押贷款市场迅速发展。随着美国住房市场的降温尤其是短期利率的提高，次级抵押贷款的还款利率也大幅上升，购房者的还贷负担大为加重。同时，住房市场的持续降温也使购房者出售住房或者通过抵押住房再融资变得困难。这种局面直接导致大批次级抵押贷款的借款人不能按期偿还贷款，进而引发"次贷危机"。

2007年2月13日，美国新世纪金融公司（New Century Finance）发出2006年第四季度盈利预警。

汇丰控股宣布业绩，并额外增加在美国次级房屋信贷的准备金额达70亿美元，合共105.73亿美元，升幅达33.6%；消息一出，令当日股市大跌，其中恒生指数下跌777点，跌幅4%。

面对来自华尔街174亿美元逼债，作为美国第二大次级抵押贷款公司——新世纪金融（New Century Financial Corp）在2007年4月2日宣布申请破产保护、裁减54%的员工。

2007年8月2日，德国工业银行宣布盈利预警，后来更估计出现了82亿欧元的亏损，因为旗下的一个规模为

> 127亿欧元为"莱茵兰基金"(Rhineland Funding)以及银行本身少量的参与了美国房地产次级抵押贷款市场业务而遭到巨大损失。德国央行召集全国银行同业商讨拯救德国工业银行的篮子计划。
>
> 美国第十大抵押贷款机构——美国住房抵押贷款投资公司8月6日正式向法院申请破产保护,成为继新世纪金融公司之后美国又一家申请破产的大型抵押贷款机构。
>
> 2007年8月8日,美国第五大投行贝尔斯登宣布旗下两支基金倒闭,原因同样是由于次贷风暴。
>
> 2007年8月9日,法国第一大银行巴黎银行宣布冻结旗下三只基金,同样是因为投资了美国次贷债券而蒙受巨大损失。此举导致欧洲股市重挫……

(三) 金融创新的直接动因

通过以上国际经济条件变化的背景分析,我们可以看到,经济生活对金融创新有着巨大的需求。但是,金融作为一个特殊的行业,其各种创新的出现和广泛传播,还有一些复杂的原因和条件,正是这些因素构成了金融创新的直接动因。

1. 日趋激烈的市场竞争

竞争是市场经济的重要规律之一,没有竞争就不是市场经济。第二次世界大战后,金融业的国际化发展迅速。首先,由于生产和资本国际化,跨国公司在全球范围扩张,客观上要求金融业也实现国际化和现代化,从而在更广泛的范围内满足跨国生产和全球销售对金融服务的要求;其次,西方发达国家的生产资本不断集中,促进了银行资本也趋向集中和垄断,这些国际性大银行面对日趋激烈的市场竞争,主观上也要求进一步扩展业务范围,获取超额利润。正是因为金融业加剧对利润的追求,促成了金融机构强烈的竞争愿望,不仅国与国之间的金融业竞争,而且同一国家的银行业与非银行业之间也竞争激烈。这就使得金融机构一方面对传统业务进行重新组合,以获取传统市场上更多的市场份额;另一方面积极开拓表外业务,创造新的金融产品和新的业务市场,吸收资金,增加盈利。

2. 逐步完善且放松的金融管制

金融管制对金融创新具有直接的促进作用。一方面,金融管理当局越来越注重对金融机构的业务监管,对经营种类和范围、资本比率的适宜度等都做了种种限制,尤其是对一些金融机构可能出现问题时,这种管制更为严格。金融机构为了规避管制,追逐利润,总是千方百计地改变金融工具和管理方式来进行盈利性活动,于是就出现了金融创新。另一方面世界各国金融机构要求放松对金融市场管制的社会压力,以及银行规避法规的创新活动,也迫使管理当局改变其管制法规,不断放松金融管制,从而进一步促进了金融创新。

3. 迅速发展的信息科学技术

科学技术的发展是金融创新得到实现的物质基础和技术保障。20世纪60年代以来，科学技术迅速发展，特别是微电子技术的发展和广泛应用，彻底改变了传统金融观念，极大地刺激了金融主体创新的积极性，直接导致了金融创新和金融革命，产生了诸多的新技术和新工具。这些新技术和新工具使金融交易时间缩短，空间缩小，成本降低，市场的不确定性得以改善，金融主体可以在更广泛范围为客户提供更具有竞争力的服务项目。

三、金融创新的内容

金融创新的主要内容包括金融业务创新、金融工具创新、金融机构创新、金融市场创新、金融监管制度创新等。

知识链接：
不用扫码 招商银行推出"刷脸支付"

（一）金融业务创新

金融业务的创新是把创新的理念进一步引申到金融机构的业务经营管理领域，它是金融机构利用新思维、新组织方式和新技术，构造新型的投融资模式，通过其经营过程，取得并实现其经营成果的活动。在金融业务的创新中，无论是银行、保险还是证券，亦或者是普惠金融机构，实质上仍然是传统的以利率为市场价格核心的信贷业务，因此我们在此重点分析典型以信贷业务为基础的商业银行的业务创新。

1. 负债业务的创新

商业银行负债业务的创新主要发生在20世纪60年代以后，主要表现在商业银行的存款业务上。商业银行存款业务的创新是对传统业务的改造、新型存款方式的创设与拓展上，其发展趋势表现在以下四个方面：一是存款工具功能的多样化，即存款工具由单一功能向多功能方向发展；二是存款证券化，即改变存款过去那种固定的债权债务形式，取而代之的是可以在二级市场上流通转让的有价证券形式，如大额可转让存单；三是存款业务操作电算化，如开户、存取款、计息、转账等业务均由计算机操作；四是存款结构发生变化，即活期存款比重下降，多种形式的定期及储蓄存款上升。

另外，商业银行的新型存款账户突出个性化，迎合了市场不同客户的不同需求。主要包括：可转让支付命令账户（NOW）、超级可转让支付命令账户（Super NOW）、电话转账服务和自动转账服务（ATS）、股金汇票账户、货币市场互助基金、协议账户、个人退休金账户、定活两便存款账户、远距离遥控业务等。除此之外，商业银行借入款的范围、用途也在逐步扩大化。在过去，商业银行的借入款项一般是用于临时、短期的资金调剂，而现在却日益成为弥补商业银行资产流动性、提高收益、降低风险的重要工具，筹资活动也逐步从国内市场扩大到全球市场。

2. 资产业务的创新

资产业务创新使金融机构增加了盈利渠道，实现了资产形式多样化，为风险分散提供了更多手段。资产业务创新的内容主要体现在以下四个方面：

（1）消费贷款业务在贷款结构中的比重日趋加大。20世纪80年代以后，商业银行不断扩展长期贷款业务尤其是消费贷款业务，在期限、投向上都有了极大变化。在消费贷款领域，各个阶层的消费者在购买住房、汽车、大型家电、留学、装修等方面，都可以向商业银行申请一次性或分期偿还的消费贷款，消费信贷方式已经成为不少商业银行的主要资产项目。

（2）贷款证券化。贷款证券化作为商业银行贷款业务与国债、证券市场紧密结合的产物，是商业银行贷款业务创新的一个重要表现，这一活动极大地增强了商业银行资产的流动性和信贷风险管理能力。

（3）新型贷款形式不断出现。在实际业务操作过程中，商业银行贷款利率与市场利率紧密联系并随之变动的贷款形式，有利于更能适应市场变化，转移商业银行的信用和价格风险，是商业银行贷款业务的一项重要创新。具体形式有：浮动利率贷款、可变利率抵押贷款、可调整抵押贷款等。

（4）商业银行贷款业务趋于"表外化"。随着金融监管制度的完善及客户需求多样化，商业银行的贷款业务有逐渐表外化的倾向。具体业务包括：回购协议、贷款额度、周转性贷款承诺、循环贷款协议、票据发行便利等。

3. 中间业务的创新

结算业务日益向电子转账发展，即资金划转或结算不再使用现金、支票、汇票、报单等票据或凭证，而是通过电子计算机及其网络办理转账。如"天地对接、一分钟转账"等。

信托业务下私人银行的兴起。随着金融监管的放松和金融自由化的发展，商业银行信托业务与传统的存贷、投资业务等逐步融为一体，并大力拓展市场潜力巨大的私人银行业务。如生前信托、共同信托基金等，通过向客户提供特别设计的、全方位的、多品种的金融服务，极大地改善了商业银行的盈利结构，拓展了业务范围。

计算机技术支撑下现金管理业务的创新。随着电子计算机的普及及应用，商业银行再为客户处理现金业务时，其内容不再局限于协助客户减少资金闲置并进行短期投资，还包括为客户提供电子转账服务、有关账户信息服务、决策支援服务等多项内容，吸引客户的同时增加了银行的经营效益。比如，客户咨询数据库以及权威专家的信息资源系统等，为社会、客户提供各种准确、及时、权威且有偿的信息服务。

（二）金融工具创新

金融工具的创新主要包括以下两个方面：

一是欧洲货币市场的金融工具创新。金融创新实际上是从金融工具创新开始的。金融工具的创新首先是欧洲货币市场上的创新金融工具，主要是贷款工具，包括多种货币贷款、平价贷款、背对背贷款、浮动利率债券、票据发行便利、远期利率协议等。

二是金融衍生市场上的金融工具创新。金融衍生品上的金融工具按照合约买方是否具有选择权，分为远期类和期权类衍生工具。其中，远期类合约的形式主要有远期合约、期货合约和互换合约。期权类合约的主要形式有期权合约、利率的上限与下限和互换期权。此外，在衍生金融工具市场上，还存在着其他类型的工具，如商品派生证券、指数货币期权凭证、弹性远期合约等。

（三）金融机构的创新

1. 金融机构组织形式多样化

非银行金融机构种类和规模迅速增加。各种保险公司、养老基金、住宅金融机构、金融公司、信用合作社、投资基金公司等成为非银行机构的主要形式。另外，随着计算机和信息技术的发展，传统的银行机构也在逐步打破传统经营方式，取而代之的网上银行经营方式正在逐步兴起。

2. 金融机构经营范围国际化

主要变现为跨国银行得到迅速发展。第二次世界大战后跨国公司的出现和发展壮大为跨国银行的发展提供了可能。各国银行争相在国际金融中心设立分支机构，同时在业务经营上实现业务的电子化、全能化和专业化。

3. 金融机构经营形式综合化

随着金融机构在业务形式和组织机构上的不断创新，使得银行与保险、证券、信托等非银行金融机构的职能分工界限逐渐模糊，各国的金融机构正在由分业经营向综合化方向发展。

（四）金融市场创新

金融市场创新主要是指银行经营者根据一定时期的经营环境所造成的机会开发出新的市场。现代金融市场大致包括：

差异性市场，如按不同的内容划分的货币市场、外汇市场、资本市场、黄金市场、证券市场、抵押市场、保险市场等。

时间性市场，按期限长短划分，短期的有资金拆借市场、票据贴现市场、短期借贷市场、短期债券市场等；长期的有资本市场，如长期债券市场、股票市场等。

地区性市场，如国内金融市场、国际金融市场等。金融市场创新主要指的是微观经济主体开辟新的金融市场或宏观经济主体建立新型的金融市场。由于金融市场向更高级金融市场的过渡和转化，由封闭型金融市场向开放金融市场的进入和拓展。

（五）金融监管制度创新

一国的金融制度总是随着金融环境的变化，如政治、经济、信用制度、金融政策等的变化而逐渐演变的，这种演变不仅是结构性的变化，从某种意义上说，也是一种本质上的变化。金融制度创新包括金融组织体系、调控体系、市场体系的变革及发展。它影响和决定着金融产权、信用制度、各金融主体的行为及金融市场机制等方面的状况和运作质量。金融制度的创新主要表现为以下两个方面：

一是分业管理制度逐步模糊。随着金融机构的经营业务逐步向"金融超市"形态发展，原有的金融分业监管模式以及银行与非银行差别监管方式也在顺应新的创新模式在逐步调整，分业管理界限日趋模糊。从金融发展现状来看，世界上大多数国家的商业银行的分业界限已逐渐消失，商业银行的经营范围正在不断扩大，世界上的著名各大银行俨然已经成为"百货公司"式的全能银行，从其发展动向上看，商业银行经营全能化、综合化已经成为一种必然趋势。

二是金融市场准入制度趋向国民待遇。在20世纪80年代以前，许多国家采取了对非国民进入本国金融市场以及本国国民进入外国市场以种种限制，尤以日本为最，在金融自由化浪潮的冲击下，这些限制正在逐步取消。

总之，经济一体化和金融全球化的发展，为跨国银行的出现以及国际金融中心的建立创造了条件。各国大银行争相在国际金融中心设立分支机构，同时在业务经营上加快电子化、专业化和全能化的步伐。由于金融创新，使各国之间经济、金融联系更加紧密，经营的风险也在加大。从而使全球金融监管出现自由化、国际化倾向，各国政府在对国际金融中心、跨国银行的监管问题上更加注重国际间的协调与合作。

> **想一想：**
> 试分析推动金融创新，会对一国经济、政治等产生什么影响

四、我国的金融创新

金融创新理论于20世纪80年代中期引入我国。随着我国金融体制改革的不断深入，我们已经在借鉴国际金融创新先进成果的基础上，立足于本国国情，创造性地建立起新型社会主义市场经济的金融体系，它不仅是对转轨时期金融体制的主动调整，而且也是金融业在市场经济发展过程中的自我完善与自我发展。因此，我国的金融创新是一种有目的创新行为，在现代市场经济条件下，金融业已经成为一个十分重要的领域，积极推动金融创新对于我国经济持续快速的发展意义重大。

（一）我国金融创新的现状

随着我国经济的发展、金融体制改革的不断深入，金融创新也取得了相当的成就。无论是从金融机构的组织结构和形式，还是金融宏观调控机制的建立，或者是金融大数据技术的应用、金融业务等方面均发生了巨大

的变化。

第一，金融业务与工具的多元化。随着我国金融市场的发展，金融工具的创新也十分活跃，既有货币市场工具的创新，如短期融资债券、活期理财、大额可转让存单等，又有资本市场工具的创新，如受益债券、股权证、基金证券、投资联结保险等。同时，各行业的业务种类都得到了大量的拓展。从金融业务发展情况看，业务的多元化已经成为金融创新的趋势和导向，为社会提供更多的金融服务，有效地促进金融创新的发展。

第二，金融技术与信息的互联网化。随着科学技术的发展和互联网金融的普及，金融创新逐渐地向信息化方向发展，信息系统技术以及微电子技术等都在金融创新方面得到应用，为我国金融创新向信息化创新发展的转变提供了良好的物质基础。具体表现为以下三个方面：一是结算清算系统更加方便安全。计算机处理系统的开发及卫星通信的联网应用，实现了一次数据输入、一条龙处理报单及有关数据，做到安全、快捷、有效，大大提高了银行的工作效率，也提高了全社会财富资源的使用效率；二是速汇、即付银行业务的开办。传统的资金划拨主要通过柜台或者 ATM 办理，随着我国智能手机以及可携带计算机的普及及功能运用，足不出户便可实现跨行、跨地、跨系统的资金划拨，操作简单，方便快捷，大大提高了资金运作效率；三是自助银行及相关代理业务的普及应用。在信息技术支撑下，投融资者可以更快获得信息高效配对，快速满足更个性的"私人定制"。同时银行以及其他第三方支付 APP 可以实现客户足不出户便可完成话费充值、水电缴纳、订餐外卖等各项需求，享受更加智能化的生活。

第三，金融监管制度更加完善。金融监管制度随着金融行业的发展不断变化，从最初单一严厉的一刀切监管方式，经过不断的自我完善，也实现了金融监管制度的创新。金融监管制度的完善为金融创新提供了良好的环境，确保了金融市场的正常运行。同时，金融监控制度的变化也更好地适应了日益复杂的外部市场环境，与市场现状相匹配，发挥出了应有的作用，监管制度的放松使整个金融市场更加趋于科学化、市场化。比如，中央银行对金融机构的利率管理部分地引用了市场机制，它对金融机构同业拆借的利率基本放开，由市场供求关系决定资金拆放利率的升降；对存贷款利率允许在一定幅度内上下浮动，增强了利率杠杆的弹性和调节作用。

第四，金融体制大胆改革创新。自 1978 年改革开放以来，我国金融机构不断创新，初步形成了以中央银行为领导，国有商业银行为主体，合作金融、政策性金融以及其他多种金融形式并存、分工协作的金融组织体系。我国金融体制的创新主要表现为两个方面：一是中央银行体制的形成。我国经历了从计划经济体制到有管理的市场经济体制又到目前一直推行的社会主义市场经济体制，在整个经济发展过程中，我国中央银行业在紧随经济的脚步不断与时俱进，由原来的管理与业务双重职能，到"一行三会"的设立，到金融综合化趋势下银行业与保险业于 2018 年 4 月 8 日合并银保会的挂牌设立，这标志着我国又一新的金融监管体系的创立；二是商业银行和各种非银行金融机构的建立。随着我国经济和金融的国际化路径逐步迈进,激烈竞争下使得传统的存贷业务利差逐步萎缩,而在传统的监管体制下涌现出一批又一批新的非银行金融机构,如普惠金融机构、财务公司、租赁公司、信托、基金期货公司、投资咨询等,利润的驱动以及激烈竞争压力下,监管制度的日益完善对金融创新的发展也起到了重要的推动作用。

随着互联网的普及,互联网金融也成了当下金融机构的一个热门词汇,随着信息技术与智能化的逐步推动,人们传统的消费生活及财富管理习惯都在逐步改变,第三方支付下支付宝、余额宝、股权众筹、P2P 信贷等同时也推动着金融管理制度的逐步精准完善。

(二)我国金融创新中存在的问题

1. 金融创新战略意图不明确

我国的金融创新尚处于初级阶段,简单模仿居多,自主创新较少,金融创新多停留在创造概念性的品牌效应、争夺市场份额上。"为了创新而创新"的现象普遍存在,导致许多的创新项目比较盲目,在执行前没有经过足够的市场调研、详细的成本收益测算和对创新推广后的市场反馈进行预测,不可避免地伴随着较大的风险。

2. 金融创新主动性不够

目前我国多数机构所进行的创新活动是市场推动的被动性创新,在创新形式上存在比较普遍的跟风现象,缺乏对整体市场情况和自身发展战略的深入思考,没有主动从机构整体发展出发,结合自身优势和所处的市场特点,设计适合自身发展前景的创新策略。

3. 金融创新人才缺乏

专业的金融创新人才,在金融创新的发展过程中,具有不可替代的作用。专业的金融创新人才,需要具备雄厚的数据基础和现代金融理论知识,能够以定量分析为基础,将数理分析、系统工程乃至计算机技术等综合应用于金融领域。我国正在加大力度培养金融人才,但目前仍然存在高端人才稀少的问题,制约了金融创新的发展速度。

4. 金融市场仍然缺少理性的风险规避者

由于企业制度改革不彻底、公司法人治理结构不健全、市场参与主体行为不规范等各方面原因,我国缺乏真正需要规避风险的套期保值投资群体。我国股票市场的异常波动、国债和期货市场的非理性投机,都说明我国资本市场的投资者不够理性。不够理性的投资环境,就减少了套期保值、风险管理的自然需求,限制了金融衍生产品的需求,也制约了金融创新的发展。

5. 金融市场尚需规范管理

当前我国金融行业正处于高速发展的阶段,金融机构数量庞大,机构素质参差不齐,其中不乏违规者利用监管漏洞牟取暴利,造成了不良的行业风气。诸如小型金融机构卷款逃跑、部分机构变相提高存贷款利差、私募基金与上市企业勾结套现等行为，都极大地破坏了金融秩序，给市场带来了很大的风险，给金融监管带来了难度，也制约了金融创新的发展。

（三）我国金融创新发展趋势

1. 金融业务的创新

资产证券化和证券投资组织化将成为新趋势。我国金融机构的不良资产比例较大，具有比较突出的金融风险。为了规避金融风险，提升金融机构的综合实力，资产证券化需要机构投资者的领导，资产证券化市场的不断革新为机构投资者创造了重要的发展机会。同时，国外机构不断进入中国市场，也将加速国内机构投资者的发展速度。

2. 金融工具的创新

创新衍生工具成为市场的发展趋势。随着我国经济快速发展以及世界经济一体化的深化过程，我国对外贸易的需求不断增加，国内机构在国际市场的竞争中需要接受更高程度的国际市场风险。同时资本市场的深化发展及国际资本市场的融合，也会刺激对汇率等货币衍生工具的需求。为改善外汇市场的发展，期权交易等衍生产品需求增大。随着内外资交流程度的持续加深，深化衍生工具市场成为十分迫切的需求。

3. 金融交易网络化和密集化

为了满足互联网发展的需要，未来的金融交易将在交易系统内将形成网络化趋势，网络交易将获得飞速的发展，更好地推进金融创新的质量和效率。在金融衍生品竞争激烈的情况下，金融市场上的交易者还将通过风险多元化的金融中介机构来进行大量的交易，使金融交易呈现出密集型的特点。

4. 混业经营趋势增加

我国当前依旧实行分业经营体制，金融机构的创新项目受到限制，需要在自身经营范围内实现创新。但是避免监管从而得到竞争优势一直是金融机构实现业务创新项目的关键推动力。伴随着资本市场的发展和竞争的进一步加剧，混业经营呈现出势在必行的趋势。随着越来越多国外金融机构的参与和国内垄断金融市场形势的解除，混业经营将成为中国金融创新未来的重要发展趋势。

我国金融创新还处于起步阶段，但是已经展示出了旺盛的生命力，在金融机构及其他行业的共同重视下，呈现出了百花齐放的发展趋势。虽然目前还存在着创新方式单一、创新人才缺乏等问题，但是随着我国市场经济快速的发展，以及与国际市场的接轨，我国的金融创新还有很大的发展需求和发展潜力，在金融产品、金融体制、金融工具、混业经营等方面的创新方式同时促进之下，势必会乘风破浪，在激烈的国际金融市场竞争中站稳脚跟。

第二节 金融风险与金融安全

一、金融风险的概念和特点

（一）金融风险的概念

在经济学中，风险是指在一定的条件下，由于各种结果发生的不确定性而导致行为主体遭受损失的可能性。风险产生的根源是不确定性，不确定性是指实际发生的结果总是跟人们的预期有一定的偏差。这种偏差可能高于预期值，也可能低于预期值，高于预期值的结果的发生就会给人们带来盈利，低于预期值的偏差，会给人带来损失。

那么在金融学中，金融风险是指由于金融交易受到多种不确定因素的影响而给金融市场主体带来损失的可能性。我们可以从以下几个方面来理解：

第一，金融风险是和金融交易过程紧密联系在一起的，金融交易和一般的商品交易最大的区别是，金融交易是看中金融产品未来的价值，投资者在买卖金融产品时，带有很强的预测性，金融工具的价值受到很多因素的影响，包括宏观经济层面的，企业经营方面的以及投资主体预期等，这些使其价值带有很强的不确定性，正是由于这些不确定性最终导致了一个不确定的结果。

第二，金融风险的承受主体非常广泛，是所有的金融市场的主体，包括政府、企业、金融机构和个人，凡是在金融市场当中进行金融交易的，都要时刻警惕金融风险的降临。

第三，这里所讲的损失，所对应的参照物是市场的平均收益率，就是说不仅是本金的损失，还要包括其机会成本所带来的损失。

金融风险与金融危机是两个既有联系又有区别的金融学范畴。金融危机是指金融体系出现严重困难乃至崩溃，表现为所有或绝大部分金融指标的急剧恶化，各种金融资产价格暴跌，金融机构陷入严重困难并大量破产，从而对实质经济运行产生极其不利的影响。因此，它是一个不具有普遍意义的概念，而在市场经济条件下，金融风险则具有普遍性。只要存在金融活动，就存在着金融风险，但存在金融风险，不一定就存在金融危机。金融风险具有引发、累积为金融危机的可能性，而不是必然性。不过只要有金融危机，肯定有金融风险，并且是极为严重的金融风险。

（二）金融风险的特点

金融风险的特征主要表现为以下几个方面：

> **想一想：**
> 在金融创新的推动过程中都存在哪些风险

1. 普遍性

金融风险存在于金融交易过程的每一个环节，每一个金融主体都会受到金融风险的影响，唯一不同的是，有的金融交易风险小，有的风险大，但金融风险都是绝对存在的。

2. 隐蔽性

商业银行的信用创造功能，金融衍生工具的杠杆性，包括金融市场的一些内幕消息等都使金融风险具有很强的隐蔽性，一旦当投资者发现风险的时候，已经到了无法挽回的地步了。

3. 复杂性

金融市场是一个复杂的系统，随着金融创新的加快，所有的利益主体都形成了错综复杂的关系，债权债务关系交叉其中，千头万绪，很难理清头绪，只要一个点出现问题，就会带来意想不到的后果。

4. 扩散性

随着金融全球化和金融自由化的日益深入，国与国之间的金融界限被打破，盲目的，自发的"金融大鳄"带着巨量的热线游走在世界各国，随时攻击金融系统脆弱的国家，并且伴随着各国开放程度的加大，一国的金融风险很快会传导到其他各国，引起连锁反应。

5. 可控性

金融市场的可控性，是指市场金融主体通过一系列的风险管理办法，通过对风险金融事前识别、预测、事中化解和事后补救。我们在管理过程中可以通过对历史事件的发生概率及损害进行数据统计分析，从而有效地选择风险管理手段，有针对性地进行防范和控制。

6. 周期性

金融风险受到经济周期的影响。一般来说，当经济繁荣时，货币政策宽松，企业经营状况良好，金融风险就比较少，反之，在经济萧条期，金融风险则高发。

（三）金融风险的分类

从不同方面对金融风险进行分类，有助于全面、深刻地认识各类金融风险，并可有针对性地采取防范措施，以保证金融市场的安全运行。

1. 按风险来源和性质分类

（1）货币风险。货币风险又称为外汇风险，指源于汇率变动而带来的风险。汇率风险又可细分为交易风险和折算风险，前者指因汇率的变动影响日常交易的收入，后者指因汇率的变动影响资产负债表中资产的价值和负债的成本。

（2）利率风险。利率风险指源于市场利率水平的变动而对证券资产的价值带来的风险。一般来说，利率的上升会导致证券价格的下降，利率的下降会导致证券价格的上升。在利率水平变动幅度相同的情况下，长期证券受到的影响比短期证券的更大。货币风险和利率风险也通称之为价格风险。

(3) 流动性风险。流动性风险指源于金融资产不能及时变现或者不能足值变现所导致的损失。证券的流动性主要取决于二级证券市场的发达程度和证券本身期限的长短。

(4) 信用风险。信用风险又称违约风险，指证券发行者到期不能履约而所带来的风险。信用风险是金融风险中最古老的风险之一。

(5) 市场风险。市场风险是指由于证券市场行情变动而引起的投资实际收益率偏离预期收益率的可能性。

(6) 操作风险。操作风险是由于一些主观原因所导致的风险，例如金融机构内部人员的疏忽大意导致操作失误，或者因为内部控制失当等所带来的损失，这类风险一般可以避免。

(7) 法律风险。法律风险是指金融交易合约的内容在法律上有缺陷或不完善而无法履约，以及法律修订使金融企业蒙受损失的风险。

2. 按风险影响范围的不同

(1) 系统性风险。系统性风险是由那些外部因素所引起的对整个金融市场都会产生影响的风险。这些因素包括经济周期、国家宏观经济政策的变动等。这一部分风险对金融市场的影响是全方位的，因此不能通过分散投资相互抵消或者削弱，因此又称为不可分散风险。

(2) 非系统性风险。非系统性风险是由那些内部因素所引起的对特定公司或行业产生影响的风险，它与经济、政治和其他外部影响因素无关。由于这种风险对金融市场的影响是有限的，并且是此消彼长的，通过分散投资，非系统性风险能被降低；而且，如果分散是充分有效的，这种风险还能被消除，因此，又称为可分散风险。

二、金融安全

金融市场是一个"逐利"的市场，参与者们对金钱的"贪婪"在金融自由化浪潮和金融创新的保护下被无限的放大了，金融风险就会无限的积累最终会形成金融危机，从而对整个社会产生很大的负面影响。金融信用将会遭到严重的破坏，货币会严重贬值，经济会下滑，人们的生产和生活会受到非常大的伤害。所以，不论是发达国家，还是发展中国家，都需要对一国的金融体系进行有效的监管，以使金融风险降到最低。

金融安全是与金融风险、金融危机密切相关的概念。简言之，金融安全就是运用金融风险管理理论及手段让金融体系具有抗拒金融风险、免遭金融危机的能力。其中，以金融安全为宗旨的金融风险管理是将风险管理理论运用到金融领域对金融风险实施管理的一种方法，具体来说，是指通过金融风险识别、衡量和控制，以最小的成本将金融风险导致的各种不利后果减少到最低程度的科学管理方法。金融风险管理包括个人对金融风险的管理、企业对金融风险的管理、政府对金融风险的管理和金融机构对金融风险的管理。正如前文所述，虽然国家政府对其的管理在逐步放松，

> 想一想：
> 在生活中，你本人或身边的人，是否遇到过金融诈骗？应如何进行防范

但是，因为金融在经济发展中发挥重要的纽带作用，是一个特殊的市场，金融机构的设立、业务经营、人员等都受到国家相关机构的严格监督管理及具体的制度规范。因此，我们通常强调的金融风险管理即金融安全，主要是指金融监管机构对金融机构的监督管理。正因如此，我们在下文所述的金融安全，主要就金融监管展开论述。

（一）金融监管的概念

金融监管是金融监督和金融管理的统称。金融监督是指一国或一个地区的金融主管当局对该国或该地区金融机构及其经营活动进行全面系统的检查和督促，并以此促进金融机构依法稳健的经营，安全可靠的健康发展。金融管理是金融主管当局依法对辖区金融机构及其经营活动进行管理，包括：市场体系的构建、市场规则的制定和对市场违规行为的处罚；同时，对金融机构及其经营活动实行领导、组织、协调和控制等一系列的活动。金融监管是金融监管当局基于信息不对称、逆向选择与道德风险等，对金融的机构、市场、业务等进行审慎性监督管理的制度、政策及具体措施的总和。

金融监管由三部分构成，分别是金融监管主体，金融监管客体和金融监管手段，三者构成了一个完整的系统。金融监管主体是指对金融机构实施监管的各个政府机构。他们作为社会公共利益的代表，运用国家法律赋予的权利去监管整个金融业的特殊机构。在中国，目前采用的依然是分业经营，所以在不同的金融领域有不同的监管部门，监管主体包括中国人民银行，中国证券监督管理委员会，中国银行监督管理委员会，中国保险监督管理委员会。金融监管的客体是指金融监管的对象，即是指依法应当接受金融监管当局监管的各类金融机构。监管手段是监管当局实施监管的工作方法的总称，是监管方式的具体体现。监管手段主要有法律手段，经济手段和行政手段。

（二）金融监管的目标与原则

1. 金融监管目标

金融监管的目标是实现金融有效监管的前提和依据，金融监管的目标分为一般目标和具体目标。世界各国普遍认为，一般目标应该是促成建立和维护一个稳定、健全和高效的金融体系，保证金融机构和金融市场健康的发展，从而保护金融活动各方特别是存款人的利益，推动经济和金融发展。虽然监管目标在不同的国家，不同的经济外部条件影响下，存在着一定的差异，并且监管目标也随着一国金融机构的进步而提高。但是各国无论采取哪一种监管组织体制，其监管目标是基本一致的，通常包括以下三大目标：第一，维持金融机构的信用，保证金融机构安全稳健运行，保护投资人的利益和银行信用体系的安全运行；第二，防止垄断，维护金融业平等有序的竞争，整体提高资金配置效率；第三，确保货币政策和金融宏观调控目标的顺利实现，从而增强一国金融机构在国际市场上的竞争力。

2. 金融监管的原则

一国的金融目标的设立，需要具体的原则去遵守履行，具体包括以下五个原则：一是依法监管原则。金融监管必须要有法律作为依据，否则其监管就很难保证权威性，严肃性、强制性和一贯性；二是适度竞争原则。一个有序竞争的金融市场才能使各个金融机构得到稳定健康的发展，适度竞争是金融市场高效运作的前提，也是其发生作用的基础；三是监管主体的独立性原则。监管工作是一个神圣的工作，是站在广大金融市场的参与者的立场上进行的，监管者必须要保持其客观独立性，才能够用一种全局的立场来进行监管，才能使监管更加有效；四是外部监管与自我约束相结合的原则。从各国的监管经验来看，单纯依靠外部监管或者单纯依靠内部监管都不会取得令人满意的效果，必须坚持两者相结合的原则，才能取得成功；五是安全与效率相结合的原则。安全与效率是金融市场运行的两大基本的特征，只重视安全而忽略效率，则无法发挥金融机构的积极性，只讲究效率而不注重安全，则不利于金融机构的长期发展。所以安全与效率的协调统一对于一个健康的金融市场是非常重要的。金融监管部门要通过监管，使两者协调起来，不可偏颇。

（三）金融监管的内容

金融监管的内容从金融业务流程来看，主要有市场准入监管，市场运作监管和市场退出监管。

1. 市场准入监管

市场准入监管是一国金融监管机构对拟设立的金融机构的资格进行批准审查的管理行为，是金融监管的开始。由于金融机构的高风险性，不管哪个国家，对新设立的金融机构都必须经主管当局批准，只有符合法律法规的要求才能营业，目的是避免不合格的金融机构进入金融市场，以保证金融机构对金融风险有着较强的抵御能力。例如在我国证券公司的设立采取特许制。公司发起人应向国务院证券监督管理机构提出申请，经审查核准，并凭核发的业务许可证到工商行政管理机关领取企业法人营业执照后，方可经营证券业务。证券公司设立或者撤销分支机构、变更业务范围或注册资本、变更公司章程、合并、分立、变更公司形式或者解散，必须经国务院证券监督管理机构批准。

2. 市场运作过程的监管

金融机构批准开业后，金融机构的运作过程是否合法，还要求监管机构继续进行有效的监管，以便更好地实现监管的要求。市场运作过程的监管主要包括以下七个方面：

（1）资本充足的监管。资本金的多少是体现金融机构抵抗风险能力的高低的重要标志。商业银行的高负债运作本身就有很高的风险，对信用的要求非常的高。其中 1988 年，《巴塞尔协议》要求签约过银行的资本对其

知识链接：

最新巴塞尔协议的主要内容

加权风险资产的比率（即资本充足率）不得小于8%，这一规定为世界上大多数国家所接受。

（2）流动性监管。流动性是指金融机构能够及时满足存款人提现需求的能力。既包括对本币的需求也包括对外币的需求。流动性不足往往会引发人们的恐慌，往往会引发"挤兑"现象，挤兑现象的发生往往会直接带来银行危机的爆发。

（3）业务范围的监管。该部分主要是对金融机构的经营范围作了限定，包括允许经营哪些业务和不允许经营哪些业务的规定。从传统的分工来看，主要包括混业经营模式和分业经营模式两种。

（4）贷款风险的控制。银行的利润主要来源于贷款，贷款越多，利润也就也高，所以银行就有一种发放贷款的冲动，但是，收益和风险是成正比的，收益越高意味着风险就越高，如果银行盲目的追求高收益，也就给银行系统的埋下了发生金融危机的种子。所以各国金融监管部门都对通过分散贷款的方式来对银行的贷款风险进行控制。

（5）外汇风险的管理。20世纪70年代以来，浮动汇率制度越来越成为各国的首选，其频繁变动的汇率也越来越使国与国之间的贸易承受了巨大的风险，所以各国的监管机构越来越重视对金融机构外汇风险的监管。

（6）准备金的管理。金融监管部门对商业银行是否在充分考虑谨慎经营和真实评价业务质量的条件下足额计提准备金进行监管。

（7）存款保险管理。存款保险管理是指在本国设立专门负责存款保险的机构，规定本国商业银行按照吸收存款的一定比例向专门保险机构缴纳保险费。当商业银行出现信用危机时，由存款保险机构向该银行提供财务支援，以维持正常的金融秩序。通过这种制度的建立，极大地维护了金融业的稳健经营和保护了存款者的利益。

知识链接：

希腊发生银行挤兑潮 民众争相提现金 ATM 机被挤爆

不同的国家对本国外汇管制的程度不同，如英国、日本、荷兰、瑞士等国家管制较严格，而美国、法国、加拿大等国对外汇管制较松。如英格兰银行对所有在英国营业的银行的外汇头寸进行监控，要求任何币种的交易头寸净缺口均不得超过其资本基础的10%，各币种的净头寸之和不得超过其资本基础的15%。对外国银行的分支机构，英格兰银行要求其总部和母国监管当局要对其外汇交易活动进行有效控制。日本要求持有外币的银行在每个营业日结束时其外汇净头寸（包括远期和即期）不得突破核准的限额。德国规定任一银行的外汇与贵金属交易净额不得超过银行资本的30%，而荷兰、瑞士对银行持有的未保险外币存款要求增加相应的资本。我国目前仍实行较为严格的外汇管制。

3. 市场退出监管

市场退出监管是指中央银行按照金融法律法规的规定，对因种种原因不能继续独立运作的金融机构退出市场进行的监管。是一种事后监管。退出的方式主要包括两种：主动退出和被动退出。主动退出是因为金融机构因为分立，合并或者出现公司章程规定的事由需要解散而退出市场。被动退出是由于金融机构不能偿还到期债务而退出市场。市场退出监管一般有三种处理方式，包括拯救、完全退出市场、放松监管标准，等等。

随着经济形势的变化，监管机构也要随时适应经济的整体变化，对其监管做出调整，以利于金融机构向着正确的方向发展。但是，此类监管的变化要以法律法规为前提。

三、我国的金融监管

从 1983 年中国人民银行成为中国的中央银行以来，我国的监管体系采用的是高度统一的监管模式，由中国人民银行对全国的金融业进行统一监管，人民银行在当时既是金融机构，也是监管机构。

随着我国金融机构体系的变化，越来越多的金融机构诞生了，金融机构由单一化走向多元化，为适应金融机构的变化，加强金融管理。1986年，国务院颁布《中华人民共和国银行暂行管理条例》，其中突出了中国人民银行的金融监管职责。直到 1995 年《中华人民共和国中国人民银行银行法》颁布，使得监管职能方以国家法律的形式得以确立。1998 年以前，中国人民银行对银行业、证券业、保险业进行监管，1992 年 10 月国务院决定单独成立国家证券监督管理机构——国务院证券委员会及其监管执行机构中国证券监督金融监督管理委员会履行部分证券监管职能，走出了分业监管的第一步。为避免政出多门、重复监管，1998 年，我国进行了金融监管体制改革。1998 年 3 月，国务院证券委员会撤销，其职能转由中国证券监督管理委员会行使，作为证券、期货市场的主管机关。1998 年 11 月，设立中国保险监督管理委员会，专门负责对保险业实施监管。1998 年 7 月，中国人民银行的监管职能部门相应调整为银行监管一司、银行监管二司、非银行金融机构监管司、合作金融机构监管司。中国人民银行、中国证监会、中国保监会分别对银行业、证券业、保险业实行监管，从而确立了分业监管模式。20 世纪 90 年代以来，一些全国性银行、证券、保险、期货业自律组织陆续成立。大部分金融机构设立了内部稽核部门。因此，我国已经建立起一个层次完备的金融监管体系的基本框架。2003 年 3 月，中国银行监督委员会（简称银监会）成立，银行监督职能从央行分离，自 2004 年 2 月 1 日起，确定中国银监会履行原由中国人民银行履行的对银行、金融资产管理公司、信托投资公司及其他存款类金融机构等的审批及其他监管职责。中国人民银行对整个金融业的宏观调控，金融机构反洗钱工作的管理、跨业金融创新与金融工具运用的监督管理等方面，我国真正形成了由中国人民银行、中国证监会、中国保监会和中国银监会"三加一"分业监管格局。我国的这种监管体制类似于单线多头金融监管体制模式。从法律的角度来看，三大监管机构都隶属于国务院，所以我国的监管体制还是属于集中统一的监管模式。

时至今日，为了适应逐步实现的市场经济体制的整体目标，弥补金融业务综合化发展下的监管盲区，解决银行业和保险业重叠业务的低效双重监管机制问题，提高我国金融业监管的整体效率，国务院将原有的银行业监督管理委员会与保险业监督管理委员会合并，至此，中国银行保险监督管理委员会（简称"银保会"）正式于2018年4月8日挂牌成立，这意味着中国金融的统筹协调监管将进入一个全新的阶段。

我国金融监管的目标主要强调：第一，提高金融机构适应市场竞争和国际竞争的能力；第二，建立一个及时、准确反映金融机构经营状况的金融信息系统，为金融机构的适度竞争，提高金融服务质量，以及为金融监管当局的监管提供及时、准确的信息。从现在中国的监管实践来看，我国现在虽然仍然采用的监管方法是稽核和行政管理，但监督管理关于门槛及业务的监管正在逐步放宽，从而加快推动市场进入利率市场化的进程。

知识链接：

关于防范以"虚拟货币""区块链"名义进行非法集资的风险提示

中国人民银行　　2018.8.24

近期，一些不法分子打着"金融创新""区块链"的旗号，通过发行所谓"虚拟货币""虚拟资产""数字资产"等方式吸收资金，侵害公众合法权益。此类活动并非真正基于区块链技术，而是炒作区块链概念行非法集资、传销、诈骗之实，主要有以下特征：

1. 网络化、跨境化明显。依托互联网、聊天工具进行交易，利用网上支付工具收支资金，风险波及范围广、扩散速度快。一些不法分子通过租用境外服务器搭建网站，实质面向境内居民开展活动，并远程控制实施违法活动。一些个人在聊天工具群组中声称获得了境外优质区块链项目投资额度，可以代为投资，极可能是诈骗活动。这些不法活动资金多流向境外，监管和追踪难度很大。

2. 欺骗性、诱惑性、隐蔽性较强。利用热点概念进行炒作，编造名目繁多的"高大上"理论，有的还利用名人大V"站台"宣传，以空投"糖果"等为诱惑，宣称"币值只涨不跌""投资周期短、收益高、风险低"，具有较强蛊惑性。实际操作中，不法分子通过幕后操纵所谓虚拟货币价格走势、设置获利和提现门槛等手段非法牟取暴利。此外，一些不法分子还以ICO、IFO、IEO等花样翻新的名目发行代币，或打着共享经济的旗号以IMO方式进行虚拟货币炒作，具有较强的隐蔽性和迷惑性。

3. 存在多种违法风险。不法分子通过公开宣传，以"静态收益"（炒币升值获利）和"动态收益"（发展下线获利）为诱饵，吸引公众投入资金，并利诱投资人发展人员加入，不断扩充资金池，具有非法集资、传销、诈骗等违法行为特征。

此类活动以"金融创新"为噱头，实质是"借新还旧"的庞氏骗局，资金运转难以长期维系。请广大公众理性看待区块链，不要盲目相信天花乱坠的承诺，树立正确的货币观念和投资理念，切实增强风险意识；对发现的违法犯罪线索，可积极向有关部门举报反映。

本章小结

1. 金融创新有狭义和广义之分。狭义的金融创新是指微观主体关于金融工具（或者说是金融业务）的创新；广义的金融创新是指金融领域内各种金融要素的重新组合，不仅包括微观意义上的金融创新，还包括宏观意义上的金融创新。

2. 金融创新的直接动因包括日趋激烈的市场竞争、逐步完善且放松的金融管制、迅速发展的信息科学技术。

3. 金融创新的主要内容包括金融业务创新、金融工具创新、金融机构创新、金融市场创新、金融监管制度创新等。

4. 金融风险是指由于金融交易受到多种不确定因素的影响而给金融市场主体带来损失的可能性。金融风险具有普遍性、隐蔽性、复杂性、扩散性和周期性的特点。

5. 按风险来源分类，金融风险可以分为货币风险、利率风险、流动性风险、信用风险、市场风险和操作风险；按风险影响范围的不同可分为非系统性风险和系统性风险。

6. 金融监督是指一国或一个地区的金融主管当局对该国或该地区金融机构及其经营活动进行全面系统的检查和督促，并以此促进金融机构依法稳健的经营，安全可靠的健康发展。

7. 金融监管的内容包括市场准入监管、市场运作过程的监管和市场退出监管。

任务检测

一、单项选择题

1. 下列不属于金融工具创新选项是（　　）。
   A. 票据发行便利 B. 住宅贷款
   C. 银行资产证券化 D. 合并战略

2. 某投资者进行股票投资的时候，买了不同行业的好几支股票进行多元化投资，请问，多元化投资分散了什么风险（　　）。
   A. 利率风险 B. 信用风险
   C. 非系统风险 D. 系统风险

3. 中国人民银行规定，中国的商业银行必须缴纳一定比例的法定存款准备金，这属于（　　）监管。

A. 市场准入监管   B. 市场运作过程监管
C. 市场退出监管   D. 资本充足率监管

4. 当经济繁荣的时候，货币政策宽松，企业经营状况良好，金融风险就会（　　）。
A. 比较高   B. 比较低
C. 不确定   D. 时高时低

5. 由于市场利率变动而对证券资产的价值带来的风险是（　　）。
A. 货币风险   B. 利率风险
C. 流动性风险   D. 信用风险

6. 金融危机爆发的时候，首先冲击的是（　　）。
A. 金融领域   B. 实体经济
C. 政府当局   D. 居民个人

7. 下列哪一项符合金融监管的目标（　　）。
A. 垄断经营，以保障金融部门的安全
B. 限制民营资本进入金融部门
C. 维持金融机构的信用
D. 限制一国金融机构在国外建立分支机构

8. 巴塞尔协议要求商业银行的资本充足率要达到（　　）。
A. 4%   B. 6%
C. 8%   D. 10%

9. 挤兑现象是由于商业银行（　　）引起。
A. 流动性不足   B. 盈利能力差
C. 信用下降   D. 资本充足率低

10. 本国设立专门负责存款保险的机构，规定本国商业银行按照吸收存款的一定比例向专门保险机构缴纳保险费，这是（　　）。
A. 业务范围监管   B. 流动性监管
C. 外汇风险监管   D. 存款保险监管

二、多项选择题

1. 金融创新的直接动因包括（　　）。
A. 金融业竞争激烈   B. 国家债务危机影响
C. 金融管制   D. 商品经济发展
E. 科学技术发展

2. 下列属于金融创新的包括（　　）。
A. 大额可转让定期存单   B. 消费信用
C. 金融机构多元化   D. 金融组织集团化
E. 清算系统更新

3. 按照风险的来源不同，风险可以划分为（　　）。
A. 货币风险   B. 信用风险

C. 利率风险 D. 流动风险
E. 操作风险

4. 金融监管的原则包括（　　）。
A. 依法监管原则 B. 适度原则
C. 监管主体不独立原则 D. 外部监管原则
E. 安全与效率结合的原则

5. 以下（　　）是金融风险的特点。
A. 普遍性 B. 隐蔽性
C. 复杂性 D. 扩散性
E. 周期性

三、判断题

1. 全球性"石油危机"及"石油美元"的回流是金融创新的直接动因。（　　）
2. 吸纳性创新多、原创性创新少是我国金融创新的典型特点。（　　）
3. 流动性风险指经济主体由于流动性的不确定变化而遭受损失的可能性。（　　）
4. 《巴塞尔协议》中为了消除银行间的不合理竞争，规定银行的资本充足率应达到4%。（　　）
5. 我国的银行保险监督管理委员会成立于2017年4月8日。（　　）

四、简答题

1. 简述金融创新的动因和内容。
2. 金融风险的特征有哪些？如何进行分类？
3. 金融监管的目标是什么？
4. 次贷危机对我国金融监管的启示有哪一些？试分析影响我国金融安全的因素和维护金融安全的对策。

四、案例分析

【资料】

阿里巴巴："联姻"苏宁易购的机遇与挑战

2015年8月10日，中国最大的电子商务企业阿里巴巴和中国最大的商业零售企业苏宁启动了交叉持股：阿里将投资约283亿元人民币参与苏宁云商的非公开发行，占发行后总股本的19.99%，成为苏宁云商的第二大股东；苏宁云商将以140亿元人民币认购不超过2 780万股的阿里巴巴新发行股份，中国零售业史上最大的一次联姻诞生了。

阿里巴巴提供的283亿元现金支持分配如下：95亿元用于物流平台建设，115亿元用于线下门店发展，33.5亿元互联网金融项目，17亿元用于IT项目；29亿元用于偿还银行贷款，30亿元补充流动资金。

正如市场所预计，苏宁云商（002024）与阿里巴巴（NYSE：BABA）的交换持有股与战略合作消息方宣布后，电商三国之战的另一方——京东（NASDAQ：JD）股价果然应声下跌。美国当地时间8月10日收盘，京东股价跌至30.06美元，跌幅达6.27%，创4个月之最，而阿里巴巴股价则一路震荡上扬，收益报价80.47美元，涨幅为2.09%。

资料来源：东方财富网。

【要求】阅读资料并思考：阿苏"联姻"的背景，此案例暴露出哪些金融风险，该如何进行应对和监管？

实训项目

了解银行保险监督管理委员会设立的相关内容，分析银行业与保险业合并监管的背景与意义。